教育部人文社科规划基金项目
"增值税税率改革与企业全要素生产率提升研究：中介机制及环境协同"
（编号20YJA630038）资助

增值税改革与企业全要素生产率

VAT Rate Reform and Total Factor Productivity of Enterprises

李 颖◎著

中国财经出版传媒集团

经济科学出版社
Economic Science Press

图书在版编目（CIP）数据

增值税改革与企业全要素生产率／李颖著．—北京：
经济科学出版社，2021.11
ISBN 978 – 7 – 5218 – 3103 – 0

Ⅰ.①增…　Ⅱ.①李…　Ⅲ.①增值税 – 税收改革 –
影响 – 企业管理 – 全要素生产率 – 研究　Ⅳ.①F272.3

中国版本图书馆 CIP 数据核字（2021）第 248729 号

责任编辑：杜　鹏　郭　威
责任校对：刘　娅
责任印制：邱　天

增值税改革与企业全要素生产率
李　颖　著
经济科学出版社出版、发行　新华书店经销
社址：北京市海淀区阜成路甲 28 号　邮编：100142
编辑部电话：010 – 88191441　发行部电话：010 – 88191522
网址：www. esp. com. cn
电子邮箱：esp_bj@ 163. com
天猫网店：经济科学出版社旗舰店
网址：http://jjkxcbs. tmall. com
固安华明印业有限公司印装
710 × 1000　16 开　15.25 印张　250000 字
2021 年 11 月第 1 版　2021 年 11 月第 1 次印刷
ISBN 978 – 7 – 5218 – 3103 – 0　定价：79.00 元

序一

喜闻李颖博士的《增值税改革与企业全要素生产率》即将出版,倍感欣喜,作为老师,欣然提笔作序以贺。

习近平总书记在党的十九大报告中作出重要论断:我国经济已由高速增长阶段转向高质量发展阶段。这一论断明确了我国经济发展进入新时代的基本特征,要求从推动经济发展质量变革、效率变革、动力变革等方面提高全要素生产率,改进经济增长的质量和效益。[①]

目前,国际社会逆全球化倾向明显、新冠肺炎疫情阴霾不散,我国面临着经济增速下行和产业转型升级的巨大压力。在这种严峻形势下,如何促进经济增长方式由传统粗放型增长向以全要素生产率增长为推动力的集约型增长转变,如何引导经济增长平稳换挡、经济结构优化升级,成为实现未来中国经济可持续发展的关键。而作为我国第一大税种和调节经济活动重要杠杆的增值税,责无旁贷地成为转变经济增长方式、实现经济高质量发展的重要保障手段。近年来,我国实施了一系列增值税改革政策,积极降低企业税负,激发企业活力,加速企业转型升级。那么,如何科学分析和正确认识改革方案实施效果,如何构建全要素生产率的作用机制以及如何更好地发挥供应链建设与增值税改革的协同效应等,成为亟待解决的问题。

本书对以上问题进行了全面、系统、深入的剖析,并以问题为导向,抛

[①] 习近平. 决胜全面建成小康社会 夺取新时代中国特色社会主义伟大胜利——在中国共产党第十九次全国代表大会上的报告(2017年10月18日)[N]. 人民日报,2017-10-28. 谢伏瞻,等. 中国共产党与中国特色社会主义政治经济学——庆祝中国共产党成立一百周年笔谈[J]. 经济研究,2021(6):4-39.

开传统的增值税转型与"营改增"等具体税改政策带来的企业层面微观效应研究路径，独辟蹊径，将增值税税率改革政策作为研究重点，创造性地对改革政策带来的企业微观效应进行了深入研究和阐释，在理论层面和实践层面都取得了一系列原创性研究成果。

在理论层面，一是构建了增值税税率改革影响企业全要素生产率的理论分析框架并提供了实证检验的证据，弥补了以往研究较少探讨增值税税率改革的企业层面经济后果这一不足；二是基于财务学视角，从企业融资决策（"降杠杆"）、投资决策（"脱虚向实"与研发投入）以及现金股利分配决策等方面，深入探讨了增值税税率改革影响企业全要素生产率的作用机制，架设了增值税改革、企业财务行为与全要素生产率三者之间的桥梁；三是构建了增值税改革与供应链建设协同促进企业盈利能力提升的理论分析框架并提供了相应实证证据，弥补了以往研究将供应链体系与增值税改革政策割裂开、单独考察各自带来的企业微观效应时的不足。

在实践层面，一是该书的基本研究结论有助于财税部门增进对相关问题的理解，深入探寻优化、细化增值税税制结构的方案，以便在提升企业全要素生产率、促进我国实体经济高质量发展过程中发挥更大作用；二是该书基于财务学视角得出的作用机制方面的研究结论，有助于实体企业增进对相关问题的理解，抓住增值税税率改革的契机，有效"降杠杆"、积极"脱虚向实"、增强自主研发能力、提高现金股利分配比例，努力促进全要素生产率提高；三是该书针对供应链建设与增值税改革协同效应的研究结论，有助于政府部门、行业组织以及相关企业从宏观、中观与微观三个层面多措并举，努力构建更完善、高效率的供应链体系，以促使我国增值税改革发挥出更强有力的企业微观效应。

本书作者李颖博士，作为山西财经大学财务管理学科团队的骨干成员，多年潜心科研，砥砺创新，不断追求高品质的科研成果，为财务管理学科的发展作出了积极贡献。希望李颖博士能够笔耕不辍、再接再厉，在自己的研究领域不断取得新的更大的成绩。

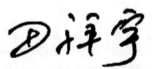

2021 年 11 月 6 日

序二

自 1994 年"分税制"改革以来，中国税收收入保持了连续 21 年超过 GDP 增速的增长速度，这一增长轨迹即便在世界税收史上也是罕见而特殊的。然而，随着中国的增值税改革不断向纵深发展，2015 年中国税收收入增长率开始低于 GDP 增速，2019 年的增长率更是仅有 1%。[①] 短短几年间，中国的税收局势就发生了如此大的转变。究其原因，正是中国的经济格局在悄然发生变化。在过去的 20 余年间，中国经济的高速增长主要依靠要素的大量投入，但随着人口红利减弱、资本边际报酬递减，依靠要素投入的粗放型经济增长方式不再具有可持续性。转变经济增长方式成为未来中国经济可持续发展的关键。此时，就像 20 多年前"分税制"改革奠定了中国经济高速发展的财政基础一样，20 多年后，税收改革再次站到了中国经济转型攻坚战的前沿阵地。

近年来，中国围绕增值税这一第一大税种，实施了增值税转型、"营业税改征增值税"、简并与下调税率、留抵税额退税等一系列增值税改革政策，力图公平税负、降低企业成本、激发企业活力、从微观上实现企业发展方式的转型。那么，这些政策的实施是否达到了预期效果呢？在上述背景下，李颖博士近几年从企业全要素生产率这一角度入手，对增值税改革如何促进微观企业发展转型展开了深入研究。具体探讨了以下话题：增值税改革政策的实施是否在企业全要素生产率提升的过程中发挥了重要作用？这些政策通过

[①] 资料来源：根据国家统计局网站（http://www.stats.gov.cn/）各年度税收收入及 GDP 数据统计得出。

怎样的路径促进企业全要素生产率的提升？这些政策在什么情况下发挥出了更佳效应？针对这些研究问题的考察形成了一系列较高水平的研究成果，这本《增值税改革与企业全要素生产率》便是其中之一。

该书以增值税税率改革为重点研究对象，首先检验了增值税税率改革对企业全要素生产率的影响；其次基于财务学视角探讨了增值税税率改革影响企业全要素生产率的作用机制；最后具体检验了增值税税率改革如何影响企业"降杠杆""脱虚向实"和研发投入以及现金股利分配这四个方面的问题。此外，该书还以我国近年来实施的另一项重要增值税政策"营改增"为研究对象，检验了企业构建的供应链关系对"营改增"政策效果的强化作用。经过上述研究，得到的研究结论主要包括六个方面：第一，在当前国内外形势下，增值税税率改革对于促进企业全要素生产率提升具有重要价值；第二，增值税税率改革有助于促进"降杠杆"与"稳增长"的平衡；第三，增值税税率改革有助于促进企业"脱虚向实"；第四，增值税税率改革有助于促进企业创新；第五，增值税税率改革有助于提高企业现金股利支付能力；第六，供应链协调程度提高有助于强化"营改增"企业的盈利效应。

该书具有较高的理论价值。首先，构建了增值税税率改革影响企业全要素生产率的理论框架并提供了实证证据，拓展了研究增值税税率改革微观政策效应的文献。其次，从财务学视角挖掘了增值税税率改革促进企业全要素生产率提升的作用机制，探讨了增值税税率改革对企业"降杠杆"（融资）、"脱虚向实"（投资）、研发创新（投资）、现金股利（分配）的影响；由于以往研究已经证明了企业财务行为对全要素生产率的影响，因此，该书的研究结论可以打通"增值税税率改革—企业财务行为—全要素生产率"的逻辑链条，从而拓展了增值税改革与企业全要素生产率作用机制的研究。最后，从供应链整体利益最大化视角出发，探讨了供应链与"营改增"的协同效应，使得以往有关增值税改革微观效应外部环境影响因素的研究变得更加深入与细致。

同时，该书也具有较好的现实意义。第一，该书研究表明我国当前实施的增值税税率改革已经促进了企业全要素生产率的提升，这就为下一步增值税税率改革的方向提供了理论依据与实证证据。第二，该书研究表明我国简并增值税税率政策的实施显著促进了企业"增权式"降杠杆，而"增权式"降杠杆有助于促进"防风险"与"稳增长"的有效平衡，这就为未来进一步通过简并增值税税率，优化增值税税率结构，促使增值税改革发挥更多积极"降杠杆"作用提供了理论依据。第三，该书研究表明增值税税率改革能够促进企业"脱虚向实"，这就为未来进一步采取措施优化增值税税制结构、降低企业税负、增强企业活力、提高实业投资回报率、引导资金更多投向实业、缓解实业投资不足问题提供了理论依据。第四，该书研究表明增值税税率下调政策能够促进企业创新，这就为未来进一步优化税制结构、增强企业自主创新能力、缓解我国面临的"卡脖子"技术难题提供了理论依据。第五，该书研究表明增值税税率下调能够增强企业现金股利支付的能力，在当前新《中华人民共和国证券法》对企业现金分红的要求提高（可以增强企业现金分红意愿）的背景下，进一步优化税制结构有可能达到促进企业现金分红的较佳政策效果。第六，该书研究表明供应链协调对于服务业充分利用增值税改革契机提升企业盈利能力具有重要价值，这就为未来从宏观、中观与微观层面综合考虑、多措并举，全方位促进供应链协调发展提供了理论依据。

　　总之，该书具有较强的理论与现实价值，是一部值得推荐的优秀科研作品。

2021 年 11 月 6 日

目　录

第 1 章

导　论

1.1　研究背景

　　自改革开放以来，中国经济经历了二十余年的高速增长，以往中国经济的高速增长主要依靠要素的大量投入。随着人口红利效应减弱、资本边际报酬递减，依靠要素投入的粗放型经济增长方式不再具有可持续性。过去创造中国增长奇迹的制造业遭遇了增长危机，陷入产能过剩、僵尸企业难除、产品附加值低等困境。自 2008 年金融危机以来，中国经济增长速度逐渐放缓，转变经济增长方式，由传统粗放型增长方式转变为以全要素生产率增长为推动力的集约型增长方式，是实现未来中国经济可持续发展的关键。习近平总书记在党的十九大报告中做出"我国经济已由高速增长阶段转向高质量发展阶段"的重要论断；要求以新发展理念为指导，淡化国内生产总值（GDP）增长目标；从推动经济发展质量变革、效率变革、动力变革等方面，提高全要素生产率，改进经济增长的质量和效益；通过持续改进效率，实现向中高端协调发展模式的转变，尤其需要提高全要素生产率对经济增长的贡献率。

　　诺贝尔经济学奖获得者罗伯特·M. 索洛首次提出全要素生产率的概念，并认为其主要由技术进步来推动（Solow，1957）。内生增长理论认为全要素生产率是实现经济可持续增长的动力源泉（Young，1995；Easterly and Levine，2002）。作为综合反映投入—产出效率的表征量，全要素生产率是测定发展质量的核心，全要素生产率的不断提升对于经济高质量发展具有重要意义（刘海英等，2004；Zhang and Kong，2010；Mei and Chen，2016；李平等，2017）。在中国经济高速增长阶段，全要素生产率的增长率及其对经济增长的贡献率均较高，但2008年后曾一度出现急速下滑，2013~2017年，全要素生产率的贡献率出现回升，达到20.83%，[①] 表明供给侧结构性改革初见成效，我国经济增长逐步摆脱要素投入带来的增长，进入内生增长阶段。

企业是宏观经济发展的微观主体，是中观产业发展的基本组织，经济高质量发展归根结底需要通过企业高质量发展予以实现（黄速建等，2018）。全要素生产率对经济增长的贡献率是企业层面技术进步与资源配置效率提升的综合反映。受制于体制和市场制度不完善等因素，中国企业的创新能力不强，资本—劳动等要素投入组合有待优化，导致企业全要素生产率总体偏低（Young，2003；Hsieh and Klenow，2009；简泽等，2014；杨汝岱，2015）。我国企业正面临着由"资本和劳动推动发展"向由"全要素推动发展"转变的严峻境况。

在经济增速下行和产业转型升级压力增大的新形势下，如何通过政策引导实现经济增长的平稳换挡、经济结构的优化升级是当前学术界和政策层关注和争论的焦点问题之一。在宏观经济政策中，货币和财政是最常用的政策工具。然而，一方面，在利率下调空间有限、货币传导渠道不畅的现实背景下，货币政策有效性受到很大制约；同时，由于存在时滞性、指向性不强等缺点，货币政策能否有效平抑经济波动依然存在很大争议（万晓莉，2011）。另一方面，不断攀升的地方政府债务缩窄了财政政策的空间，进一步扩大政府财政支出不仅要面临融资难问题，还可能造成投资回报率下降、经济结构扭曲以及腐败等问题（Chen and Yao，2011；白重恩和张琼，2014）。由此可见，在当前背景下，无论是扩张性货币政策还是以扩大政府支出为主体的扩张性财政政策，都可能导致政策风险的进一步累积，威胁到宏观经济的平稳健康运行。除扩张财政支出和货币外，税收政策是稳定宏观经济的又一重要工具。从理论上来讲，减税至少可以从三方面影响经济。第一，减税可以降

---

① 资料来源：中国社会科学院经济研究所、国家金融与发展实验室与社会科学文献出版社共同主办的《经济蓝皮书夏季号：中国经济增长报告》。

低由税收带来的价格扭曲，提高资源配置效率，进而在长期内促进经济增长；第二，减税可以刺激企业投资，扩张总需求，缓解经济衰退时期的需求疲软问题；第三，税收政策具有指向性强、调控力度易于控制等特征，是促进产业结构调整和平衡区域间发展差距的重要手段（申广军等，2016）。

1994 年我国税制改革确立了增值税的主体地位。此后，增值税始终处于中国第一大税种的重要地位。面对 1992～1993 年中国投资过热、通货膨胀的严峻形势，1994 年我国实施了生产型增值税，在征收增值税时不允许扣除固定资产价值中所含税款。由于生产型增值税存在重复征税、税收不公平、征收麻烦、出口产品税负加重等缺陷，特别是对资本密集和技术密集企业的重复征收问题更为突出，不利于企业的设备更新换代和技术进步，因此，2004～2009 年逐步推行消费型增值税，在征收增值税时允许将固定资产价值中所含的税款全部一次性扣除。在 1994 年的分税制框架中，制造业和服务业设定了两种完全不同的税制，制造业以增加值为税基缴纳增值税，服务业以销售额为税基缴纳营业税。增值税和营业税同属于流转税，两税分设会导致服务业的重复征税问题。随着现代服务业对经济增长的引领作用不断增强，制造业和服务业之间的税负失衡矛盾激化。为了推进服务业的发展进而调整产业结构，2012～2016 年施行了"营改增"改革。我国增值税税收体制逐步完善，增值税抵扣链条不完整的情况得到改善。但"营改增"后增值税一般纳税人适用的税率有四档，税负差异会降低整个产业对生产要素总体的利用效率。因此，自 2017 年 7 月 1 日起实施简并增值税税率政策，将 13% 档的税率并入 11% 档，增值税税率由四档减至三档。为了进一步减轻企业负担、激发市场活力，从 2018 年 5 月 1 日起，将制造业等行业的增值税税率从 17% 降至 16%，将交通运输、建筑、基础电信服务等行业及农产品等货物的增值税税率从 11% 降至 10%。自 2019 年 4 月 1 日起，对于原适用 16% 税率的增值税一般纳税人，税率调整为 13%；原适用 10% 税率的，税率调整为 9%。此外，还同时实施了扩大进项税抵扣范围、试行期末留抵退税以及加计抵减等政策。

由上述增值税改革的历史演进过程可知，增值税改革的内容可以分为两大方面。一是税率改革，主要包括 2017 年的简并增值税税率以及 2018～2019 年的税率下调。二是进项税额抵扣改革，又可以分为四类：（1）扩大抵扣范围，主要包括 2004～2009 年增值税转型、2012～2016 年"营改增"、

2019 年 4 月将差旅费纳入抵扣范围；（2）加快抵扣速度，主要包括 2019 年 4 月将不动产支付的进项税由分两年抵扣改为一次性抵扣；（3）提高抵扣比例，主要包括 2019 年 4 月对邮政电信、现代服务、生活服务纳税人按当期可抵扣进项税额加计 10% 抵减；（4）针对进项税额超过销项税额的留抵部分进行的退税改革，主要包括 2018 年 5 月对装备制造等先进制造业、研发等现代服务业符合条件的企业和电网企业在一定时期内未抵扣完的进项税额予以一次性退还，以及 2019 年 4 月试行的期末增量留抵税额退税制度，将留抵税额退税扩大到所有行业。

以往研究考察了"增值税转型"与"营改增"两项政策对企业全要素生产率的影响，并存在两类不同的观点。一类研究表明增值税改革能够促进企业全要素生产率提升。区分两项政策进行阐述。其一，"增值税转型"政策具有"生产率效应"（聂辉华等，2009；申广军等，2016；陈丽霖和廖恒，2013），其作用机制在于：增值税从生产型转为消费型，购进固定资产的进项税额可以抵扣，既降低了企业税负（骆阳和肖侠，2010），又提升了企业更新设备的意愿，促进了企业投资（Chen et al.，2013；许伟和陈斌开，2016；申广军等，2016；张亦然和苑德宇，2018）；由于更新设备可以抑制企业生产率下降，而且新增投资往往伴随着技术进步，从而可以加速企业生产率提升（陈丽霖和廖恒，2013）。因此，"增值税转型"为提升企业全要素生产率奠定了基础。其二，"营改增"政策也具有"生产率效应"，其作用机制在于：（1）减税效应与投资效应。"营改增"后，企业可以抵扣进项税额，避免了制造业服务要素投入环节的重复征税（李永友和严岑，2018），降低了企业的资本成本，有利于企业扩大投资规模（袁从帅等，2015；刘柏和王馨竹，2017），加大了技术升级力度，提高了产业链条效率（潘明星，2013），从而促进了企业全要素生产率提升（李成和张玉霞，2015）。（2）分工效应。实施"营改增"后，企业中间投入品的进项税额可以扣除，产业分工与协作的税收成本降低，这将激励企业将中间投入品分离出去，集中精力发展主营业务，提高了企业自身的效率（范子英和彭飞，2017；陈晓光，2013；陈钊和王旸，2016）。通过减税效应、投资效应、知识产权交易效应和分工效应等多种机制，"营改增"提高了企业的技术投入比率（赵连伟，2015；李启平，2019），提升了企业的创新能力（师博和张瀚禹，2018），有利于长期技术进步和产业转型升级（范子英和彭飞，2017）。

　　但另一类研究则对增值税改革是否促进了企业生产率提升提出了质疑。区分四个方面进行阐述。其一，对税负效应的质疑。有研究表明"营改增"后，由于企业适用的增值税税率不同，可抵扣进项税额的规模大小也不同，因此，"营改增"对各行业税负的影响存在较大差异（田志伟和胡怡建，2013；李嘉明等，2015；杨默如和叶慕青，2016）。"营改增"后，短期内企业的两税税负略有上升或无显著影响（曹越和李晶，2016），只有当适用的增值税税率不超过 10% 时，才可保证工业和服务业税负水平同改革前基本相当，才能够避免"营改增"后税负的剧烈波动（姜明耀，2011），"营改增"企业的平均税负并没有出现显著下降，减税效应严重依赖于产业互联和上游行业的增值税税率（范子英和彭飞，2017）。其二，对投资效应的质疑。有研究发现增值税转型改革并不存在"投资效应"或"研发投入效应"（刘怡等，2017）。"营改增"后，设备类固定资产以及部分无形资产投资并未明显增加（袁从帅等，2015），吸引企业投资的最主要因素是项目的盈利潜力、市场基础设施和政府政策等软环境，税收并非影响企业投资的主导因素（陈晓和方保荣，2001）。其三，对创新效应的质疑。有研究发现总体来看增值税转型对研发投入并没有显著影响，融资约束、代理问题会对其产生重要影响（倪婷婷和王跃堂，2018）。增值税转型后，企业研究开发支出的绝对数额有所减少，研发密度没有显著提升，企业效率的提高主要是通过用资本替代劳动的方式，而不是通过自主技术创新的方式（聂辉华等，2009）。此外，"营改增"也是一柄"双刃剑"，有些企业基于避税目的会虚增无形资产或进行虚假投资；企业产生了大量研发支出却未能转化为专利创新成果，或是滋生出大量低质量专利，知识产权市场出现了非理性繁荣，导致专利"泡沫"；只有严格的监管制度和公开透明的经营环境才能够抑制研发创新领域的道德风险（黎文靖和郑曼妮，2016）。其四，对分工效应的质疑。理论上来讲，"营改增"通过分工深化，既能促进制造业将服务外包，又能促进制造业企业扩展服务业务，进而通过提升服务化水平来提高制造业企业的全要素生产率（潘明星，2013；高培勇，2013；周大鹏，2013；周大鹏，2016），但刘伟江和吕镯（2018）的研究却表明，"营改增"后经由制造业服务化来提高制造业全要素生产率的中介路径并不存在。

　　由上述文献回顾可知，"增值税改革是否以及如何促进企业全要素生产率提升"是一个关乎企业可持续健康成长、关乎我国经济高质量发展的重要问题；但以往研究主要考察了增值税转型与"营改增"这两大政策对于企业全要素生产率的影响及其作用机制，却未曾关注近几年持续出台的重要的增值税税率下调或简并等政策对企业全要素生产率的影响、中介机制以及调节效应。

为了弥补上述不足，结合实证研究可行性，本书将增值税税率改革作为重点研究对象，并从总体上设计了如下两个层次的实证研究思路：首先，检验近年来我国实施的增值税税率改革政策对企业全要素生产率的影响（本书第 4 章）。其次，基于财务学视角，展开并深入探讨增值税税率改革对企业全要素生产率产生影响的作用机制。以往研究表明企业投融资等财务决策是影响企业全要素生产率的重要因素（任曙明和吕镯，2014；姬超，2014），因此，本书深入探讨增值税税率改革政策对企业融资决策（"降杠杆"）、投资决策（"脱虚向实"与研发创新）以及现金股利分配决策产生的影响（本书第 5~9 章）。

此外，考虑到尽管已有较多研究考察了"营改增"的微观政策效应，但"营改增"改革涉及 2012~2016 年前后 5 年时间，而以往研究通常仅以 2012 年的改革政策为考察对象，所得研究结论难免有偏，无法反映"营改增"政策的整体实施效果。当前，已经有条件获取更完整的数据，针对"营改增"整体进行研究能够更加客观地评估"营改增"这项重要的增值税改革政策的微观效应，因此，本书在最后一部分的实证研究中还将"营改增"系列政策作为整体研究对象，考察其是否促进了企业盈利能力的提升。同时，考虑到增值税作为流转税，在企业层面的微观效果应该与整个供应链条的运行效率密切相关，以及当前我国正致力于"构建以国内循环为主、国内国际互促双循环新格局"，在此现实背景下，深入研究供应链发展与增值税改革政策的协同效应就显得尤为重要。因此，本书在最后一部分的实证研究中还深入考察了在供应链协调状况下，"营改增"的盈利效应是否能够得到进一步增强（本书第 10 章）。

1.2　研究内容

第 1 章为导论，在介绍研究背景的基础上提出本书的研究思路、研究内容，并总结概括全书的研究结论，最后指出在理论与实践方面的研究价值。

第 2 章介绍增值税改革的历史进程，首先从 1994 年税制改革开始，介绍我国增值税由生产型向消费型转换的背景、过程及结果；其次介绍"营改增"政策实施的背景、过程及结果；最后介绍 2017～2019 年的增值税税率简并与下调、加大抵扣力度、留抵退税等政策的背景、过程及结果。

第 3 章为文献综述，梳理了增值税改革微观政策效应的相关文献，以及供应链等外部环境因素对企业全要素生产率的影响、对税收优惠政策激励效果的影响方面的相关文献，并指出以往研究中的薄弱之处。

第 4 章在理论分析的基础上，采用实证研究方法，首先检验了增值税税率改革对企业全要素生产率产生的影响；其次检验了增值税税率改革促进企业全要素生产率提升的作用机制；最后检验了增值税税率改革影响企业全要素生产率的调节效应。

第 5 章在理论分析的基础上，采用实证研究方法，首先检验了增值税税率改革对企业"降杠杆"的影响，并将"降杠杆"的方式区分为"增权式"与"减债式"两类，检验增值税税率改革对这两类"降杠杆"方式的影响；其次检验了简并税率政策促进企业"降杠杆"的作用机制；再其次检验简并税率政策促进企业"降杠杆"带来的经济后果；最后进一步检验"降杠杆"的具体细分途径。

第 6 章在理论分析的基础上，采用实证研究方法，首先检验了增值税税率改革对企业"脱虚向实"的影响；其次检验了增值税税率改革影响企业"脱虚向实"的作用机制；最后检验了增值税税率改革影响企业"脱虚向实"的调节效应。

第 7 章在理论分析的基础上，采用实证研究方法，首先检验了增值税税率改革对企业创新的影响；其次检验了增值税税率改革影响企业创新的作用机制；最后检验了增值税税率改革影响企业创新的调节效应。

第 8 章在理论分析的基础上，采用实证研究方法，首先检验了增值税税率改革对企业现金股利分配的影响；其次检验了增值税税率改革影响企业现金股利分配的作用机制；最后检验了增值税税率改革影响企业现金股利分配的调节效应。

第 9 章在理论分析的基础上，采用实证研究方法，首先检验了供应链协调对"营改增"企业盈利效应的影响；其次检验了供应链协调影响"营改增"企业盈利效应的作用机制；最后检验了供应链协调影响"营改增"企业盈利效应的调节机制。

第 10 章梳理与总结全书的主要研究结论，并据此提出相应的政策建议。

1.3 研究结论

本书通过第 4~9 章的实证研究，可以得到如下六方面研究结论。

第一，在当前国内外形势下，增值税税率改革对于促进企业全要素生产率提升具有重要价值。此为第 4 章研究得出的总体结论。具体观点包括：（1）增值税税率改革有助于促进企业全要素生产率提升。（2）从供应链构建视角出发，增值税税率改革可以通过提高供应链效率以及增强企业自主研发能力这两条中介路径从而促进企业全要素生产率提升。具体而言，供应链效率既表现在企业的营运资金周转率这一综合性指标上，又具体表现在存货周转率、应收账款周转率与应付账款周转率这三个单项指标上，而企业的自主研发能力增强主要体现在研发人员增加、研发资金投入增加、发明专利授权数增加以及发明专利获取效率提高这四个方面。（3）当供应商与客户的集中度较高时，增值税税率改革更有条件发挥出生产率提升效应，而当企业的内部积累能力较弱，或者面临较严重的外部融资约束时，企业更有意愿运用增值税税率改革的政策红利提升全要素生产率。

第二，增值税税率改革有助于促进"降杠杆"与"稳增长"的平衡。此为第 5 章研究得出的总体结论。具体观点包括：（1）简并税率政策的实施显著促进了企业"降杠杆"，尤其是"增权式"降杠杆而非"减债式"降杠杆。（2）缩小企业实际税率差异、提高市场化的资源配置效率是简并税率政策促进企业"增权式"降杠杆的作用机制。（3）简并税率政策促进企业"增权式"降杠杆具有重要的经济后果，它既有助于缓解由银行信贷歧视造成的资源分配不公，又有助于缓解实体企业投资不足问题。（4）进一步细分"降杠杆"的具体途径，简并税率促进企业"增权式"降杠杆具体通过促进企业增发新股或增强企业内部盈余这两条路径来实现；而简并税率不会导致"减债式"降杠杆，包括既不会引起企业总负债规模的变化也不会引起企业债务期限结构的变化两个层面。

第三，增值税税率改革有助于促进企业"脱虚向实"。此为第6章研究得出的总体结论。具体观点包括：（1）增值税税率改革能够促进实体企业"脱虚向实"，尤其是能够缓解实体企业在投机套利动机下出现的金融化问题；（2）提高资源配置效率与增强企业业绩是增值税税率改革促进实体企业"脱虚向实"的两条中介机制；（3）在较好的市场化环境下，增值税税率改革促进企业"脱虚向实"的作用能够得到更有效的发挥，意味着市场化进程与增值税税率改革在促进企业"脱虚向实"方面具有一定的协同效应。

第四，增值税税率改革有助于促进企业创新。此为第7章研究得出的总体结论。具体观点包括：（1）增值税税率下调能够促进企业创新；（2）"价格效应"与"税负效应"是增值税税率改革促进企业创新的两条作用机制；（3）增值税税率下调对企业创新的促进作用在非国有企业中更加显著，相反，对国企创新的影响并不显著。

第五，增值税税率改革有助于提高企业现金股利支付能力。此为第8章研究得出的总体结论。具体观点包括：（1）增值税税率下调能够促使企业支付更多现金股利；（2）增值税税率下调促进企业现金股利支付的中介路径主要在于，既能够改善企业的内部业绩，又能够缓解企业面临的外部融资约束；（3）随着企业自由现金流的增加，增值税税率改革促进企业现金股利支付的作用更加显著；（4）增值税税率下调对于非国有企业现金股利支付的促进作用更显著，对国有企业则无显著影响。

第六，"营改增"整体上提升了企业的盈利能力，而且供应链协调有助于进一步强化"营改增"的盈利效应。此为第9章研究得出的总体结论。具体观点包括：（1）"营改增"整体上能够提升企业的盈利能力，而且，供应链协调进一步增强了"营改增"企业的盈利能力。（2）当上下游合作密切、资源配置效率较高时，供应链协调能力更强，更能够增强"营改增"的盈利效应。（3）当企业名义流转税税负较高时，企业税负转嫁的需求较强，企业更有动机通过供应链协调增强"营改增"的盈利效应。（4）供应链协调在营运资金管理的具体内容上主要表现为加快了"营改增"企业的现金与存货周转速度，但"营改增"企业为了促进供应链协调，需要付出应收账款周转率降低与应付账款周转率提高的代价。（5）供应链协调刺激了"营改增"企业的销售增长并提高了销售毛利率，从而增强了"营改增"企业的盈利效应。

1.4　研究价值

1.4.1　理论价值

本书的理论价值总体上表现为如下三个方面。首先，从基本观点来看，本书构建了增值税税率改革影响企业全要素生产率的理论分析框架，实证检验了增值税税率改革对企业全要素生产率产生的影响、作用机制以及调节效应，提供了增值税税率改革能够提高企业全要素生产率的实证证据，丰富了增值税税率改革微观政策效应的文献，弥补了当前针对增值税税率改革在企业层面的微观效应研究不足这一缺陷。其次，从作用机理来看，以往研究表明企业投融资等财务活动是影响其全要素生产率的重要因素，但缺乏研究增值税税率改革对企业财务行为的影响，因而未能建立起增值税税率改革、企业财务行为与全要素生产率三者之间的联系。本书专门从财务学视角出发，分别构建了增值税税率改革如何影响企业"降杠杆"（融资）、"脱虚向实"（投资）、研发创新（投资）、现金股利（分配）的理论分析框架，有助于搭建增值税改革、企业财务行为与全要素生产率之间的桥梁，揭示了增值税税率改革如何通过优化企业财务行为促进企业全要素生产率提升的路径，从而丰富了有关"增值税改革与全要素生产率"作用机理的文献。最后，从外部环境的协同效应来看，以往研究缺乏探讨供应链与增值税改革的协同效应，本书以"营改增"系列政策作为整体研究对象，检验了供应链协调对"营改增"所产生的盈利效应的强化效果，从而弥补了以往研究脱离供应链环境单独考察增值税改革微观政策效应的不足。

具体各章的理论价值分述如下。

第4章的研究构建了增值税税率改革影响企业全要素生产率的理论分析框架并提供了实证检验证据。具体而言，拓展了如下三方面文献。（1）丰富了增值税改革微观政策效应的文献。传统增值税改革微观政策效应的研究主要关注了增值税转型与"营改增"这两项抵扣政策的税负效应、投资效应以及分工效应等，也有研究考察了增值税税率改革对公司价值的影响，但以往研究缺乏考察增值税税率改革对企业全要素生产率的影响，本章研究弥补了上述不足。(2) 丰富了增值税税率改革微观政策效应中介机制的文献。以往有研究发现增值税税率下调能够带来"减税效应"与"价格效应",但缺乏基于供应链体系构建视角的中介机制检验,第4章研究发现供应链效率提高与企业自主创新能力增强是增值税税率改革促进企业全要素生产率提升的两条中介路径。(3) 丰富了企业全要素生产率影响因素的文献。以往研究考察了技术进步、资源配置效率等多方面宏微观因素对企业全要素生产率的影响,但缺乏考察增值税税率改革政策对其产生的作用,第4章的研究弥补了这一不足。

第5章的研究构建了增值税税率改革影响企业"降杠杆"的理论分析框架并提供了实证检验证据。具体而言,拓展了如下三方面文献。(1) 拓展了增值税税率改革微观效应的文献。尽管增值税税率改革政策包含下调税率与简并税率档次两个层面的问题,但以往有关增值税税率改革的研究主要讨论的是"增值税率下调"问题,缺乏对"简并税率档次"问题的专门研究;"简并税率"与"下调税率"的中介机制不同,产生的后果也可能存在差异,第5章采用科学方法将两者进行区分,专门研究"简并税率"的经济后果与作用机制,细化了增值税税率改革的文献。(2) 丰富了税率差异经济后果的文献。从研究内容来看,以往有关税率差异经济后果的研究主要考察了其对资源配置效率的影响,缺乏探讨税率差异对企业"降杠杆"的影响;从研究方法来看,以往研究主要通过构建理论模型进行分析或者通过模拟测试结合投入产出法等辨别能够提高资源配置效率的最优简并方案,但未能提供我国实施的增值税简并税率政策真正提高了资源配置效率,并能由此促进企业有效降杠杆的直接证据。第5章在研究内容上将税率差异经济后果的文献拓展至"降杠杆",在研究方法上为"税率差异(或简并)与资源配置效率"的研究提供了直接实证证据。(3) 拓展了"降杠杆"影响因素的文献。以往研究表明金融发展水平、扩张性财政政策等宏观因素,以及企业过度负债程度、公司治理水平等微观因素均会影响到企业"降杠杆"的程度与方式,但缺乏探讨增值税税率改革是否会对企业"降杠杆"产生重要影响的相关研究。第5章将企业"降杠杆"的程度与方式影响因素的文献扩展至增值税简并税率政策这一重要视角。

第6章的研究构建了增值税税率改革影响企业"脱虚向实"的理论分析框架并提供了实证检验证据。具体而言,拓展了如下两方面文献。(1) 以往文献对于增值税改革微观政策效应的研究主要考察了减税效应、分工效应等，缺乏探讨增值税改革对企业"脱实向虚"的影响这一重要问题；因此，第6章的研究丰富了增值税改革微观政策效应的文献。（2）以往研究企业"脱实向虚"影响因素的文献讨论了货币政策、高管特征、公司治理等因素，但缺乏考察增值税税率改革这一重要因素，因此，第6章的研究丰富了企业"脱实向虚"影响因素的文献。

第7章的研究构建了增值税税率改革影响企业创新的理论分析框架并提供了实证检验证据。具体而言，拓展了如下两方面文献。（1）以往有关企业创新影响因素以及税收政策经济后果的研究均未考察增值税税率改革对企业创新的影响。税收政策是政府刺激企业创新的重要手段，以往研究主要考察了研发支出的税收抵免政策或者企业所得税税率调整等企业所得税改革政策对创新的影响，缺乏研究增值税税率改革政策对创新的影响，因此，第7章的研究丰富了税收政策经济后果以及企业创新影响因素这两方面的文献。（2）以往研究表明研发支出的税收抵免主要通过降低企业创新成本来促进创新，企业所得税税率下调主要通过降低企业现金流出促进创新，那么，增值税税率改革又将如何促进企业创新？其作用机制有何不同？第7章研究发现增值税税率下调可以通过"价格效应"和"税负效应"来促进企业创新，因此，丰富了税收政策影响企业创新作用机制的文献。

第8章的研究构建了增值税税率改革影响企业现金股利分配的理论分析框架并提供了实证检验证据。具体而言，拓展了如下两方面文献。（1）丰富了增值税改革经济后果的文献。国外有关税收激励的研究主要聚焦于企业所得税，针对增值税的研究较少；国内有关增值税税收激励经济后果的研究表明，增值税税率下调能够提升公司价值，此外，企业的议价能力对增值税改革的政策效应也有一定影响。但以往研究缺乏探讨增值税改革是否以及如何影响企业现金股利分配的问题。第8章的研究将增值税改革的微观政策效应拓展至企业现金股利分配的新视角。（2）拓展了现金股利分配影响因素的文献。以往研究尽管探讨了诸多影响现金股利发放的内外部因素，但却未曾考察增值税这一重要的财税政策。第8章的研究将企业现金股利分配影响因素的文献拓展至增值税税率改革的新视角。

第9章的研究构建了供应链协调与"营改增"盈利效应的理论分析框架并提供了实证检验证据。具体而言，拓展了如下两方面文献。（1）以往文献中针对"营改增"能否提升企业盈利能力的解释以及"议价能力促进税负转嫁"的观点主要是从单一企业利益最大化视角提出的，缺乏从供应链整体视角进行的探讨。第 9 章基于现代供应链管理理念，研究供应链协调对"营改增"企业盈利能力提升的增强效应，并从能力、动机以及具体表现形式等维度进行深入分析，拓展了增值税改革微观政策效应的影响因素或协同效应的文献。（2）以往有关供应链协调在企业层面经济后果的研究，主要探讨了资源配置效率、企业业绩等问题，缺乏考察供应链协调能否与增值税改革发挥协同效应，共同促进企业盈利能力提升。第 9 章探讨了供应链协调对"营改增"盈利能力的增强效应，从而拓展了供应链协调微观经济后果的相关研究。

1.4.2　实践价值

本书的实践价值总体上表现为如下三个方面。首先，由本书的基本观点可知，增值税税率改革有助于促进企业全要素生产率提升，这将启发我国财税部门进一步探寻深化增值税税率改革、优化税制结构的具体方案，促使增值税税率改革政策能够在提升企业全要素生产率过程中发挥更大作用，从而促进我国经济高质量发展。其次，由本书基于财务学视角的作用机理分析结果可知，增值税税率改革有助于促进企业"降杠杆""脱虚向实"、研发创新以及现金股利分配，而以往研究已经证明企业投融等财务行为的改善有助于企业全要素生产率的提升。因此，本书的研究结果启发实体企业努力抓住增值税税率改革的契机，积极实现"降杠杆"与"脱虚向实"，努力增强研发创新实力，加大现金股利分配力度，提高企业直接融资比重，从而实现提高企业全要素生产率的目标。最后，由本书的外部环境协同效应分析可知，供应链协调程度越高时，"营改增"的盈利效应越大，该结果启发政府机构、行业组织以及企业部门高度重视供应链体系与增值税改革发挥的协同效应，在宏观与微观层面采取积极措施，努力构建完善的供应链体系，优化供应链资源配置，提高供应链效率，以便增强我国增值税改革的企业微观效应。

具体各章的实践价值分述如下。

第 4 章的研究指出在实践中应该进一步优化增值税税制结构，努力增强增值税改革在全要素生产率提升过程中发挥的作用。具体而言，（1）第 4 章研究表明我国当前实施的增值税税率改革已经为促进企业全要素生产率提升起到了积极作用，这将为下一步增值税税率改革的方向提供理论依据与实证证据。（2）第 4 章研究表明增值税税率改革有助于促进我国供应链体系的构建，具体体现在提高了供应链效率并同时增强了企业自主研发能力这两个环节上，这将有助于缓解我国当前在严峻的逆全球化国际形势下所面临的供应链中断问题，从而为未来进一步完善增值税税率简并与下调政策、促进供应链体系建设、强化增值税税率改革成效、促使财税政策在构建国内国际双循环链体系中发挥更大作用提供了理论依据。（3）第 4 章研究还表明增值税税率改革促进企业全要素生产率提升的作用发挥需要具备一定的前提条件。这为未来完善相关配套措施、加强各方面的协同作用、促使增值税税率改革政策的实施获得最佳效果提供了理论依据。

第 5 章的研究指出在实践中应该提高资源配置效率，努力增强增值税改革在"防风险"与"稳增长"相平衡过程中发挥的积极"降杠杆"作用。具体而言，（1）第 5 章研究表明我国简并增值税税率政策的实施显著促进了企业"增权式"降杠杆，"增权式"降杠杆有助于促进"防风险"与"稳增长"的有效平衡；目前，我国增值税税率结构仍然较为复杂，四档税率并存；这为未来进一步简并增值税税率、优化增值税税率结构、促使增值税改革在积极"降杠杆"过程中发挥更大作用提供了理论依据。（2）第 5 章研究表明简并税率政策能够缩小企业实际税率差异、提高市场化的资源配置效率，并通过上述中介路径来促进企业"增权式"降杠杆；由于积极有效"降杠杆"的关键在于提高市场化的资源配置效率，这为未来完善各项政策措施，减少制度性干扰因素，促进产品市场竞争，努力提高市场化的资源配置效率，以便增促使税改政策充分发挥积极有效"降杠杆"的作用提供了理论依据。（3）第 5 章研究还表明简并税率政策促进"增权式"降杠杆既可以缓解由银行信贷歧视造成的融资约束，又可以缓解实体企业投资不足问题。从微观企业层面来看，平衡"防风险"与"稳增长"的关系离不开高效率的投融资活动，这为未来采取措施提高企业投融资效率、协同促进简并税率政策发挥有效"降杠杆"的作用提供了理论依据。

第 6 章的研究指出在实践中应该改善企业内部绩效与外部市场化环境，努力增强增值税改革的"脱虚向实"效应。具体而言，（1）第 6 章研究表明增值税税率改革能够促进企业"脱虚向实"，这为未来进一步采取措施优化增值税税制结构、降低企业税负、增强企业活力、提高实业投资回报率、引导资金更多投向实业、缓解实业投资不足问题提供了理论依据。（2）第6章研究表明提高资源配置效率与增强企业业绩是增值税税率改革促进企业"脱虚向实"的两条中介机制，这为未来采取措施优化企业资源配置、改善公司治理、努力提高企业自身业绩、增强企业内部实力、促进企业"脱虚向实"提供了理论依据。（3）第6章研究还表明在较好的市场化环境下，增值税税率改革促进企业"脱虚向实"的作用能够得到更有效的发挥，这为未来多措并举、加快外部市场化进程、努力通过内外部协同作用努力促进企业"脱虚向实"提供了理论依据。

第7章的研究指出在实践中应该扩大细分市场的产品需求，努力增强增值税改革的创新效应。具体而言，（1）第7章研究表明增值税税率下调政策能够促进企业创新，这为未来进一步优化税制结构、增强企业自主创新能力、缓解我国面临的"卡脖子"技术难题提供了理论依据。（2）第7章研究表明增值税税率下调影响企业创新的两条路径是"价格效应"与"税负效应"，这为未来进一步细分产品的需求价格弹性、细化增值税税率结构的优化方案、从需求端出发探寻增强增值税改革创新效应的具体路径提供了理论依据。（3）第7章研究还表明增值税税率下调主要促进的是非国有企业的研发创新，对国有企业创新的影响并不显著，这为未来进一步区分企业产权属性、细化与优化增值税改革政策提供了理论依据。

第8章的研究指出在实践中可以考虑与2020年3月1日实施的新《证券法》相配合，努力增强增值税改革的现金股利支付效应。具体而言，（1）第8章研究表明增值税税率下调能够增强企业现金股利支付的能力，在当前新《证券法》实施、对企业现金分红要求提高（可以增强企业现金分红意愿）的背景下，两者相配合可以达到促进企业现金分红的最佳政策效果；这为未来增强增值税改革与资本市场相关制度的协调性与匹配度、促进企业现金分红并由此促进企业提高直接融资比重、促进资本市场健康发展提供了理论依据。（2）第8章研究表明增值税税率改革主要通过提升企业内部绩效以及缓解外部融资约束这两条路径来促进企业现金分红；这为未来采取措施提高企业内部绩效、缓解外部融资约束，增强增值税改革现金股利效应提供了理论依据。（3）第8章研究还表明增值税税率改革促进现金分红的作用在非国有企业更加显著，而在国有企业并不显著，这是由于国有企业的现金分红动机往往更加复杂，有可能涉及大股东掏空问题；而非国有企业的现金分红则相对更符合市场化规则，更多基于改善公司治理、向市场传递积极信号等动机；这为未来深化增值税税率改革促进非国有有业经济发展，以及促进国有企业市场化改革提供了理论依据。

第9章的研究指出在实践中应该促进供应链协调，增强增值税改革的盈利效应。具体而言，（1）第9章研究表明供应链协调对于服务业充分利用增值税改革契机提升企业盈利能力具有重要价值，供应链协调也有助于实现增值税改革的宏观政策目标，这为未来从宏观层面综合考虑、多措并举，全方位促进供应链协调发展提供了理论依据。（2）第9章研究表明"营改增"后，企业主动协调上下游关系的行为对于提升自身盈利能力具有重要价值，这为未来积极培育服务业企业的现代供应链理念、倡导供应链协同合作精神以及贸易信用文化提供了理论依据。（3）第9章研究还表明供应链协调的能力表现在合作关系密切以及较高的资源配置效率，供应链协调的动机表现在"营改增"后名义税负较高；这为未来鼓励服务业企业构建上下游伙伴关系、鼓励其基于外部合作形成与众不同的核心竞争优势并创造出关系型租金提供了理论依据。

第 2 章

增值税改革的历史进程

我国 1994 年税制改革意义重大，影响深远。这次改革确立了以增值税为主体，消费税、营业税并行，内外统一的货物和劳务税制。自 1994 年税制改革以来，增值税始终处于中国第一大税种的重要地位。2020 年全国税收收入首次出现下降，收入为 154 310 亿元，比 2019 年下降 2.33%。其中，国内增值税收入为 56 791 亿元，企业所得税收入为 36 424 亿元，消费税收入为 145 352 亿元。国内增值税占全国税收收入的比重为 36.80%。[①]

2.1 增值税转型

增值税税基按其对购进资本品所含税款在计算增值额时是否扣除和扣除时间不同，可分为生产型、收入型和消费型三种。生产型增值税是指在征收增值税时，不允许扣除固定资产价值中所含税款，而是以纳税人的销售收入减去其耗用的外购商品或劳务后的余额作为计税依据。该类型增值税的征税对象大体上相当于国内生产总值（GDP）。收入型增值税是指在征收增值税时，允许扣除固定资产折旧部分所含的税款，未提折旧部分不得计入扣除项目金额。该类型增值税的征税对象大体上相当于国民收入。消费型增值税是指在征收增值税时，允许将固定资产价值中所含的税款全部一次性扣除。这样，就整个社会而言，生产资料都排除在征税范围之外。该类型增值税的征

---

① 资料来源：国家统计局网站，https://data.stats.gov.cn。

税对象仅相当于社会消费资料的价值。1948 年法国率先采用增值税税制。在此后实施增值税的 130 多个国家和地区中，采用消费型增值税的国家和地区约占 90% 以上（陈海秋，2009）。中国在 1994 年税改时采用的是生产型增值税，2004 年开始转型试点，2009 年在全国实行消费型增值税。

1992～1993 年中国通货膨胀率迅猛增长，国内生产总值增长过快，然而我国财政收入占 GDP 的比重不断下降，中央财力有限，导致中央宏观调控能力减弱。面对当时投资过热、通货膨胀导致经济过热的严峻形势，1994 年实施了生产型增值税。首先，生产型增值税增加了财政收入。生产型增值税具有抵扣额小、税基宽的特点，在同样税率条件下，可以取得较多税收收入。自改革开放以来，我国财政收入占 GDP 的比重不断下降，1994 年我国税制改革的重要目标之一就是提高"两个比重"：一是财政收入占 GDP 的比重；二是中央财政收入占全国财政收入的比重，以便增强中央的宏观调控能力。而生产型增值税正是满足该目标的手段之一。1994 年分税制改革确定增值税由国家税务局负责征收，税收收入中 75% 为中央财政收入，25% 为地方收入；进口环节的增值税由海关负责征收，税收收入全部为中央财政收入。自 1994 年增值税被确定为流转税主体税种后，当年国内增值税收入达到 2 308.34 亿元，稳坐第一大税种的交椅，此后每年都有新的跨越。然后，生产型增值税抑制了非理性投资。生产型增值税不允许抵扣固定资产所含税金，使得产品成本中包含了这部分不能抵扣的税金，引发的问题是抑制投资。相反，消费型增值税仅对全部消费品征税，对投资品不课税，可以起到刺激投资的作用。但我国历来存在预算软约束问题，容易引发投资恶性膨胀，并伴之以严重的产业结构失衡和重复投资。投资膨胀又常常成为通货膨胀的先导。20 世纪 90 年代初，我国新一轮经济过热兴起，抑制投资膨胀成为经济生活的重点。在此背景下，只有选择生产型增值税才可能抑制经济过热。综上所述，生产型增值税既为我国税收收入做出了重要贡献，又抑制了 90 年代的经济过热。

尽管生产型增值税符合我国 90 年代宏观环境的要求，但生产型增值税存在重复征税、税收不公平、征收麻烦、出口产品税负加重等缺陷。而且生产型增值税对资本品的重复征税会改变企业投资的选择，特别是对资本密集和技术密集企业的重复征收问题更为突出，不利于企业的设备更新换代和技术进步。固定资产原值占总资产的比例由基础行业向下游行业逐渐降低，资产构成的差异导致各个行业在缴纳增值税时进项税抵扣率不同，进而导致其增值税实际税率不同。在基础行业中，由于抵扣率较低，增值税的实际税率就比较高，如基础产业、制造业和化工业；在下游制造业中，如食品饮料和纺织服装行业，由于抵扣率较高，所以实际增值税负担较轻（杨之刚等，2000）。

　　消费型增值税更能体现如下四个原则。（1）中性原则。税收中性原则的基本内涵有三：其一，国家征税使社会付出的代价以征税数额为限，不能让纳税人或社会承担额外的负担或损失；其二，市场信号不因征税而扭曲，市场资源配置作用不为征税所干扰；其三，税收不能超越市场成为左右市场主体经济决策的力量。与生产型增值税和收入型增值税相比，消费型增值税最能体现税收中性原则。这是因为消费型增值税只对货物或劳务销售额中没有征过税的那部分增值额征税，而且增值税税率的档次较少，绝大部分货物都可以按统一的基本税率征收；同一货物在经历的所有生产和流通各环节的整体税负也基本相同。因此，消费型增值税对生产经营活动以及消费行为基本不发生影响，从而具有中性税收特征。（2）公平原则。由于企业的资本构成不同，假如外购资本性货物含税不能抵扣，就会造成不同产品的最终消费者之间的税负不平，有违税收公平原则。消费型增值税实行充分的扣除，能够真正实现多次课税、税不重征。（3）简便原则。在消费型增值税运行中，外购资本性货物与其他外购货物一样允许抵扣，都以购货发票上注明的已纳税税额获取进项税额抵扣，不必再将外购货物进行细分，因此征收计算较为简便。（4）终点原则。从鼓励出口的角度出发，各国一般采取"彻底退税"原则，即征多少，退多少。它要求出口货物要将税额扣除，使货物不含税出口，进口货物人足额足率征收视同为国内同类产品。消费型增值税最能体现这一原则。如果采用发票法，即按购进货物发票上注明的税额退税，更容易保证足额退税。因此，消费型增值税更符合终点课税原则，实行出口彻底退税，可以鼓励出口，促进对外贸易的发展；相反，生产型增值税存在重复征税问题，无法彻底退税，会加重出口产品的税负，削弱出口产品竞争力，不利于对外贸易的发展。消费型增值税才是中国增值税类型选择的最终目标。

　　为了积累在全国实施增值税转型改革的经验，同时也为了振兴东北老工业基地，中央首先选择东北地区的部分行业试行扩大增值税抵扣范围。2004年，财政部和国家税务总局发布了《东北地区扩大增值税抵扣范围若干问题的规定》，准许黑龙江、吉林和辽宁（含大连）东北三省的装备制造业、石油化工业、冶金业、船舶制造业、汽车制造业和农产品加工业6个行业的一般纳税人企业在缴纳增值税时，可以在进项税额中抵扣购买固定资产所缴纳的税额。这一政策被称为"增值税转型"，即由生产型转变为消费型。东北地区增值税转型政策于 2004 年 7 月 1 日开始实施，随后其抵扣方式由增量抵扣改为全额抵扣①，并且其抵扣范围中增加了军品和高新技术产品。2006年，财政部和国家税务总局又将第二批军品工业和高新技术产业纳税人（6 + 2 个行业）纳入东北地区增值税转型政策的实施范围。2007 年，增值税转型政策在山西、安徽、江西、河南、湖北和湖南等中部 6 省 26 个老工业基地城市推广。2008 年，这一政策惠及内蒙古东部地区。为推进增值税制度完善，促进国民经济平稳较快发展，国务院决定，自 2009 年 1 月 1 日起，在全国实施增值税转型改革（见表 2 - 1）。历经 24 年的生产型增值税从此退出历史舞台。

表 2 - 1　　　　　　　　　增值税转型进程

时间	内　　容	政策依据
2004 年	黑龙江、吉林和辽宁东北三省的装备制造业、石油化工业、冶金业、船舶制造业、汽车制造业和农产品加工业 6 个行业的一般纳税人企业在缴纳增值税时，可以在进项税额中抵扣购买固定资产所缴纳的税额。随后其抵扣方式由增量抵扣改为全额抵扣，并且其抵扣范围中增加了军品和高新技术产品	《东北地区扩大增值税抵扣范围若干问题的规定》
2006 年	将第二批军品工业和高新技术产业纳税人（6 + 2 个行业）纳入东北地区增值税转型政策的实施范围	《关于东北地区军品和高新技术产品生产企业实施扩大增值税抵扣范围有关问题的通知》
2007 年	增值税转型政策在山西、安徽、江西、河南、湖北和湖南等中部 6 省 26 个老工业基地城市推广	《中部地区扩大增值税抵扣范围暂行办法》
2008 年	政策惠及内蒙古东部地区	《内蒙古东部地区扩大增值税抵扣范围暂行办法》
2009 年 1 月 1 日执行	增值税转型政策推广到全国范围	《关于全国实施增值税转型改革若干问题的通知》

---

① "增量抵扣"是指当期实现增值税必须比上年同期有增加，也就是增量，增量多少就抵扣多少，例如说当期发生固定资产进项税额 100 万元，当期实现增值税 500 万元，而上年同期实现增值税 300 万元，其增量为 200 万元，那么当期所发生的购买固定资产发生的进项税额 100 万元就可以全部抵扣；如果实现增值税增量只有 50 万元，那么只能抵扣 50 万元。而"全额抵扣"就不考虑当期实现增值税是否有增量，实现多少抵扣多少。

2.2 "营改增"

在经济结构矛盾趋于激化的状态下，"营改增"基于调整经济结构的需要而启动（高培勇，2013）。在 1994 年的分税制框架中，制造业和服务业设定了两种完全不同的税制，制造业以增加值为税基缴纳增值税，服务业以销售额为税基缴纳营业税。增值税和营业税同属于流转税，两税分设会导致服务业的重复征税问题[①]。20 世纪 90 年代以生活性服务业为主的服务业占 GDP 的比重并不高，所以，对服务和产品分别征收营业税和增值税产生的重复征税等问题并不突出。但随着信息传输、软件和信息技术服务业，租赁和商务服务业等现代服务业对经济增长的引领作用不断增强，服务业已逐渐发展为国民经济第一大产业。2017 年，我国服务业增加值为 427 032 亿元，占 GDP 的比重为 51.6%，超过第二产业 11.1%。由于存在税基差异，与营业税税负相比，通常增值税税负相对较轻。在增值税转型改革之后，制造业的增值税税负进一步下降，相对而言，服务业的营业税税负水平更加上升。发生在制造业和服务业之间的税负失衡矛盾激化。这种现象显然同转变经济发展方式、调整经济结构的时代潮流相背离。为了推进服务业的发展进而调整产业结构，特别是在全球经济持续震荡和中国经济不平衡、不协调、不可持续问题更加突出而形成步步紧逼压力的背景下，"营改增"——在整个商品和服务流转环节统一征收增值税——便成为一种推进经济结构调整的自然选择。由于增值税是现行税制体系中第一大税种，因此，"营改增"也是一项规模颇大的减税措施。

自 2012 年 1 月 1 日起，上海市在交通运输业和部分现代服务业率先开展营业税改征增值税（简称"营改增"）试点，随后在全国范围内推广，并逐步扩围到其他服务业。自 2016 年 5 月 1 日起，"营改增"覆盖了最后四个服务业行业——建筑业、房地产业、金融业和生活服务业，营业税从此退出

---

① 举例：假设 A 是卖家具的，B 是开酒店的（A 与 B 均为一般纳税人）。A 按 100 万元把家具卖给了酒店，增值税 17 万元。B 购入家具，计入固定资产，本年营业收入 600 万元。假设为"营改增"前，B 需缴纳营业税 30 万元（600 万 × 5%）——B 无法从营业税中抵扣购买办公家具的进项税额17 万元，造成重复征税。假设为"营改增"后，B 需缴纳增值税 19 万元（600 万 × 6% － 100 万 × 17%），进项税额扣除后，没有重复征税。

历史舞台，增值税全面推开。

"营改增"改革历程见表2-2。

表2-2　　　　　　　　　"营改增"改革进程

试点地区	时间	"营改增"新增行业	试点前的营业税税率	试点后的增值税税率（一般纳税人）	政策依据
上海	2012.1.1	"1+6"：交通运输业（陆路、水路、航空、管道）；现代服务业（研发和技术、信息技术、文化创意、物流辅助、有形动产租赁、鉴证咨询服务）	交通运输业3%；现代服务业5%	交通运输业11%；有形动产租赁17%；除有形动产租赁以外的现代服务业6%	《关于在上海市开展交通运输业和部分现代服务业营业税改征增值税试点的通知》
北京	2012.9.1				《关于在北京等8省市开展交通运输业和部分现代服务业营业税改征增值税试点的通知》
江苏、安徽	2012.10.1				
福建、广东	2012.11.1				
天津、浙江、湖北	2012.12.1				
全国范围	2013.8.1	广播影视服务	5%	6%	《关于在全国开展交通运输业和部分现代服务业营业税改征增值税试点税收政策的通知》
	2014.1.1	交通运输业中的铁路运输和邮政业	3%	11%	《关于将铁路运输和邮政业纳入营业税改征增值税试点的通知》
	2014.6.1	电信业	3%	基础电信11%；增值电信6%	《关于将电信业纳入营业税改征增值税试点的通知》
	2016.5.1	建筑业、房地产业、金融业、生活服务业→"全部"	建筑业3%；房地产业5%；金融业5%；生活服务业5%	建筑业11%；房地产业11%；金融业6%；生活服务业6%	《关于全面推开营业税改征增值税试点的通知》

2.3　增值税税率改革

随着增值税转型和"营改增"政策相继实施，我国增值税税收体制逐步完善，增值税抵扣链条不完整的情况得到改善。但"营改增"后增值税一般纳税人适用的税率有 17%、13%、11% 和 6% 四档。在税负差异的驱动下，劳动、资本、土地等生产要素会从高税率企业流向低税率企业，有可能产生资源错配，从而降低整个产业对生产要素总体的利用效率，违背税收中性原则。陈晓光（2013）以增值税转型政策逐步推行使得企业增值税有效税率产生差别为背景，研究发现，税率差异导致企业的全要素生产率损失年均高达 7.9%。因此，应当尽可能减少增值税率的档次。

第一，四档并三档。为了实现增值税税收中性目标，财政部、国家税务总局发布《关于简并增值税税率有关政策的通知》，规定自 2017 年 7 月 1 日起，简并增值税税率结构，取消 13% 的增值税税率，原销售或者进口货物适用 13% 税率的全部降至 11%，涉及农产品（含粮食）、自来水、暖气、石油液化气、天然气等 23 类产品。增值税税率由四档减至 17%、11% 和 6% 三档。

第二，税率调减。为了进一步减轻企业负担、激发市场活力，同时完善税制、优化收入分配格局，2018 年 3 月 28 日，国务院常务会议决定，从 2018 年 5 月 1 日起，将制造业等行业增值税税率从 17% 降至 16%，将交通运输、建筑、基础电信服务等行业及农产品等货物的增值税税率从 11% 降至 10%。目前增值税三档税率分别为 16%、10% 和 6%。

2019 年 3 月 5 日，第十三届全国人民代表大会第二次会议上，李克强总理在政府工作报告中指出，要实施更大规模的减税。普惠性减税与结构性减税并举，降低制造业税收负担是重点之一。确保主要行业税负明显降低；通过采取对生产性、生活性服务业增加税收抵扣等配套措施，确保所有行业税负只减不增，继续向推进税率三档并两档、税制简化方向迈进。减税着眼"放水养鱼"、增强发展后劲并考虑财政可持续，是减轻企业负担、激发市场活力的重大举措，是完善税制、优化收入分配格局的重要改革，是宏观政策支持稳增长、保就业、调结构的重大抉择。2019 年 3 月 20 日，财政部、国家税务总局、海关总署三部委联合下发《关于深化增值税改革有关政策的公告》,提出自 2019 年 4 月 1 日起降低增值税税率水平。对于增值税一般纳税人,原适用 16% 税率的,税率调整为 13% ;原适用 10% 税率的,税率调整为 9% (见表 2 - 3)。

表 2 - 3 　　　　　　　　　　　增值税税率下调

时间	行业	调整前增值税税率(%)	调整后增值税税率(%)	政策依据
2017.7.1	农产品和天然气	13	11	《关于简并增值税税率有关政策的通知》
2018. 5. 1	制造业	17	16	《关于调整增值税税率的通知》
	交通运输业、建筑业、基础电信等服务业及农产品等货物	11	10	
2019. 4. 1	制造业等	16	13	《关于深化增值税改革有关政策的公告》
	交通运输业和建筑业等	10	9	

2.4　增值税抵减及退税制度

自 2019 年 4 月 1 日起执行的《关于深化增值税改革有关政策的公告》(以下简称《公告》)主要包括的深化增值税改革办法除了降低增值税税率以外,还包括如下两方面内容。

一方面有关进项税额抵减。具体包括两项内容:其一,扩大进项税抵扣范围。旅客运输服务纳入抵扣,不动产支付的进项税由分两年抵扣改为一次性全额抵扣。增加进项税,让减税惠及所有纳税人。其二,加计抵减。对主营业务为邮政、电信、现代服务、生活服务的纳税人,按照当期可抵扣进项税额加计 10% 抵减。

另一方面为试行增值税期末留抵税额退税制度。当进项税额大于销项税额时会出现留抵税额。《公告》规定,从符合自 2019 年 4 月税款所属期起,连续六个月(按季纳税的,连续两个季度)增量留抵税额均大于零,且第六

个月增量留抵税额不低于 50 万元；申请退税前 36 个月未发生骗取留抵退
税、出口退税或虚开增值税专用发票情形的；申请退税前 36 个月未因偷税
被税务机关处罚两次及以上的；自 2019 年 4 月 1 日起未享受即征即退、先
征后返（退）政策的；纳税信用等级为 A 级或者 B 级等多个条件的纳税人，
可以向主管税务机关申请退还增量留抵税额。

增值税留抵税额是企业经营过程中，由于各种原因形成的增值税进销不
匹配造成的未能抵扣的增值税税额，在未来实现销售时可以抵减增值税销项
的税额。留抵税额若不退税，不符合增值税消除重复征税的原理。实际上，
自 2018 年 5 月 1 日起，我国即对装备制造等先进制造业、研发等现代服务
业中符合条件的企业和电网企业在一定时期内未抵扣完的进项税额予以一次
性退还。此次试行增值税期末留抵税额退税制度，是基于减税的考虑，将留
抵税额退税扩大到所有行业。试行增值税期末留抵税额退税制度，主要针对
增量留抵税额，而并非存量留抵税额，增量留抵税额是指与 2019 年 3 月底
相比新增加的期末留抵税额。该政策最大限度地缓解企业的资金压力，不占
用企业的有限资金，不干扰企业的生产经营，对一些前期投入资金大、生产
销售周期长的企业来说，十分利好，而对一些资金匮乏、后期投入的企业来
说，可以解决企业流动资金不足的问题，带来直接的减税收益。该政策附带
效应之一是可以支持企业盘活资产，进而为企业转型升级注入新活力，增强
企业盈利能力和发展后劲。该政策递进效应之二是激发企业加大投资、升级
改造的积极性，进而更好地支持实体经济的发展，助力中国经济总体上高质
量发展。

2.5　提高增值税小规模纳税人的认定标准与起征点

增值税纳税人可分为一般纳税人和小规模纳税人两种。根据 2009 年 1
月 1 日起施行的《中华人民共和国增值税暂行条例》《中华人民共和国增值
税暂行条例实施细则》（及 2017 年修订版）的规定可知，小规模纳税人的认
定标准为："从事货物生产或者提供应税劳务的纳税人，以及以从事货物生
产或者提供应税劳务为主，并兼营货物批发或者零售的纳税人，年应征增值

税销售额在 50 万元以下（含本数）的；""对上述规定以外的纳税人，年应税销售额在 80 万元以下（含本数）的"。"营改增"之后，服务业小规模纳税人的认定标准为："应税服务年销售额未超过 500 万元的。"自 2014 年 7 月 1 日起，小规模纳税人增值税征收率一律调整为 3%，不可抵扣进项税额。

为了支持小微企业发展，降低小微企业税收负担，同时完善增值税制度，2018 年 4 月 4 日，财政部、税务总局发布《关于统一增值税小规模纳税人标准的通知》，规定自 2018 年 5 月 1 日起，增值税小规模纳税人标准统一为"年应征增值税销售额 500 万元及以下"。

为了进一步支持小微企业发展，2019 年 1 月 17 日，财政部、税务总局发布《关于实施小微企业普惠性税收减免政策的通知》，规定自 2019 年 1 月 1 日至 2021 年 12 月 31 日，对月销售额 10 万元以下（含本数）的增值税小规模纳税人，免征增值税。此政策出台之前，增值税小规模纳税人的起征点为月销售额 3 万元（见表 2-4）。

表 2-4　　　　　　　　增值税小规模纳税人减税政策

时间	调整内容	调整前	调整后	征收率	政策依据
2018.5.1	小规模纳税人认定标准：增值税小规模纳税人标准统一为年应征增值税销售额 500 万元及以下	50 万元及以下或 80 万元及以下	500万元及以下	3%，不可抵扣进项税额	《关于统一增值税小规模纳税人标准的通知》
2019.1.1	起征点：对月销售额 10 万元以下的增值税小规模纳税人，免征增值税	3 万元	10 万元	0	《关于实施小微企业普惠性税收减免政策的通知》

| 第 3 章 |

文献综述

以往研究主要考察了"增值税转型"与"营改增"政策的微观经济后果，也有一些研究关注了"增值税税率下调"政策的微观效应。此外，还有一些研究关注了企业所处的外部环境对全要素生产率或对税收改革微观效应产生的影响。

3.1 增值税转型的微观政策效应

增值税转型是否具有"投资效应"？对此实证研究结论并未形成一致的观点。有研究发现增值税转型降低了企业税负成本（骆阳和肖侠，2010），促进了企业投资（Chen et al.，2013；许伟和陈斌开，2016；申广军等，2016；张亦然和苑德宇，2018）。但也有研究认为企业固定资产投资的增加与增值税转型改革并无实质联系。例如，陈晓和方保荣（2001）认为吸引企业投资的最主要因素是项目的盈利潜力、市场基础设施和政府政策等软环境，税收并非影响企业投资的主导因素。刘怡等（2017）研究发现，作为刺激固定资产投资的工具，所得税政策比增值税政策更为有效，增值税政策不仅没有起到促进企业固定资产投资的作用，反而会削弱所得税政策的效应。还有研究发现增值税转型的"投资增量效应"受到行业景气度（毛捷等，2014）、市场化程度（张亦然和苑德宇，2018）以及融资约束（倪婷婷和王跃堂，2016）等因素的影响。

增值税转型是否具有"研发投入效应"？增值税转型旨在减轻企业税负，

使企业将更多资金用于技术创新和设备更新，从而促进我国的产业升级和经济结构转型。增值税转型带来的融资约束缓解效应也应该有助于解决企业研发投入的资金不足问题。因此，理论上来讲，增值税转型也有可能刺激企业增加研发投入（Lin，2009）。但实证研究形成的结论却并不一致。一派观点认为增值税转型的"研发投入效应"受到了融资约束、代理问题等因素的影响。例如，倪婷婷和王跃堂（2018）研究发现，从总体上来看，增值税转型对研发投入并没有显著影响；分样本来看，与非集团公司相比，增值税转型明显刺激了集团公司研发投入，这与集团公司面临的融资约束较小有关。另一派观点则认为增值税转型并不具有"研发投入效应"。例如，聂辉华等（2009）研究发现，尽管增值税转型显著地促进了企业对固定资产的投资，减少了劳动力雇佣，提高了企业的资本劳动比和生产率；但增值税转型政策实施后，企业研究开发支出的绝对数额总体上有所减少，企业的研发密度也没有显著提高。其研究表明，增值税转型后企业效率的提高主要是通过用资本替代劳动的方式，而不是通过自主技术创新的方式。

增值税转型是否具有"生产率效应"？有研究支持增值税转型促进了企业生产效率的提升，具有"生产率效应"的观点（聂辉华等，2009）。申广军等（2016）的研究发现，增值税转型带来的减税作用显著提高了资本和劳动的产出效率。陈丽霖和廖恒（2013）发现"生产率效应"呈逐年显现的状态。增值税转型可以通过以下三条途径影响企业的生产效率（陈丽霖和廖恒，2013）：第一，减税为提升生产效率奠定基础。增值税转型使得购进固定资产的进项税额可以抵扣，避免了重复征税，直接增加了企业当期的经营现金净流量，提升了企业的投资意愿（Auerbach，1986；Cutler，1988）。投资增加、生产能力扩大为规模经济的实现创造了条件，从而可以为企业提高投入产出比、提升生产效率奠定基础。第二，更新设备抑制企业生产率下降。增值税从生产型转为消费型，由于购进固定资产的进项税额可以抵扣，会提升企业更新设备的意愿。此类投资能弥补现有资产价值的下降以及生产能力的下降，从而改善企业的生产效率。第三，技术进步加速企业生产率提升。企业在新增投资时，通常会选择技术水平优于原技术水平的设备，此类技术进步会加速提升企业生产效率。

3.2 "营改增"的微观政策效应

"营改增"是否具有"税负效应"？"营改增"前企业需要缴纳的营业税税基为企业的全部营业额，但改革之后，企业适用的增值税税基为增值额部分，即进项税额可以抵扣，因此，从理论上来讲，"营改增"后企业税负应该会下降。但由于各行业在政策发展导向、运营模式等方面存在较大差异，"营改增"后适用的增值税税率不同，可抵扣进项税额的规模大小也不同，因此，"营改增"对各行业税负的影响存在较大差异。针对"营改增"后短期税负的变化可以概括为如下四种具体观点。第一类观点认为，"营改增"后，短期内企业税负会下降，但各行业存在较大差异（田志伟和胡怡建，2013；李嘉明等，2015；杨默如和叶慕青，2016）。第二类观点认为，"营改增"后，短期内企业的两税税负略有上升或无显著影响（曹越和李晶，2016）。第三类观点认为，"营改增"后，只有当适用的增值税税率适中时（例如10%），才可保证工业和服务业税负水平同改革前基本相当，才能够避免"营改增"后税负的剧烈波动（姜明耀，2011）。第四类观点认为，"营改增"的短期税负效应高低取决于上游行业是否属于增值税行业，以及企业的产业互联程度。例如，范子英和彭飞（2017）的研究发现，尽管"营改增"企业的平均税负没有出现显著下降，但在具备产业互联的企业中产生了明显的减税效应，"营改增"的减税效应严重依赖于产业互联和上游行业的增值税税率。针对"营改增"后长期税负的变化可以概括为如下两种具体观点。第一类观点认为，长期来看，随着"营改增"从试点企业到全面推行，企业进项税额抵扣效应会逐渐显现，两税税负也会降低（曹越和李晶，2016）；第二类观点认为，在长期中，企业会针对税制改革做出相应的动态调整，例如，通过调整商品价格，使税负发生转嫁，各个行业通过税负转嫁重新分配"营改增"带来的减税收益，结果将会导致"营改增"后，原增值税纳税行业的长期两税税负降低，但实施"营改增"改革的各行业的长期两税税负却有升有降，各行业间存在较大差异（田志伟和胡怡建，2013）。

"营改增"是否具有"投资效应"？"营改增"后，对于试点企业来说，不仅购买的固定资产可以抵扣进项税额，而且像专利技术、非专利技术、商标、著作权等外购的无形资产也都可以抵扣进项税额，这相当于降低了企业的资本成本。因此，"营改增"应该有利于企业扩大固定资产和无形资产投资。袁从帅等（2015）与刘柏和王馨竹（2017）经研究发现，"营改增"政策显著增加了企业总投资，人均资本水平明显增加。但袁从帅等（2015）同时还发现，设备类固定资产以及部分无形资产投资并未明显增加，因此，"营改增"政策对企业投资有着结构性的影响。

"营改增"是否具有"分工效应"？实施"营改增"之后，企业中间投入品的进项税可以扣除，产业分工与协作的税收成本得以降低，这将激励企业将中间投入品分离出去，集中精力发展主营业务。"营改增"改革就是将生产性服务业从缴纳营业税改为缴纳增值税，使其能够与下游的制造业形成完整的增值税抵扣链条，避免对中间投入品重复征税，促进社会分工和提高专业化程度。如果"营改增"改革的确促进了上下游企业间的分工，那么现实中可能以两种情形得以体现：第一，制造业企业将原本由自身提供的生产性服务业务直接外包出去；第二，制造业企业除了仍给自己提供中间服务之外，也开始向市场上的其他公司提供生产性服务。陈钊和王旸（2016）的研究发现，"营改增"后，部分制造业企业的经营范围扩大，由原来自给自足提供生产性服务变为对外经营该业务；部分服务业企业的营业收入在"营改增"后明显上升，说明这些企业获得了来自制造业企业更多的业务外包。范子英和彭飞（2017）的研究还发现，"营改增"可以有效推动跨地区的分工与协作。

"营改增"是否具有"创新效应"？"营改增"的政策目标不仅在于减轻企业税负，而且在于瞄准经济转型升级，助力创新驱动。赵连伟（2015）研究发现，"营改增"拉动企业技术投入比率平均增长 0.27%，提高了企业创新能力；尤其对现代服务业拉动企业技术投入的促进作用更加显著。范子英和彭飞（2017）研究发现，"营改增"提升了企业的技术水平，有利于长期技术进步和产业转型升级。李启平（2019）研究发现，"营改增"缓解了财务约束，增加了试点后高新技术企业的研发投入。师博和张瀚禹（2018）研究发现，"营改增"使得企业专利申请数量出现明显断点，并且在提升创新数量的同时，更有利于企业创新质量的提高；"营改增"会通过减税效应、投资效应、知识产权交易效应和分工效应等多种机制，提升企业创新能力。（1）减税缓解研发投入的资金压力。制造企业外购科技服务业以及科技服务业外购货物所含增值税进项税额均可抵扣，税负降低，直接增加了企业的现金流，缓解了融资约束。（2）固定资产投资推动技术进步。"营改增"改革后试点的服务业外购设备类固定资产投资可以作为进项税额予以抵扣，相当于降低了固定资产的投资成本，可以推动服务业加快设备更新投资。机器设备投入使用并形成资本的过程中，也包含着内嵌于设备中的技术进步（Summers，1991；Greenwood and Krusell，1997；黄先海和刘毅群，2008）。此外，机器设备投资还会引发"干中学"效应，提高劳动生产率、促进技术外溢（Arrow，1962）。（3）技术研发成本降低。制造企业外购科技服务以及科技服务企业外购货物所含增值税进项均可抵扣，有利于降低技术研发成本。（4）知识产权交易活跃增加创新的市场需求。"营改增"之后，企业购置无形资产（诸如外购的专利技术、非专利技术、商标、著作权等）可以作为进项税额抵扣，降低了无形资产的投资成本，扩大了企业对无形资产的需求，从而提升了知识产权市场的活跃程度。此外，在试点期间的过渡政策规定企业提供技术转让、技术开发和相关的技术咨询服务免征增值税，这些优惠政策可以促进不同企业之间的技术交流和技术合作，客观上起到激励知识产权的提供方研发有市场需求的专利技术、提升企业创新数量与质量的作用。（5）专业化分工提升企业创新能力。实施"营改增"之后，服务业中间投入品的进项税额可以抵扣，产业分工与协作的税收成本得以降低，激励企业集中发展主营业务，外包中间投入品的生产活动；企业将其研发服务外包，推动其他企业原本服务内部的研发活动转向服务外部市场，促进了研发服务的市场化发展。另外，科技服务行业增值税税率较低且辅以配套的税收优惠政策，也有利于科技服务行业的快速发展。总之，"营改增"有利于加快技术服务外包，推动制造企业内部科技研发服务面向市场，促进整体科技服务行业的发展。

　　但"营改增"政策也是一柄"双刃剑"，不能排除企业基于避税目的而虚增无形资产或进行虚假投资。企业有可能虽然产生了大量研发支出却未能转化为专利创新成果，或是滋生大量低质量专利，知识产权市场出现非理性繁荣，导致专利"泡沫"。黎文靖和郑曼妮（2016）研究发现，在对企业创新活动给予降低税率、财政补贴以及信贷优惠等倾斜政策时，会导致为获取政策寻租的策略性行为，出现低质量创新甚至是虚假创新。但日趋严格的监管制度和公开透明的经营环境能够抑制研发创新领域的道德风险。

　　"营改增"是否具有"生产率效应"？有研究表明"营改增"可以提高制造业的全要素生产率。"营改增"避免了制造业服务要素投入环节的重复征税，提高了产业链条的效率（潘明星，2013）；"营改增"深化了分工，促使企业更专注于自己的主营业务，提高了企业自身效率（范子英和彭飞，2017；陈晓光，2013）。"营改增"后试点企业为了获得"税负转嫁"竞争力，企业在产品层面加大了技术升级力度，促进了全要素生产率显著提升（李成和张玉霞，2015）。服务业"营改增"的减税效应带动了制造业以生产率提升为标示的转型升级（李永友和严岑，2018）。此外，"营改增"还可能经由制造业服务化的中介作用间接提高全要素生产率。制造业服务环节产生的利润显著高于传统制造业加工环节能够带来的收益。无论是上游的研发与设计还是下游的营销与售后，制造业都可以选择服务外包或者自己提供，进而推进自身的服务化进程。研究表明，服务外包（Feenstra and Hanson，1996；Hijzen et al. ，2005；Amiti and Wei，2006；姚战琪，2010；樊秀峰和余姗，2013）、服务内化（Wolfmayr，2008；Arnold et al. ，2008；顾乃华，2010；吕越等，2017）对制造业全要素生产率均能起到正向促进作用。"营改增"通过分工深化，既能促进制造业将服务外包，又能促进制造业企业扩展服务业务，进而通过提升服务化水平提高制造业全要素生产率（潘明星，2013；高培勇，2013；周大鹏，2013；周大鹏，2016）。但刘伟江和吕镯（2018）研究表明，"营改增"主要通过直接作用提高制造业全要素生产率，经由制造业服务化来提高制造业全要素生产率的中介作用并不存在。

3.3　增值税税率改革的微观政策效应

　　以往研究主要探讨了增值税税率政策对企业税负、利润或企业价值产生的影响。例如，科索宁（Kosonen，2015）以芬兰的美发服务增值税从22%降到8%这个政策为自然实验，发现增值税下调会使得美发服务业公司的利润显著增长。本扎蒂和长洛尼（Benzarti and Carloni，2019）以法国2009年增值税改革为自然实验，发现餐厅用餐增值税减税政策会导致餐厅消费价格下降、原材料价格上涨、雇员工资上升，因此增值税减税带来的福利会在餐厅、消费者、雇员、材料商之间进行分配，且独立餐厅对减税的反应不如连锁餐厅。刘行和叶康涛（2018）依据 2017 年 4 月颁布的将 13% 的增值税税率降至 11% 的改革，基于事件研究方法发现，增值税税率降低的企业在［0，1］事件窗口期的股东财富平均增长了约 0.3%，这相当于 370 亿元股东总财富的增加；对比检验增值税税率影响企业价值的两条路径——"价格效应"与"税负效应"，发现"税负效应"的影响程度要超过"价格效应"；区分产权性质发现，增值税税率的"价值效应"主要存在于非国有企业；出口退税政策的存在则使得非出口企业受增值税税率的影响更大。万莹（2020）基于 CGE 模型的分析发现，增值税税率下降后，直接带动企业增值税税负下降。

此外，还有研究发现增值税税率变化在不同行业的企业呈现出异质性特征。例如，卡博尼（Carbonnie，2008）发现企业对增值税政策的反应在不同行业存在差异，在一些行业产品价格对增值税增加的反应更为强烈，而在其他行业产品价格对增值税减少的反应更为强烈。本扎蒂等（Benzarti et al.，2017）发现价格对增值税增长反应的强烈程度是对增值税下降反应的 2 倍，而且，与利润率高的公司相比，利润率低的公司更容易对增值税的变化做出不对称的反应。樊勇和李昊楠（2019）对 2017 年 7 月的增值税税率下调改革效果进行了估计，以行业税率、企业缴纳税、实际税负为口径，发现增值税税率下调后，相关行业的税负有升有降，并不一致。

3.4　外部环境的影响

企业的生存与发展离不开良好的外部环境，这涉及企业内外部之间的联系。我国实体企业（尤其是制造业企业）需要至少处理与供应链上下游成员企业之间的关系、与金融市场之间的关系、与政府之间的关系等。在此回顾以往探讨外部环境、税收改革与企业全要素生产率之间关系的相关文献。

3.4.1　供应链关系

供应链关系理论可以分为竞争理论与合作理论两类。根据博弈竞争理论可知，供应链上的每一个企业都希望分得更多收益（Nagarajan and Bassok，2008），相互竞争瓜分市场（Luo et al.，2006）。例如，供应商和客户在对商业信用的侵占上相互竞争，下游企业要求获得更多商业信用，上游企业也会要求获得更多预付款，最终导致供应链整体的商业信用融资规模下降。供应链竞争关系下的商业信用主要与买方强势、客户信用良好有关（Love et al.，2007），市场地位高的买方将获得更为优惠的条款（Giannetti et al.，2011）。即使客户并无融资约束也仍然会通过商业信用融资侵占供应商的流动性（Fabbri and Menichini，2010）。例如，石晓军和李杰（2009）实证研究发现，在我国商业信用的使用中，只要上游企业愿意提供，下游企业无论现金流是否充裕都会使用。但根据合作理论可知，企业与其供应商、客户之间协同合作，供应链企业通过信息共享（叶飞和薛运普，2011）、技术合作（Kale and Shahrur，2007）、资源互补（Pathak et al.，2014）实现共赢。在企业、供应商、客户三元关系中，企业之间的竞争关系减弱，合作关系增强，冲突较易调节，议价能力的作用相对减弱，机会主义行为较少（Simmel and Hughes，1949；Greve et al.，2010）。当供应链上一家企业的融资约束程度较大时，供应链的其他企业会给予其商业信用支持（Banerjee et al.，2004），因此，供应链合作关系下商业信用的规模更大（李任斯和刘红霞，2016）。随着竞争环境日益复杂与激烈，供应链企业合作共赢的重要性日益彰显（王贞洁和王竹泉，2017）。

传统企业与上、下游企业之间是有限合作的短期关系（Spekman et al.，1998）。自 20 世纪 90 年代以来，面对日益激烈的竞争格局和复杂多变的市场环境，许多企业加强了与上、下游企业的合作，并逐步形成供应链管理，即通过与上、下游企业的合作使资源得到优化配置（Stevens，1989；Lee et al.，1997；Jason，2012）。供应链集成是供应链管理的核心和灵魂（马士华等，2005）。较高的供应链集中度可以降低企业的交易成本，提高存货等资产的使用效率（陈正林和王彧，2014）；供应链集中度越高，会带来企业信息甄别的外溢效应，从而缓解企业与银行之间的信息不对称，企业的银行借款能力越强（王迪、刘祖基和赵泽朋，2016）；供应链集中度具有客户收益效应，能够发挥关键客户和供应商的积极作用，有利于供应链整合和价值信息共享，可以提供未来收入的隐性保障，减少公司收益率波动（秦建文和关欣，2019）。

构建协调的供应链合作关系，既是供应链管理的研究重点（郭金森等，2014）又是企业营运资金管理的核心内容（王贞洁和王竹泉，2017）。协调的供应链关系有助于降低上下游企业间的交易成本（Williamson，1979；1981），降低外部不确定性对企业的影响（Pfeffer and Salancik，1978），帮助企业获取外部资源（宋永涛等，2009）；稳健的供应链关系会强化财务柔性的价值提升效应（鲍群等，2017）。基于供应商关系的营运资金管理更能为弱势企业"雪中送炭"，提高企业持续增长能力（王贞洁和王竹泉，2017）；与关键客户建立联盟的企业会获得更高的首次公开募股（IPO）溢价以及更好的业绩（Johnson et al.，2010）。供应链协调的目标是通过契约设计实现供应链上收益与风险的合理分配，提高企业的营运资金周转效率，实现供应链整体利润最大化目标与供应链成员企业的帕累托改进（杨斌等，2016）。

信用支付契约是供应链协调的重要手段（Petersen and Rajan，1997；Fisman and Love，2003；郭金森等，2014）。联合决策经济订货批量模型假设下游客户存在财务约束，供应商和客户之间通过商业信用契约方式来协调、构建，该理论模型表明，在斯塔克尔贝里（Stackelberg）博弈条件下，供应商向零售商提供商业信用可以实现最优均衡（Kouvelis and Zhao，2012）。商业信用融资可以有效解决零售商的采购资金约束问题，激励零售商努力促销，增加订购量，提高零售商和供应商的期望利润。因此，商业信用对供应链成员间的利益具有平衡和协调效果，选择合理的商业信用期，可以实现上下游企业之间的共赢（Goyal，1985，1988；Moses and Seshadri，2000；Luo，2007；Dada and Hu，2008；Lee et al.，2011；张晓建等，2011；万常海等，2012；陈祥峰，2013；李群霞等，2013；Luo and Shang，2014；占济舟和卢锐，2016；秦娟娟等，2016；王志宏等，2017）。而且，与银行贷款相比，商业信用能够帮助零售商获得更高利润（钟远光等，2011），可以带来更高的供应链效率（Yang and Birge，2013）。此外，占济舟和卢锐（2016）理论模型与算例分析的结果还表明，商业信用融资适合于零售商具有一定自有资金，而供应商的资金充足的情形。当零售商自有资金大于某一范围时，供应商更加愿意为零售商提供商业信用融资服务，供应商给予的信用期限也越长。当然，前提是供应商的资金充足，可以抵御零售商延迟支付带来的风险。实证研究的结果同样支持商业信用可以提高供应链效率，为供应链创造价值。研究表明，与银行信用相比，商业信用具有比较信息优势与控制优势（Petersen and Rajan，1997）。商业信用是资金再次分配的重要渠道（Love et al.，2007）；商业信用融资缓解了融资约束，提高了企业的资本配置效率

（王彦超和林斌，2008；张新民和张婷婷，2016），并通过资源配置机制实现了比银行借款更大的规模效率（石晓军和张顺明，2010）。

3.4.2 金融市场

良好的金融体系通过发挥风险管理、资金配置和监督控制等基本功能，可以减少信息成本、交易成本，影响储蓄率、投资决策与长期经济增长（Levine，1997），促进资本积累和技术进步，推动实体经济部门的生产率增长（Butler and Cornaggia，2011）。在金融发展水平比较高的地区，银行对不同性质公司的差别贷款行为较少（江伟和李斌，2006），企业的过度投资行为也较少（杨华军和胡奕明，2007）。相反，金融环境扭曲则会造成资源配置扭曲，改善中小企业融资环境对提升中国工业全要素生产率具有关键作用（邵宜航、步晓宁和张天华，2013）。

近几十年来，金融未能有效服务实体经济，实体经济部门"脱实向虚"问题严重（Stockhammer，2004；Krippner，2005；Orhangazi，2008；张成思等，2014；张成思和张步昙，2015）。实体企业的实业投资率下降与金融化并行逐渐成为刻画中国经济运行的重要特征（张成思和张步昙，2016）。非金融企业金融化会导致实体经济与虚拟经济之间的风险联动性增强，系统性金融风险积聚；虚拟经济过度膨胀会造成系统不稳定，导致金融危机（成思危，2015）。多种观点解释经济金融化产生的原因。例如，（1）信贷差异。有研究表明信贷差异与影子银行是实体企业金融化的重要原因。新兴市场国家的金融市场发展相对缓慢，银行差别性对待风险异质性企业，经营风险小的企业能够从银行获得信贷支持，而高风险企业则无法获得信贷支持；高风险企业只能通过影子银行获得融资。这些企业对影子银行的资金需求推高了影子银行体系的投资收益率。面对影子银行的高收益率，低风险企业会选择减少实业投资，而把从银行获得的相对廉价的贷款转投影子银行，从而提高了企业的金融化水平。金融化的企业事实上充当了高风险企业和银行之间的"实体中介"（Shin and Zhao，2013；Du et al.，2017；彭俞超和黄志刚，2018）。（2）实业投资风险大。张成思和郑宁（2018）指出中国非金融企业金融投资行为的显著驱动因素是固定资产投资的风险占比，因此，关注实业投资环境、降低实业投资的不确定性（风险）是改善企业投资决策行为、避免过度金融投资的对症良方。（3）投资收益率差异。王国刚（2018）认为资金"脱实向虚"的直接成因在于，生产价格指数（PPI）持续负增长引致的实体经济面企业资产利润率降低和波动；深层成因则在于，经济结构中的短板产业未能得到有效提升和补足，制约消费结构升级的不平衡、不充分问题至今没有得到有效解决，因此，资金"脱实向虚"是实体经济面供给侧结构性失衡的必然产物。研究表明，实体企业的税收负担重也会倒逼其提高金融资产配置水平（庞凤喜和刘畅，2019）。增值税转型改革引发的实体税负下降降低了制造业企业的金融化水平，其原因在于增值税转型改革相对提高了制造业企业实体资产收益率，并引导企业加大了固定资产投资和研发创新投入（徐超等，2019）。实体企业金融资产配置行为对于全要素生产率会产生怎样的影响？少数研究结果支持"实体"+"金融"的产融结合模式具有"产融相长"的经济职能，既能够降低企业的融资成本，缓解外部融资约束，又能够充分释放实体企业自身的竞争力（盛安琪等，2018；李维安等，2014；黎文靖等，2017）；但大部分研究结论表明，实体企业金融化体现为"脱实向虚"而非"产融相长"，抑制了金融效率（彭俞超等，2018），挤占了实业投资，抑制了创新投入，抑制了全要素生产率（谢家智等，2014；刘笃池等，2016；王红建等，2017；戚聿东和张任之，2017；杜勇等，2017；盛明泉等，2018）。此外，研究还表明实体企业金融化提升了股价崩盘概率，引起了系统性金融风险（彭俞超等，2018）。

我国企业的间接融资比重过高；然而，我国资本市场间接融资（中长期贷款）与固定资产投资比率的提高对经济具有负作用影响；资本市场直接融资与固定资产投资比率的提高对经济有着积极的作用；与间接融资相比，直接融资不仅有利于资源配置效率的提高，还有利于分散融资风险，有效地避免风险向银行系统集中，从而降低整个社会的风险（刘伟和王汝芳，2006）。杨乐和刘信群（2018）研究表明，当期直接融资比例提升与下一期区域经济增长、区域第二产业经济增长、区域第三产业经济增长存在显著正相关关系，与区域第一产业经济增长关系并不显著。宫蕾等（2019）研究发现，企业直接融资会对创新数量产生正向影响，对创新质量产生负向影响；企业直接融资对创新数量的正向影响和对创新质量的负向影响均在民营企业中更显著。昆特和莱文（Kunt and Levine，1996）认为股票市场的作用并不体现在股票融资数量上，更主要的是提高了资本的配置效率。股票市场对经济增长起作用的前提是存在一个有效的市场，只有有效的市场才能引导资金向效益好的部门流动，促进资源的有效配置。

3.4.3 营商环境

营商环境会影响企业全要素生产率。研究表明，优化营商环境有助于吸引投资，促进经济发展（董志强、魏下海和汤灿晴，2012），即便在较高的税负下也可以吸引资本流入（刘穷志，2017）。优化营商环境有助于企业根据政策预期开展研发活动，从而挤入私人研发投资（胡凯和吴清，2018）。相反，地区行政审批强度高则会降低创业倾向与创业规模，具有抑制创业效应（张龙鹏等，2016）。此外，优化营商环境还有助于调节寻租对企业不同创新活动的影响，有利于无寻租企业开展自主创新（夏后学等，2019），其原因主要在于两点：一是简化行政审批，降低新生企业进入市场的门槛，缩短在位企业创新成果的上市周期；二是彻底瓦解企业寻租渠道，节省企业制度性交易成本，这一方面会影响寻租企业创新倾向，另一方面会导致企业资源的重新配置（王永进和冯笑，2018；许和连和王海成，2018；夏后学等，2019）。

营商环境还会影响税收激励的效果。研究表明，优化经营环境有利于发挥或者"放大"增值税转型降低融资成本、优化企业投资、提升企业市场价值的效应（童锦治等，2014）；当产品市场竞争程度、地区市场化进程程度越高时，所得税税收激励企业创新投入的效果越显著（刘放等，2016）；制度环境强化了 R&D 所得税税收激励的挤入效应（胡凯和吴清，2018）。其原因主要在于：一方面，税收激励为企业带来减税效应，缓解融资约束，从而为企业创新提供了资金支持，增强了企业创新能力；另一方面，如果企业所处的营商环境较好，企业面临的研发创新环境较好、研发创新风险较低、研发创新回报较高，此时企业创新的意愿与能力就较强（夏立军和方轶强，2005；方军雄，2007）。相反，当营商环境较差时，政府办事效率低下、公共资源的竞争性配置程度较低，缺乏有效的产权保护，政治关联、寻租腐败问题严重，因道德风险、信息不对称等因素会导致较高的交易成本，这会影响企业投资与创新的积极性，因此，营商环境会影响税收激励的效果（童锦治等，2014；刘放等，2016；胡凯和吴清，2018）。

3.5　文献评述

综上所述，以往研究存在如下几点不足有待进一步深入研究。

第一，以往有关增值税改革微观政策效应的研究主要关注的是 2004 ~ 2009 年的增值税转型政策和 2012 ~ 2016 年的"营改增"政策，缺乏对近年来实施的简并或下调增值税税率等政策的关注。而且，以往研究主要考察了税收激励对于企业市场价值（童锦治等，2014）、研发投入（刘放等，2016；胡凯和吴清，2018）的影响，缺乏考察对企业全要素生产率的影响。因此，有必要将增值税改革政策的研究范畴从"增值税转型"与"营改增"拓展到"简并或下调增值税税率"等重要政策，研究增值税税率改革在企业微观层面的效应，也有必要构建"增值税税率改革与企业全要素生产率"两者关系、作用机制及环境协同的理论分析框架，并进行实证检验。

第二，以往针对增值税改革（增值税转型与"营改增"）影响企业全要素生产率作用机制的研究主要关注的是减税效应、投资效应、创新效应、分工效应等作用机制。同时，以往研究还表明企业投融资等财务决策会影响全要素生产率。那么，基于财务学视角来看，增值税税率改革如何通过优化企业财务决策从而促进企业全要素生产率的提升？因此，有必要结合我国企业现阶段在现实中面临的重要财务问题，深入讨论增值税税率改革对企业融资决策（例如"降杠杆"）、投资决策（"脱虚向实"、研发创新）以及现金分红的影响，以此打通"增值税税率改革—企业财务决策—全要素生产率"的作用路径。

第三，以往有关供应链协调的研究，缺乏对供应链协调对企业全要素生产率会产生怎样的影响的考察。以往有关供应链综合协调的研究主要通过构建理论模型展开分析（Luo and Shang，2014；占济舟和卢锐，2016；秦娟娟等，2016；王志宏等，2017；等），缺乏对供应链综合协调程度的实证检验；以往研究表明信用支付契约是供应链协调的重要手段（Petersen and Rajan，1997；Fisman and Love，2003；郭金森等，2014），而有关供应链信用契约激励机制宏观影响因素的文献主要探讨了货币政策或经济危机（王贞洁和王竹泉，2013；Altunok et al.，2015）、经济政策不确定性（王化成等，2016；陈胜蓝和刘晓玲，2018）等因素的影响，但供应链协调又将如何影响增值税改革带来的微观效应呢？结合当前国内外严峻的经济形势，将供应链构建与增值税税制结构调整联系起来予以考虑具有重要价值。

第四，以往有关金融市场的研究，主要考察了金融市场对全要素生产率的影响，缺乏对金融市场如何影响增值税改革的"生产率效应"的考察。以往有关营商环境的研究，发现营商环境的改善可以促进投资与研发投入，而且营商环境优化有助于提升税收激励的效果；但有关营商环境是否影响税收激励效果的研究，主要关注了实际税负（主要为所得税）（刘放等，2016；胡凯和吴清，2018）以及增值税转型改革（童锦治等，2014）的激励效果，缺乏对近年来实施的增值税税率改革的深入考察。因此，在研究增值税税率改革的微观经济后果时有必要充分考虑企业所处的金融市场或营商环境。

第五，"营改增"作为近年来我国实施的重要财税改革政策，目前已经有较多研究考察了"营改增"的微观政策效应，"营改增"改革涉及2012～2016年前后5年时间，但以往研究通常仅以2012年的改革政策为考察对象，所得研究结论难免存在"以偏概全"现象，难以反映"营改增"政策的整体实施效果。当前，已经有条件获取更完整的数据针对"营改增"整体进行研究，能够更加客观地评估"营改增"这项重要增值税改革政策带来的微观效应。

| 第 4 章 |

增值税税率改革与企业全要素生产率

严峻的国际形势以及新冠肺炎疫情的叠加影响在一定程度上为我国经济高质量发展增添了阻力。近年来，我国出台了一系列增值税税率改革政策，本章探讨增值税税率改革政策对企业全要素生产率的影响，研究发现，增值税税率改革政策的实施提升了企业的全要素生产率。同时，本章还从供应链体系构建视角分析了增值税税率改革提升企业全要素生产率的中介机制，研究发现，增值税税率改革能助力构建供应链体系并由此提升企业的全要素生产率，具体体现为提高了供应链效率、增强了企业自主创新能力这两条中介路径。此外，本章还进一步研究了增值税税率改革提升企业全要素生产率的适用条件，研究发现，当企业的客户或供应商集中度较高、企业的内部积累能力较差或面临较严重的外部融资约束时，增值税税率改革对企业全要素生产率的提升作用更加显著。本章研究不仅拓展了增值税税率改革微观政策效应、企业全要素生产率影响因素的文献，而且为我国探寻进一步优化增值税税制结构的合理方案，以便提升供应链效率与企业自主创新能力，促进我国经济高质量发展目标早日实现提供了理论依据。

4.1 引　　言

高质量发展是"十四五"乃至更长时期我国经济社会发展的主题，为共同富裕奠定了基础。高质量发展的根本在于经济的活力、创新力和竞争力。增值税是我国第一大税种，企业为此承担着较沉重的税负；同时，多档次税率还造成了分配不公,削弱了企业的活力、创新力与竞争力。近年来我国增值税改革力度空前,改革政策包括抵扣政策与税率政策两类。其中,抵扣政策有增值税转型、"营改增"、扩大进项税抵扣范围、期末留抵退税以及加计抵减等;税率政策则包含一系列简并或下调增值税税率政策。目前已有较丰富的文献探讨了增值税转型与"营改增"等抵扣政策带来的微观经济后果(范子英和彭飞,2017;等等),但对于增值税税率改革微观效应的研究却较少,仅有研究考察了增值税税率改革对股东财富带来的影响等问题(刘行和叶康涛,2018)。那么,增值税税率改革相关政策的实施是否有助于企业高质量发展呢?全要素生产率是评价企业高质量发展的核心指标(宋敏等,2021),因此,本章研究增值税税率改革政策对企业全要素生产率的影响这一问题。

当前,严峻的国际形势对我国企业全要素生产率的提升造成了不利影响。一方面,自加入世界贸易组织(以下简称世贸组织)以来,我国深度嵌入了全球化经济体系,但当前经济全球化正遭遇逆流,单边主义、保护主义上升,再加上新冠肺炎疫情在全球持续蔓延带来深远影响,弱化了传统国际经济循环体系,全球供应链甚至面临中断危机(葛琛等,2020)。另一方面,中国企业在全球供应链中所处的位置相对靠后,较少参与全球高端供应链的上游环节,对国外上游核心技术的依赖正是我国企业经常遭受国外"卡脖子"打压的原因(欧纯智和贾康,2020)。供应链运行不畅降低了企业营运资本的周转速度,投入产出效率变差(王竹泉等,2007),这是企业全要素生产率低下的直观表现,而核心技术落后则是抑制企业全要素生产率提升的根本原因(程惠芳和陈超,2017)。增值税税率改革通过降低供应链上存在的制度性交易成本,既可能提高供应链效率,又可能增强企业的自主研发实力,从而有助于提升企业的全要素生产率。

本章以2017年增值税税率改革政策的实施为研究对象,考察了税率改革对企业全要素生产率的影响及其中介路径。研究发现,首先,增值税税率改革显著提高了企业的全要素生产率;其次,税率改革可以通过提高供应链效率、增强企业自主研发实力这两条中介路径来提高企业的全要素生产率。此外,本章的拓展性研究还表明,当供应商与客户的集中度较高时,增值税税率改革更有条件发挥出生产率提升效应,而且,当企业的内部积累能力较弱,或者面临较严重的外部融资约束时,企业更有意愿运用税率改革的政策红利提升全要素生产率。

　　本章的理论价值主要在于拓展了如下三方面文献。其一，丰富了增值税改革微观政策效应的文献。传统增值税改革微观政策效应的研究主要关注了增值税转型与"营改增"这两项抵扣政策的税负效应（骆阳和肖侠，2010）、投资效应（许伟和陈斌开，2016）以及分工效应（陈晓光，2013；范子英和彭飞，2017）等。此外，也有研究考察了增值税税率改革对股东财富或公司价值的影响（刘行和叶康涛，2018）。但以往研究缺乏考察增值税税率改革对企业全要素生产率的影响。本章构建了增值税税率改革影响企业全要素生产率的理论分析框架并提供了实证检验证据，可以弥补上述不足。其二，丰富了增值税税率改革微观效应中介机制的文献。以往研究指出增值税税率下调具有减税效应与价格效应（刘行和叶康涛，2018），但缺乏基于构建我国供应链体系视角的分析。本章探索了提升供应链效率与企业自主创新能力这两条中介路径，对增值税税率改革作用机制的研究进行了有力拓展。其三，丰富了企业全要素生产率影响因素的文献。以往研究深入讨论了技术进步与资源配置效率对于提升企业全要素生产率的重要作用（Griliches，1981；Madsen，2008；Hsieh and Klenow，2009；谢千里等，2008；龚关和胡关亮，2013；盖庆恩等，2015；程惠芳和陈超，2017），但缺乏研究增值税税率改革这一宏观因素对其产生的作用，本章弥补了这一不足。本章的实践价值主要在于，一方面，启发财税部门进一步探寻深化增值税税率改革、优化税制结构的方案，以便增强我国供应链体系的竞争力，促进经济高质量发展；另一方面，启发实体企业在当前复杂的国际形势下，抓住增值税税率改革的契机，努力提高供应链效率，加大自主创新力度，提高企业的全要素生产率。

4.2　理论分析与研究假设

　　我国企业背负的增值税税负较沉重，而且多档次税率还导致了企业之间的不公平竞争。"营改增"后我国增值税税率包含17%、13%、11%和6%四个档次，2017年增值税税率改革将13%的税率下调为11%，同时四档税率简并为三档。增值税税率改革政策包含的简并税率档次与税率下调这两方面内容均有可能影响企业的全要素生产率。下面结合两条中介路径分述之。

4.2.1　增值税税率改革、供应链效率与全要素生产率

首先，简并税率有助于提高供应链效率从而能够提升企业的全要素生产率。一方面，简并税率档次可以减少同一家企业在增值税进项与销项上存在的税率差异，使得进销项税额的抵扣链条更加通畅，降低企业购销环节的缴税复杂程度，降低制度性交易成本，促使上下游企业更易达成购销协议；由此可以加快企业原材料或产成品等存货的流转速度，同时还能减少企业在商业信用上占用的资金，提高供应链效率，促使企业每单位营运资本投入带来更多产出（王竹泉等，2007），从而提高了企业的全要素生产率。另一方面，简并税率档次还优化了不同企业之间的资源配置。要素资源有效配置能够促进全要素生产率提升（谢千里等，2008）；相反，要素资源配置的扭曲则导致全要素生产率损失（Hsieh and Klenow，2009；龚关和胡关亮，2013；盖庆恩等，2015）。增值税的税率差异加剧了资源错配（蒋为，2016），造成全行业效率损失（陈晓光，2013）。21世纪的竞争是供应链的竞争，符合供应链整体利益的企业更易获取优质资源（李颖和周洋，2020）；简并税率通过促进供应链层面的资源优化配置，提高供应链效率从而可以进一步提高企业的全要素生产率。

其次，下调税率也有助于提高供应链效率从而能够提升企业的全要素生产率。增值税是流转税，当税率较高时，企业会通过抬升加成率进行税负转嫁，导致生产要素的边际产出偏离社会最优水平（刘啟仁和黄建忠，2018）；大部分商品具有一定的价格需求弹性，增值税税率下调会降低商品价格，促进销售增长。为满足迅速扩大的市场需求，供应链上下游企业需要密切合作，共享信息，保证资金、人力、技术等及时到位，提高了供应链效率（李颖和周洋，2020）；在企业层面总体表现为营运资本投入转化为销售收入的速度加快，在具体项目上表现为原材料、产成品等存货的周转速度加快，资金往来结算时间缩短（王竹泉等，2007），由此提高的投入产出效率是企业全要素生产率提高的基本表现。

4.2.2　增值税税率改革、企业自主创新与全要素生产率

首先，简并税率档次能够增强企业的自主研发能力从而提高其全要素生产率。简并税率档次降低了税率差异，促使资源优化配置（蒋为，2016；陈晓光，2013）。自主创新是促进企业内生增长的发动机（Griliches，1981）；而高素质的人才、充裕的资金等资源投入正是企业自主研发的前提。以往研究发现，研发投入促进了美国 133 家大企业（Griliches，1981）、经济合作与发展组织（OECD）成员（Madsen，2008）以及中国企业全要素生产率的提升（程惠芳和陈超，2017）。因此，简并税率能够引导更充裕的资源流向优质企业，促使这些企业增加自主创新的人才与资金等资源投入，为提高企业全要素生产率奠定良好基础。此外，如前所述，简并税率档次还能够提高供应链效率，此时为满足供应链需求而开展的研发活动的效率也会相应提高。因此，简并税率不仅能够增强企业自主研发的资源获取能力，而且还能够提高企业自主创新活动的效率，从而能够促进企业提高全要素生产率。

其次，下调税率也能够增强企业的自主研发能力从而提高其全要素生产率。具体表现在三个方面：第一，下调税率提高了企业的盈利能力，增强了企业自主研发的内在实力。增值税税率下调既能降低产品价格以促进销售增长，又能降低企业的实际税负成本（刘行和叶康涛，2018），由此扩大了企业的盈利空间。内在实力增强为企业自主研发打下基础，这是提高全要素生产率的前提。第二，下调税率缓解了外部融资约束。企业自主研发离不开外部资金的支持；股权融资（李汇东等，2013；张一林等，2016；张劲帆等，2017；陈思等，2017；齐绍洲等，2017；章卫东等，2017；刘端等，2019）与债务融资（张瑾华等，2016；张璇等，2017）均会影响企业的研发能力。税率下调给资本市场带来政策利好消息，投资者对税率下调企业的前景具有较高预期（刘行和叶康涛，2018），这将有助于企业通过资本市场筹集资金。宽松的融资环境是企业提高全要素生产率的重要外部支撑。第三，下调税率对市场需求的影响激励供应链上的企业加强合作、共享信息。信息不对称引发的代理问题削弱了管理层自主研发的动力（Tosi et al.，2000；李春涛和宋敏，2010；吴延兵，2012；董晓庆等，2014；李文贵和余明桂，2015；陈红

等，2018；周冬华等，2019）。下游客户向上游供应商分享市场需求的详细信息，降低了信息不对称及代理成本，增强了企业自主创新的意愿；同时，为满足市场需求，上下游企业也需要开展更多有针对性的自主研发活动（童锦治等，2015；乔睿蕾和陈良华，2017）。基于市场需求的自主创新是企业提高全要素生产率的现实路径。因此，下调税率不仅能够增强企业自主研发的内在实力、缓解外部融资约束，而且还能够促使企业基于市场需求提高自主研发力度，从而促使企业提高全要素生产率。

综上所述，增值税税率改革通过提高供应链效率并促进企业自主创新这两条路径，能够促进企业全要素生产率的提升。据此提出本章的研究假设：增值税税率改革能够促进企业的全要素生产率提升。

4.3　实证设计

4.3.1　样本选择与数据来源

借鉴刘行和叶康涛（2018）的研究，本章以 2017 年的增值税税率改革为研究对象。之所以选择 2017 年的增值税税率改革政策，其原因在于如下两个方面：一是从研究对象上来看，2017 年的增值税税率改革不仅将 13% 的税率下调为 11%，同时还将原来的四档税率简并为三档，更全面地包含了我国增值税税率改革的重要内容，并能体现未来进一步改革的方向；二是从研究方法上来看，2017 年的改革政策仅涉及适用 13% 税率的部分企业，而后续年份的改革政策涉及绝大部分企业。因此，只有采用 2017 年的税率改革政策，才能够合理界定实验组与对照组，并采用 DID 方法以便缓解内生性问题，从而得到更可靠的研究结论。

由于近几年增值税税率改革政策出台得较为密集，为了避免 2018 年、2019 年相关政策的干扰，本章主要对比 2016 年与 2017 年的差异。具体而言，首先将 2016～2017 年沪深所有 A 股上市公司作为初始样本；然后剔除 ST 类公司、金融行业以及数据缺失的观测值，仅保留 2016 年和 2017 年均存在的平衡面板，最终得到 2 140 个"公司—年度"层面的样本数据。此外，还对连续变量进行了 1% 的缩尾处理。相关数据主要源于国泰安数据库。

4.3.2　变量定义

（1）企业全要素生产率。借鉴鲁晓东和连玉君（2012）的方法，首先采用 LP 方法计算得出 TFP_{LP}，然后采用经过 ACF 修正的方法以及 OP 方法分别得到 TFP_{ACF} 和 TFP_{OP}。

（2）增值税税率改革。首先设置增值税税率改革虚拟变量 Treat。假如 2016 年企业存在 13% 这一档次的增值税税率，则将其作为税率改革企业样本（即实验组）令 Treat = 1，否则作为非税率改革企业样本（即对照组）令 Treat = 0。然后设置改革前后虚拟变量 Time。税率改革后（即 2017 年）的样本令 Time = 1，税率改革前（即 2016 年）的样本令 Time = 0。

（3）企业自主研发。分别从企业研发资源投入、研发成果以及研发效率这三个维度来衡量企业自主研发程度。具体设置了研发人员占比（Researchers）、研发资金投入（R&D）、发明专利授权数（Patent）以及单位研发投入产生的效果（IE）四个变量来考察企业的自主研发情况。

（4）供应链效率。借鉴王竹泉等（2007）、李颖和周洋（2020）的方法，首先采用综合指标营运资金周转率（WCT）来衡量供应链效率，然后采用单项指标存货周转率（ITR）、应收账款周转率（ART）与应付账款周转率（APT）来衡量供应链效率。

（5）控制变量。借鉴钱雪松等（2018）的方法，采用资产负债率（LEV）、企业规模（Size）、固定资产投资比重（Fixs）、企业创立年限（Age）、企业成长性（Growth）、股权性质（SOE）、独立董事占比（Dboard）作为控制变量；另外，还控制了行业哑变量。变量定义见表 4 - 1。

表 4 - 1　　　　　　　　　　　　　变量定义

名称	符号	说明
全要素生产率	TFP_{LP}	采用 LP 方法计算得到企业全要素生产率 TFP
	TFP_{ACF}	采用 ACF 对 LP 方法进行修正后的 TFP
	TFP_{OP}	采用 OP 方法计算得到的 TFP

名称	符号	说明
增值税税率改革	Time	税改后 Time = 1，税改前 Time = 0
	Treat	受到税率改革影响的企业 Treat = 1，其余 Treat = 0
企业自主研发能力	Researchers	研发人员占比，即研发人员/非研发人员
	R&D	研发资金投入，即 LN（研发投入 +1）
	Patent	发明专利产出，即 LN（发明专利授权数 +1）
	IE	研发效率，即 LN（发明专利授权数 +1）/LN（研发投入 +1）
供应链效率	WCT	营运资金周转率 = 销售收入净额/营运资金
	ITR	存货周转率 = 营业成本/存货
	ART	应收账款周转率 = 营业收入/应收账款
	APT	应付账款周转率 = 营业成本/应付账款
企业绩效	ROA	资产收益率 = 净利润/总资产
实际税负	RVAT	（支付各种税费 – 税金及附加 – 所得税费用）/营业收入
股权成本	COC	根据 CAPM 模型计算得出
债务成本	COD	财务费用/债务总额
供应链集中度	Customers	客户集中度 = 前五大客户销售额/总销售额
	Suppliers	供应商集中度 = 前五大供应商采购额/总采购额
资产负债率	LEV	总负债/总资产
企业规模	Size	LN（企业在职职工人数）
固定资产投资比重	Fixs	固定资产/总资产
企业创立年限	Age	LN（企业成立年限）
企业成长性	Growth	营业收入增长率
股权性质	SOE	国有企业为1，非国有企业为0
独立董事占比	Dboard	独立董事人数/董事会人数

各主要变量的描述性统计结果见表 4 - 2。Treat 均值为 0.367，Time 均值为 0.500，表明 2016 ~ 2017 年的平衡面板数据中有 36.7% 的上市公司受到了增值税税率改革的影响；用 LP 法及其 ACF 修正法与 OP 法计算得出的 TFP 标准差数值较大，表明不同企业间的全要素生产率存在较大差异。

表 4-2　　　　　　　　　　　描述性统计

变量名	样本量（个）	均值	25%分位数	中位数	75%分位数	标准差
TFP_LP	2 140	17.000	16.320	16.880	17.610	0.977
TFP_ACF	2 140	11.410	10.920	11.320	11.810	0.700
TFP_OP	2 140	17.060	16.380	16.940	17.670	0.979
Time	2 140	0.500	0.000	0.500	1.000	0.500
Treat	2 140	0.367	0.000	0.000	1.000	0.482
Researchers	2 140	0.174	0.059	0.121	0.192	0.217
R&D	2 140	18.330	17.500	18.330	19.220	1.495
Patent	2 140	0.664	0.000	0.000	1.099	0.984
IE	2 140	0.035	0.000	0.000	0.062	0.050
WCT	2 140	1.711	0.847	1.304	2.042	1.410
ITR	2 140	6.417	2.163	3.839	6.728	9.206
ART	2 140	18.38	2.892	4.976	10.73	52.96
APT	2 140	6.733	2.861	4.464	7.571	7.442
RVAT	2 140	0.037	0.016	0.031	0.051	0.030
COD	2 140	0.001	0.012	0.034	0.048	0.184
COC	2 140	0.098	0.086	0.098	0.109	0.021
ROA	2 140	0.040	0.015	0.034	0.061	0.043
Customers	2 140	28.420	13.520	23.050	38.210	20.260
Suppliers	2 140	30.240	16.930	26.590	40.280	17.940
LEV	2 140	0.453	0.311	0.447	0.591	0.183
Size	2 140	8.312	7.557	8.214	8.973	1.111
Age	2 140	2.862	2.708	2.890	3.091	0.300
Fixs	2 140	0.231	0.109	0.198	0.323	0.156
Growth	2 140	0.353	0.021	0.185	0.479	0.644
SOE	2 140	0.428	0.000	0.000	1.000	0.495
Dboard	2 140	2.724	2.333	3.000	3.000	0.344

表 4-3 报告了本章实验组样本的行业和年度分布情况。从中可见，受到 2017 年增值税税率改革影响的企业主要为制造业（占比 76.1%），然后是采矿业（占比 4.6%），批发零售业（占比 4.1%），电力、热力、燃气及水生产供应业（占比 3.8%）以及农、林、牧、渔业（占比 3.3%）。

行业名称	样本量（个）	占比（%）	2016 年（个）	2017 年（个）
农、林、牧、渔业	26	3.3	13	13
采矿业	36	4.6	18	18
制造业	598	76.1	299	299
电力、热力、燃气及水生产供应业	30	3.8	15	15
建筑业	14	1.8	7	7
批发和零售业	32	4.1	16	16
交通运输、仓储和邮政业	8	1.0	4	4
信息传输、软件和信息技术服务业	10	1.3	5	5
房地产业	12	1.5	6	6
租赁和商务服务业	2	0.3	1	1
水利、环境和公共设施管理业	2	0.3	1	1
文化、体育和娱乐业	8	1.0	4	4
公共管理、社会保障和社会组织	8	1.0	4	4
总样本数	786	100.0	393	393

表 4-3　　　　　　　　实验组样本分布

4.3.3　实证模型

为了验证本章的研究假设，构建模型（4-1），并通过观测模型中交乘项 Treat×Time 的系数 β_3 的符号来判断增值税税率改革对企业全要素生产率的影响，预期 β_3 显著为正。

$$TFP\_LP(TFP\_ACF \text{ 或 } TFP\_OP) = \beta_0 + \beta_1 Treat + \beta_2 Time + \beta_3 Treat \times Time$$
$$+ \gamma Control + \sum Industry + \sum Year + \varepsilon$$

$$(4-1)$$

为验证本章提出的供应链效率提升中介路径，构建中介效应模型（4-2）与模型（4-3）。预期模型（4-2）中交乘项 Treat×Time 的系数 β_3 显著为正；而模型（4-3）中交乘项 Treat×Time 的系数 β_3 和 WCT（ITR 或 ART 或 APT）的系数 β_4 也显著为正。

WCT(ITR 或 ART 或 APT)

$$= \beta_0 + \beta_1 Treat + \beta_2 Time + \beta_3 Treat \times Time$$

$$+ \gamma Control + \sum Industry + \sum Year + \varepsilon \qquad (4-2)$$

$TFP_{\_LP}(TFP_{\_ACF}$ 或 $TFP_{\_OP})$

$$= \beta_0 + \beta_1 Treat + \beta_2 Time + \beta_3 Treat \times Time$$

$$+ \beta_4 WCT(ITR \text{ 或 } ART \text{ 或 } APT) + \gamma Control$$

$$+ \sum Industry + \sum Year + \varepsilon \qquad (4-3)$$

为验证本章提出的企业自主创新增强中介路径,构建中介效应模型
(4-4)与模型(4-5)。预期模型(4-4)中交乘项 Treat×Time 的系数 β_3
显著为正;而模型(4-5)中交乘项 Treat × Time 的系数 β_3 和 Researchers
(R&D 或 Patent 或 IE)的系数 β_4 也显著为正。

Researchers(R&D 或 Patent 或 IE)

$$= \beta_0 + \beta_1 Treat + \beta_2 Time + \beta_3 Treat \times Time$$

$$+ \gamma Control + \sum Industry + \sum Year + \varepsilon \qquad (4-4)$$

$TFP_{\_LP}(TFP_{\_ACF}$ 或 $TFP_{\_OP})$

$$= \beta_0 + \beta_1 Treat + \beta_2 Time + \beta_3 Treat \times Time$$

$$+ \beta_4 Researchers(R\&D \text{ 或 } Patent \text{ 或 } IE)$$

$$+ \gamma Control + \sum Industry + \sum Year + \varepsilon \qquad (4-5)$$

4.4　实证结果分析

4.4.1　增值税税率改革对企业全要素生产率的影响

4.4.1.1　单变量分析

单变量均值 T 检验的结果见表 4-4。由最后一栏 Diff in Diff 中 $TFP_{\_LP}$、
$TFP_{\_ACF}$ 及 $TFP_{\_OP}$ 对应的差分值可以看出,税率改革后实验组的全要素生产率
与改革前相比均有显著增长,初步证明了本章的研究假设。

表 4 – 4 单变量均值 t 检验

	变量名	Treat = 1	Treat = 0	差额
		(1)	(2)	(3) = (1) - (2)
Time = 0	TFP_LP	16.880	16.605	0.275 *** (0.008)
	TFP_ACF	11.308	11.235	0.074 *** (0.006)
	TFP_OP	16.942	16.645	0.277 *** (0.008)
Time = 1	TFP_LP	17.064	16.785	0.278 *** (0.008)
	TFP_ACF	11.465	11.382	0.084 *** (0.005)
	TFP_OP	17.125	16.845	0.280 *** (0.008)
Diff in Diff	TFP_LP			0.003 ** (0.013)
	TFP_ACF			0.010 *** (0.001)
	TFP_OP			0.003 ** (0.014)

注: 括号中为双尾检验的 P 值, ** 、 *** 意味着 5% 和 1% 的显著程度。

4.4.1.2 多元回归分析

模型 (4-1) 的回归结果见表 4-5。第 (1)、第 (3)、第 (5) 列为未添加控制变量的结果, 第 (2)、第 (4)、第 (6) 列则为添加控制变量后的结果。各列中交乘项 Treat × Time 的系数均显著为正, 本章假设得到验证。

表 4 – 5 增值税税率改革与企业全要素生产率

变量	TFP_LP		TFP_ACF		TFP_OP	
	(1)	(2)	(3)	(4)	(5)	(6)
Treat × Time	0.007 ** (0.041)	0.020 ** (0.023)	0.013 ** (0.015)	0.020 ** (0.022)	0.007 ** (0.041)	0.020 ** (0.023)
Treat	0.391 *** (0.002)	0.152 ** (0.011)	0.122 *** (0.002)	0.144 ** (0.013)	0.393 *** (0.002)	0.153 ** (0.011)

续表

变量	TFP_LP		TFP_ACF		TFP_OP	
	（1）	（2）	（3）	（4）	（5）	（6）
Time	0.174***	0.132***	0.143***	0.126***	0.174***	0.132***
	(0.002)	(0.002)	(0.001)	(0.002)	(0.002)	(0.002)
LEV		1.037**		0.975**		1.040**
		(0.024)		(0.025)		(0.024)
Size		0.528***		-0.020		0.529***
		(0.009)		(0.259)		(0.009)
Age		-0.003		0.002		-0.004
		(0.477)		(0.635)		(0.453)
Fixs		-0.894***		-1.192***		-0.880***
		(0.002)		(0.001)		(0.002)
Growth		-0.001*		-0.001		-0.001*
		(0.085)		(0.109)		(0.083)
SOE		0.096*		0.092*		0.096*
		(0.098)		(0.095)		(0.098)
Dboard		-0.069		-0.060		-0.069
		(0.364)		(0.373)		(0.364)
Industry FE	YES	YES	YES	YES	YES	YES
_cons	16.060***	11.795***	10.690***	10.844***	16.120***	11.841***
	(0.001)	(0.007)	(0.002)	(0.008)	(0.001)	(0.007)
N	2 140	2 140	2 140	2 140	2 140	2 140
Adj. R^2	0.154	0.604	0.176	0.277	0.154	0.604

注：括号中为双尾检验的 P 值，*、**、*** 意味着 10%、5% 和 1% 的显著程度；回归系数的标准误在公司层面进行了 Cluster 调整。

4.4.2　提升供应链效率中介路径检验

模型（4-2）与模型（4-3）的回归结果见表 4-6。第（1）、第（3）、第（5）、第（7）列中 Treat×Time 的系数均显著为正；在第（2）、第（4）、第（6）、第（8）列中 Treat×Time 的系数以及 WCT、ITR、ART 与 APT 的系数均显著为正，意味着供应链效率提升中介路径成立。

表 4-6   增值税税率改革、供应链效率与全要素生产率

变量	营运资金周转率		存货周转率		应收账款周转率		应付账款周转率	
	WCT	TFP$_{LP}$	ITR	TFP$_{LP}$	ART	TFP$_{LP}$	APT	TFP$_{LP}$
	(1)	(2)	(3)	(4)	(5)	(6)	(7)	(8)
Treat × Time	0.035 ***	0.010 **	0.371 **	0.010 ***	1.070 **	0.014 **	0.441 **	0.011 *
	(0.004)	(0.035)	(0.032)	(0.007)	(0.022)	(0.016)	(0.020)	(0.080)
WCT		0.286 ***						
		(0.006)						
ITR				0.026 **				
				(0.022)				
ART						0.006 **		
						(0.015)		
APT								0.020 **
								(0.033)
Treat	0.400 **	0.038 ***	0.198	0.147 ***	7.551 ***	0.109 **	0.125	0.150 **
	(0.017)	(0.010)	(0.405)	(0.005)	(0.009)	(0.017)	(0.220)	(0.014)
Time	0.053 **	0.117 ***	0.140	0.128 ***	0.230	0.131 ***	0.029	0.132 ***
	(0.015)	(0.001)	(0.193)	(0.003)	(0.197)	(0.000)	(0.390)	(0.000)
LEV	-0.756 **	1.253 **	0.390	1.027 **	-1.446	1.045 **	-5.164 *	1.138 **
	(0.023)	(0.025)	(0.698)	(0.036)	(0.691)	(0.014)	(0.072)	(0.012)
Size	0.143 *	0.487 ***	0.575 *	0.513 ***	1.192 **	0.521 ***	-0.617	0.540 ***
	(0.063)	(0.004)	(0.078)	(0.007)	(0.014)	(0.009)	(0.120)	(0.006)
Age	0.167 *	-0.051	0.883	-0.027	1.077	-0.009	0.012	-0.004
	(0.066)	(0.106)	(0.301)	(0.341)	(0.382)	(0.424)	(0.959)	(0.692)
Fixs	2.149 ***	-1.510 ***	7.213 **	-1.084 ***	53.337 ***	-1.199 ***	2.058	-0.934 **
	(0.006)	(0.004)	(0.028)	(0.007)	(0.009)	(0.000)	(0.428)	(0.025)
Growth	0.006	-0.002	0.078 *	-0.003 *	-0.019	-0.001 **	-0.002	-0.001
	(0.184)	(0.107)	(0.081)	(0.053)	(0.363)	(0.033)	(0.906)	(0.100)
SOE	0.087	0.072	0.170	0.092	4.852	0.069 *	0.660 **	0.083
	(0.285)	(0.230)	(0.557)	(0.140)	(0.138)	(0.087)	(0.023)	(0.111)
Dboard	-0.051	-0.054	0.266	-0.076	-2.888	-0.052	-0.139	-0.066
	(0.282)	(0.386)	(0.469)	(0.294)	(0.115)	(0.429)	(0.517)	(0.394)
Industry FE	YES	YES	YES	YES	YES	YES	YES	YES

续表

变量	营运资金周转率		存货周转率		应收账款周转率		应付账款周转率	
	WCT	TFP$_{LP}$	ITR	TFP$_{LP}$	ART	TFP$_{LP}$	APT	TFP$_{LP}$
	（1）	（2）	（3）	（4）	（5）	（6）	（7）	（8）
_cons	−0.589	11.964***	−7.631	11.997***	−9.366	11.849***	17.255**	11.458***
	(0.321)	(0.002)	(0.164)	(0.004)	(0.251)	(0.006)	(0.041)	(0.005)
N	2 140	2 140	2 140	2 140	2 140	2 140	2 140	2 140
Adj. R^2	0.209	0.712	0.279	0.633	0.121	0.634	0.023	0.656

注：括号中为双尾检验的 P 值，*、**、*** 意味着10%、5%和1%的显著程度；回归系数的标准误在公司层面进行了 Cluster 调整。

4.4.3　促进企业自主研发中介路径检验

模型（4−4）与模型（4−5）的回归结果见表4−7。在第（1）、第（3）、第（5）、第（7）列中 Treat × Time 的系数均显著为正；在第（2）、第（4）、第（6）、第（8）列中 Treat × Time 的系数以及 Researchers、R&D、Patent 与 IE 的系数均显著为正，表明促进企业自主研发中介路径成立。

表4−7　　　　增值税税率改革、企业自主研发与全要素生产率

变量	研发人员占比		研发资金投入		发明专利授权数		研发效率	
	Researchers	TFP$_{LP}$	R&D	TFP$_{LP}$	Patent	TFP$_{LP}$	IE	TFP$_{LP}$
	（1）	（2）	（3）	（4）	（5）	（6）	（7）	（8）
Treat × Time	0.007**	0.020	0.094***	0.015**	0.097***	0.006*	0.007***	0.005
	(0.022)	(0.285)	(0.005)	(0.033)	(0.009)	(0.074)	(0.006)	(0.190)
Researchers		0.315***						
		(0.003)						
R&D				0.154**				
				(0.035)				
Patent						0.080**		
						(0.012)		
IE								1.314**
								(0.048)
Treat	−0.044	0.143***	−0.319*	0.166**	−0.167	0.147***	−0.009	0.145**
	(0.111)	(0.000)	(0.067)	(0.041)	(0.193)	(0.009)	(0.114)	(0.023)

变量	研发人员占比		研发资金投入		发明专利授权数		研发效率	
	Researchers	TFP_LP	R&D	TFP_LP	Patent	TFP_LP	IE	TFP_LP
	(1)	(2)	(3)	(4)	(5)	(6)	(7)	(8)
Time	0.002	0.113 ***	0.207 **	0.085 **	−1.003 ***	0.195 ***	−0.050 ***	0.180 **
	(0.420)	(0.000)	(0.014)	(0.017)	(0.000)	(0.008)	(0.002)	(0.015)
LEV	−0.019	1.253 ***	0.334 *	1.208 ***	0.300 **	1.230 ***	0.014 *	1.236 ***
	(0.321)	(0.000)	(0.054)	(0.001)	(0.016)	(0.008)	(0.060)	(0.005)
Size	−0.023 **	0.494 ***	0.863 *	0.349 **	0.322	0.459 ***	0.012	0.470 ***
	(0.027)	(0.000)	(0.068)	(0.043)	(0.321)	(0.009)	(0.270)	(0.004)
Age	−0.011 *	0.007	−0.313 *	0.037	−0.177	0.009	−0.006	0.003
	(0.080)	(0.912)	(0.064)	(0.165)	(0.197)	(0.738)	(0.115)	(0.889)
Fixs	−0.219 *	−0.853 ***	−0.549	−0.847 **	−0.413	−0.891 **	−0.014 *	−0.906 **
	(0.059)	(0.000)	(0.115)	(0.028)	(0.220)	(0.042)	(0.051)	(0.032)
Growth	0.041	−0.175 ***	0.075 *	−0.174 *	0.034	−0.167 *	0.003	−0.167 *
	(0.360)	(0.000)	(0.074)	(0.097)	(0.654)	(0.076)	(0.614)	(0.075)
SOE	0.005	0.081 **	−0.043	0.087 *	0.127	0.073	0.005	0.077
	(0.385)	(0.033)	(0.197)	(0.078)	(0.383)	(0.136)	(0.371)	(0.100)
Dboard	−0.061 *	−0.078	−0.300 ***	−0.053	−0.094	−0.088	−0.002	−0.093
	(0.063)	(0.122)	(0.001)	(0.244)	(0.310)	(0.209)	(0.130)	(0.175)
Industry FE	YES	YES	YES	YES	YES	YES	YES	YES
_cons	0.556 **	12.084 ***	11.320 **	10.608 ***	−1.338	12.390 ***	−0.045	12.342 ***
	(0.014)	(0.000)	(0.039)	(0.006)	(0.563)	(0.001)	(0.604)	(0.004)
N	2 140	2 140	2 140	2 140	2 140	2 140	2 140	2 140
Adj. R^2	0.191	0.597	0.352	0.630	0.367	0.600	0.360	0.597

注：括号中为双尾检验的 P 值，*、**、*** 意味着 10%、5% 和 1% 的显著程度；回归系数的标准误在公司层面进行了 Cluster 调整。

4.4.4 稳健性测试

4.4.4.1 公司固定效应

为了避免由于遗漏变量而导致的内生性问题，在此采用公司固定效应模型重新进行检验。由于共线性问题将模型中的变量 Treat 与 Time 删除。表 4-8 所示回归结果的各列中 Treat×Time 的系数均显著为正，表明考虑公司固定效应后研究结论未变。

表 4 - 8   公司固定效应检验

变量	TFP$_{LP}$	TFP$_{ACF}$	TFP$_{OP}$
	（1）	（2）	（3）
Treat × Time	0. 001 ***	0. 002 ***	0. 000 ***
	(0. 000)	(0. 000)	(0. 000)
LEV	0. 322 ***	0. 323 ***	0. 322 ***
	(0. 000)	(0. 000)	(0. 000)
Size	0. 037 ***	- 0. 483 ***	0. 037 ***
	(0. 000)	(0. 000)	(0. 000)
Age	0. 336 ***	0. 319 ***	0. 337 ***
	(0. 000)	(0. 000)	(0. 000)
Fixs	- 1. 809 ***	- 2. 017 ***	- 1. 799 ***
	(0. 000)	(0. 000)	(0. 000)
Growth	0. 001 ***	0. 001 ***	0. 001 ***
	(0. 000)	(0. 000)	(0. 000)
SOE	- 0. 012 ***	- 0. 011 ***	- 0. 012 ***
	(0. 000)	(0. 000)	(0. 000)
Dboard	0. 006 ***	0. 022 ***	0. 005 ***
	(0. 000)	(0. 000)	(0. 000)
Firm FE	YES	YES	YES
Year FE	YES	YES	YES
_cons	15. 921 ***	14. 705 ***	15. 980 ***
	(0. 000)	(0. 000)	(0. 000)
N	2 140	2 140	2 140
Adj. R^2	0. 350	0. 368	0. 350

注：括号中为双尾检验的 P 值，*** 意味着 1% 的显著程度；回归系数的标准误在公司层面进行了 Cluster 调整。

4. 4. 4. 2　PSM-DID 内生性检验

尽管前面基本模型中已经采用 DID 方法，在一定程度上缓解了互为因果等原因产生的内生性问题；但为了避免可能存在的样本自选择偏误，在此进一步采用 PSM-DID 模型进行检验，并采用核匹配法进行倾向得分匹配。表4-9列示的结果为采用 LP 方法计算得出的全要素生产率的平衡性检验结果，采用 ACF 修正和 OP 方法计算得出的 TFP 的相关平衡性检验与该结果类似。从中可见，匹配之前除企业成长性（Growth）和独立董事占比（Dboard）之外所有协变量在实验组和对照组中都存在显著差异，而匹配完成后所有协变量不再具有显著性差异，表明匹配之后处理组和对照组的同质性确实有所增加，起到了基本排除自选择偏误内生性问题的作用。

表4-9　　　　　　　　　　**PSM-DID 配对效果检验**

协变量	匹配前后	处理组均值	控制组均值	均值偏差降幅（%）	匹配差异（T 值）
LEV	匹配前	0.478	0.438	21.800	4.830***
	匹配后	0.478	0.483	-3.100	-0.620
Size	匹配前	8.575	8.153	38.600	8.550***
	匹配后	8.575	8.576	-0.100	-0.010
Age	匹配前	2.904	2.840	21.500	4.710***
	匹配后	2.904	2.906	-0.900	-0.190
Fixs	匹配前	0.279	0.203	48.6	11.010***
	匹配后	0.279	0.279	-0.300	-0.050
Growth	匹配前	0.377	0.476	-5.300	-1.090
	匹配后	0.377	0.403	-1.400	-0.240
SOE	匹配前	0.560	0.351	42.900	9.600***
	匹配后	0.560	0.557	0.500	0.100
Dboard	匹配前	2.722	2.731	-2.400	-0.540
	匹配后	2.722	2.725	-0.800	-0.160

对新样本进行双重差分回归的结果见表4-10。各列中 Treat×Time 的系数仍显著为正，意味着排除自选择偏误后，研究假设仍然成立。

表 4 - 10　　　　　　　　　　　PSM-DID 内生性检验

变量	TFP_LP	TFP_ACF	TFP_OP
	(1)	(2)	(3)
Treat × Time	0. 070 **	0. 025 **	0. 037 **
	(0. 019)	(0. 035)	(0. 028)
Treat	0. 068 ***	0. 130 *	0. 125 ***
	(0. 008)	(0. 074)	(0. 007)
Time	0. 033 **	0. 083 **	0. 138 ***
	(0. 049)	(0. 021)	(0. 008)
LEV	1. 257 ***	1. 110 *	1. 316 *
	(0. 006)	(0. 061)	(0. 073)
Size	0. 473 **	- 0. 012	0. 488 **
	(0. 029)	(0. 789)	(0. 029)
Age	- 0. 069	- 0. 084	- 0. 032
	(0. 352)	(0. 513)	(0. 372)
Fixs	- 0. 783 *	- 1. 198 ***	- 0. 658
	(0. 084)	(0. 001)	(0. 119)
Growth	- 0. 175	- 0. 184	- 0. 132 **
	(0. 283)	(0. 223)	(0. 019)
SOE	0. 139	0. 112 *	0. 075
	(0. 217)	(0. 095)	(0. 221)
Dboard	- 0. 096 ***	- 0. 110	- 0. 168 *
	(0. 007)	(0. 333)	(0. 098)
Industry FE	YES	YES	YES
_cons	12. 696 ***	11. 515 **	12. 399 **
	(0. 010)	(0. 027)	(0. 016)
N	961	956	958
Adj. R^2	0. 572	0. 327	0. 588

注：括号中为双尾检验的 P 值，*、**、*** 意味着 10%、5% 和 1% 的显著程度；回归系数的标准误在公司层面进行了 Cluster 调整。

4. 4. 4. 3　反事实检验

为了排除同一时间段内其他政策对研究结论的干扰，将 2017 年增值税税率改革政策的实施时间人为提前一年，即对比 2015 年与 2016 年的企业全要素生产率差异，结果见表 4 - 11。各列中 Treat×Time 的系数均不显著，表明本章结果的确是由 2017 年增值税税率税改政策导致的。

表 4 - 11　　　　　　　　反事实检验

变量	TFP_LP	TFP_ACF	TFP_OP
	(1)	(2)	(3)
Treat × Time	- 0.012 (0.662)	- 0.012 (0.666)	- 0.014 (0.587)
Treat	0.207 *** (0.000)	0.207 *** (0.000)	0.200 *** (0.000)
Time	0.052 *** (0.002)	0.052 *** (0.002)	0.048 *** (0.004)
LEV	0.992 *** (0.000)	0.995 *** (0.000)	0.935 *** (0.000)
Size	0.511 *** (0.000)	0.513 *** (0.000)	- 0.037 ** (0.040)
Age	- 0.011 (0.818)	- 0.011 (0.811)	- 0.002 (0.967)
Fixs	- 1.118 *** (0.000)	- 1.104 *** (0.000)	- 1.409 *** (0.000)
Growth	- 0.000 (0.486)	- 0.000 (0.500)	- 0.000 (0.227)
SOE	0.103 *** (0.005)	0.103 *** (0.005)	0.094 *** (0.008)
Dboard	- 0.075 * (0.092)	- 0.075 * (0.091)	- 0.071 (0.103)
Industry FE	YES	YES	YES
_cons	12.010 *** (0.000)	12.056 *** (0.000)	11.070 *** (0.000)
N	2 701	2 701	2 701
Adj. R^2	0.624	0.624	0.287

注：括号中为双尾检验的 P 值，*、**、*** 意味着 10%、5% 和 1% 的显著程度；回归系数的标准误在公司层面进行了 Cluster 调整。

4.4.4.4 提升供应链效率中介路径稳健性测试

前面中介效应检验的因变量为 TFP_{LP}，在此改用 TFP_{ACF} 与 TFP_{OP} 重新回归，结果见表 4-12。第（1）~（4）列的因变量为 TFP_{ACF}，第（5）~（8）列的因变量为 TFP_{OP}。各列中 Treat × Time 的系数均显著为正，而且，WCT、ITR、ART 与 APT 的系数均显著为正。供应链效率中介路径得到进一步验证。

表 4-12　　　　　供应链效率中介路径稳健性检验

变量	TFP_{ACF}				TFP_{OP}			
	(1)	(2)	(3)	(4)	(5)	(6)	(7)	(8)
Treat × Time	0.010**	0.010***	0.014**	0.012*	0.010**	0.010***	0.014**	0.011*
	(0.032)	(0.005)	(0.014)	(0.075)	(0.035)	(0.007)	(0.016)	(0.080)
WCT	0.288***				0.286***			
	(0.008)				(0.006)			
ITR		0.027**				0.026**		
		(0.019)				(0.022)		
ART			0.006**				0.006**	
			(0.019)				(0.014)	
APT				0.019**				0.020**
				(0.029)				(0.033)
Treat	0.029**	0.139***	0.101**	0.142**	0.038***	0.147***	0.109**	0.150**
	(0.030)	(0.004)	(0.022)	(0.017)	(0.009)	(0.005)	(0.017)	(0.014)
Time	0.111***	0.122***	0.125***	0.126***	0.117***	0.129***	0.131***	0.132***
	(0.002)	(0.003)	(0.001)	(0.000)	(0.001)	(0.003)	(0.000)	(0.000)
LEV	1.193**	0.965**	0.983**	1.076**	1.256**	1.030**	1.048**	1.141**
	(0.026)	(0.038)	(0.015)	(0.013)	(0.025)	(0.036)	(0.014)	(0.012)
Size	-0.062**	-0.036	-0.027	-0.008	0.488***	0.514***	0.522***	0.541***
	(0.043)	(0.114)	(0.198)	(0.393)	(0.004)	(0.007)	(0.009)	(0.006)
lnage	-0.046	-0.022	-0.004	0.002	-0.051	-0.027	-0.010	-0.004
	(0.120)	(0.403)	(0.680)	(0.838)	(0.105)	(0.338)	(0.415)	(0.673)
Fixs	-1.811***	-1.385***	-1.495***	-1.232**	-1.495***	-1.070***	-1.185***	-0.920**
	(0.004)	(0.006)	(0.001)	(0.018)	(0.004)	(0.008)	(0.000)	(0.025)

变量	TFP_ACF				TFP_OP			
	(1)	(2)	(3)	(4)	(5)	(6)	(7)	(8)
Growth	-0.002 (0.109)	-0.003** (0.050)	-0.001* (0.056)	-0.001* (0.098)	-0.002 (0.107)	-0.003* (0.054)	-0.001** (0.032)	-0.001 (0.101)
SOE	0.067 (0.235)	0.088 (0.139)	0.065* (0.084)	0.079 (0.109)	0.072 (0.230)	0.092 (0.140)	0.069* (0.087)	0.084 (0.111)
Dboard	-0.045 (0.401)	-0.067 (0.292)	-0.044 (0.451)	-0.057 (0.407)	-0.054 (0.385)	-0.076 (0.294)	-0.052 (0.428)	-0.066 (0.393)
Industry FE	YES	YES	YES	YES	YES	YES	YES	YES
_cons	11.014*** (0.002)	11.049*** (0.004)	10.898*** (0.006)	10.508*** (0.006)	12.010*** (0.002)	12.042*** (0.004)	11.895*** (0.006)	11.503*** (0.005)
N	2 140	2 140	2 140	2 140	2 140	2 140	2 140	2 140
Adj. R²	0.487	0.334	0.334	0.377	0.711	0.633	0.635	0.657

注：括号中为双尾检验的 P 值，＊、＊＊、＊＊＊意味着 10%、5% 和 1% 的显著程度；回归系数的标准误在公司层面进行了 Cluster 调整。

4.4.4.5 促进企业自主创新中介路径稳健性测试

改变因变量之后的回归结果见表 4 - 13。第（1）~（4）列的因变量为 TFP_ACF，第（5）~（8）列的因变量为 TFP_OP。各列中 Treat×Time 的系数均显著为正，而且 Researchers、R&D、Patent 与 IE 的系数均显著为正。促进企业自主研发中介路径得到进一步验证。

表 4 - 13　　　　　　　　企业自主研发中介路径稳健性检验

变量	TFP_ACF				TFP_OP			
	(1)	(2)	(3)	(4)	(5)	(6)	(7)	(8)
Treat×Time	0.019** (0.024)	0.012** (0.033)	0.003 (0.313)	-0.001 (0.757)	0.019** (0.025)	0.019** (0.019)	0.009* (0.079)	0.009* (0.090)
Researchers	0.153*** (0.004)				0.156** (0.010)			
R&D		0.155** (0.030)				0.168** (0.036)		

续表

变量	TFP_ACF				TFP_OP			
	（1）	（2）	（3）	（4）	（5）	（6）	（7）	（8）
Patent			0.080 *				0.088 **	
			(0.051)				(0.027)	
IE				1.224 *				1.333 **
				(0.098)				(0.045)
Treat	0.152 ***	0.178 **	0.159 **	0.155 **	0.160 ***	0.185 **	0.165 ***	0.156 **
	(0.006)	(0.035)	(0.011)	(0.022)	(0.004)	(0.033)	(0.004)	(0.014)
Time	0.126 ***	0.093 ***	0.203 **	0.186 **	0.132 ***	0.095 ***	0.216 **	0.195 **
	(0.003)	(0.006)	(0.020)	(0.034)	(0.002)	(0.007)	(0.011)	(0.016)
LEV	0.978 **	1.017 ***	1.030 ***	1.023 ***	1.042 **	1.105 ***	1.118 ***	1.140 ***
	(0.027)	(0.006)	(0.001)	(0.003)	(0.025)	(0.003)	(0.003)	(0.004)
Size	− 0.017	− 0.155 *	− 0.052 **	− 0.041 **	0.533 ***	0.376 **	0.487 ***	0.481 ***
	(0.313)	(0.093)	(0.019)	(0.035)	(0.009)	(0.043)	(0.004)	(0.002)
lnage	0.004	0.017 **	− 0.001	− 0.005	− 0.002	0.023	0.004	0.013
	(0.498)	(0.048)	(0.939)	(0.369)	(0.746)	(0.208)	(0.816)	(0.541)
Fixs	− 1.165 ***	− 1.195 ***	− 1.231 **	− 1.205 **	− 0.852 ***	− 0.851 **	− 0.888 **	− 0.852 **
	(0.005)	(0.009)	(0.020)	(0.019)	(0.007)	(0.011)	(0.028)	(0.028)
Growth	− 0.001	− 0.093 **	− 0.082 **	− 0.080 **	− 0.001 *	− 0.091 *	− 0.079 *	− 0.076 *
	(0.125)	(0.042)	(0.037)	(0.033)	(0.097)	(0.062)	(0.059)	(0.063)
SOE	0.091 *	0.102 *	0.087	0.087	0.095	0.104 *	0.088	0.087
	(0.098)	(0.081)	(0.127)	(0.100)	(0.101)	(0.091)	(0.145)	(0.117)
Dboard	− 0.051	− 0.035	− 0.062	− 0.065	− 0.060	− 0.041	− 0.071	− 0.071
	(0.419)	(0.304)	(0.241)	(0.199)	(0.402)	(0.346)	(0.277)	(0.263)
Industry FE	YES	YES	YES	YES	YES	YES	YES	YES
_cons	10.755 ***	9.366 ***	11.176 ***	11.142 ***	11.751 ***	10.196 ***	12.155 ***	12.185 ***
	(0.007)	(0.004)	(0.001)	(0.000)	(0.007)	(0.006)	(0.001)	(0.003)
N	2 140	2 140	2 140	2 140	2 140	2 140	2 140	2 140
Adj. R^2	0.280	0.353	0.302	0.299	0.606	0.643	0.613	0.609

注：括号中为双尾检验的 P 值，*、**、*** 意味着 10%、5% 和 1% 的显著程度；回归系数的标准误在公司层面进行了 Cluster 调整。

4.5　拓展性研究

4.5.1　供应链集中度异质性分析

当客户与供应商集中度较高时，增值税税率改革提升全要素生产率的作用会更加显著，主要原因有三点：其一，当客户或者供应商的集中度较高时，在购销环节企业面对的客户或供应商数量较少，谈判对象相对集中，有助于企业迅速达成协议，从而促进存货、应收账款、应付账款周转率提升。其二，当客户或供应商集中度较高时，企业对客户或供应商的依赖度较高，企业更有意愿进行有针对性的专项研发（童锦治等，2015；乔睿蕾和陈良华，2017）。其三，当客户或供应商集中度较高时，税改企业自身的议价能力相对较弱，企业难以将税额转嫁给上下游企业，面临较大的经营风险；税率改革增强了企业实力，在一定程度上可以改变其在供应链中的弱势地位，有助于资源在供应链条的公平配置，促进供应链企业合作，提高供应链效率。据此可以预期，当客户与供应商集中度较高时，增值税税率改革提升全要素生产率的作用会更加显著。借鉴乔睿蕾和陈良华（2017）的方法，用前五大客户销售额占比代表客户集中度（Customers），用前五大供应商采购额占比代表供应商集中度（Suppliers），并分别按其中位数进行分样本检验。回归结果列示在表 4 - 14 中。在第（1）列 Customers > 中位数的子样本以及第（3）列 Suppliers > 中位数的子样本中，Treat × Time 的系数显著为正，与预期一致。

表 4 - 14　　　　　　　　　供应链集中度的影响

变量	TFP$_{LP}$			
	客户集中度高	客户集中度低	供应商集中度高	供应商集中度低
	（Customers > 中位数）	（Customers ≤ 中位数）	（Suppliers > 中位数）	（Suppliers ≤ 中位数）
	（1）	（2）	（3）	（4）
Treat × Time	0.062**	- 0.018	0.031*	0.008
	(0.017)	(0.192)	(0.054)	(0.830)
Treat	0.120**	0.156**	0.151**	0.147***
	(0.039)	(0.017)	(0.080)	(0.007)

变量	TFP$_{LP}$			
	客户集中度高	客户集中度低	供应商集中度高	供应商集中度低
	（Customers > 中位数）	（Customers ≤ 中位数）	（Suppliers > 中位数）	（Suppliers ≤ 中位数）
	（1）	（2）	（3）	（4）
Time	0. 124 **	0. 134 **	0. 102 ***	0. 139 **
	(0. 018)	(0. 019)	(0. 006)	(0. 022)
LEV	1. 076 **	1. 265 ***	1. 059 **	1. 229 **
	(0. 017)	(0. 000)	(0. 035)	(0. 048)
Size	0. 483 **	0. 537 ***	0. 501 **	0. 559 **
	(0. 016)	(0. 008)	(0. 016)	(0. 041)
Age	0. 055	− 0. 104 *	− 0. 021	0. 010
	(0. 109)	(0. 088)	(0. 169)	(0. 621)
Fixs	− 1. 021 **	− 0. 919 **	− 0. 963 *	− 0. 972 **
	(0. 012)	(0. 025)	(0. 079)	(0. 022)
Growth	− 0. 080	− 0. 056	− 0. 087 **	− 0. 072
	(0. 300)	(0. 379)	(0. 032)	(0. 101)
SOE	0. 107	0. 105 **	0. 121 **	0. 081
	(0. 191)	(0. 020)	(0. 031)	(0. 151)
Dboard	− 0. 098	− 0. 056	− 0. 104	− 0. 034
	(0. 345)	(0. 153)	(0. 121)	(0. 754)
Industry FE	YES	YES	YES	YES
_cons	12. 675 ***	11. 813 ***	12. 178 ***	11. 433 ***
	(0. 010)	(0. 003)	(0. 006)	(0. 000)
N	1 070	1 070	1 070	1 070
Adj. R^2	0. 531	0. 665	0. 516	0. 689

注：括号中为双尾检验的 P 值，＊、＊＊、＊＊＊意味着 10%、5% 和 1% 的显著程度；回归系数的标准误在公司层面进行了 Cluster 调整。

4.5.2　内部积累能力异质性分析

当企业的内部积累能力较差时，增值税税率改革促进销售增长，节约税负成本的空间较大，更有助于增强企业盈利能力，夯实其自主研发的基础，从而更有助于提升企业的全要素生产率；相反，当企业内部积累能力原本就较强时，税率改革的边际贡献相对较小。本章分别从资产收益率（ROA）与实际税负（RVAT）两个维度来衡量企业的内部积累能力。首先按照 ROA 的中位数区分为两个子样本，分样本检验结果见表 4 - 15 的第（1）、第（2）列。在第（2）列资产收益率低（ROA ≤ 中位数）的子样本中 Treat × Time 的系数更显著为正，与预期相符。然后，按照 RVAT 的中位数区分为两个子样本，分样本检验结果见表 4 - 15 中的第（3）、第（4）列。第（3）列实际税负高（RVAT ≥ 中位数）的子样本中 Treat × Time 的系数更显著为正，与预期相符。

表 4 - 15　　　　　　　　　　企业内在实力的影响

变量	TFP$_{LP}$			
	ROA > 中位数	ROA ≤ 中位数	RVAT ≥ 中位数	RVAT < 中位数
	（1）	（2）	（3）	（4）
Treat × Time	- 0.043	0.028 *	0.036 *	- 0.003
	(0.283)	(0.086)	(0.092)	(0.309)
Treat	0.169 ***	0.112 ***	0.090	0.198 **
	(0.000)	(0.002)	(0.131)	(0.020)
Time	0.153 ***	0.158 **	0.133 ***	0.105 ***
	(0.006)	(0.047)	(0.006)	(0.001)
LEV	1.598 ***	1.361 ***	0.723	1.223 *
	(0.000)	(0.002)	(0.128)	(0.095)
Size	0.468 ***	0.476 ***	0.567 **	0.449 **
	(0.000)	(0.005)	(0.034)	(0.030)
Age	- 0.036	0.060	- 0.002	0.020
	(0.636)	(0.478)	(0.923)	(0.256)
Fixs	- 0.675 ***	- 0.990 *	- 0.605 *	- 1.263 ***
	(0.000)	(0.088)	(0.095)	(0.008)
Growth	- 0.001 *	- 0.003	- 0.056 *	- 0.112 *
	(0.052)	(0.377)	(0.093)	(0.071)
SOE	0.192 ***	0.074 *	0.034	0.126 **
	(0.001)	(0.093)	(0.679)	(0.035)
Dboard	- 0.043	- 0.110	- 0.041 **	- 0.098
	(0.505)	(0.187)	(0.027)	(0.295)
Industry FE	YES	YES	YES	YES

变量	TFP_LP			
	ROA > 中位数	ROA ≤ 中位数	RVAT ≥ 中位数	RVAT < 中位数
	（1）	（2）	（3）	（4）
_cons	11. 937 ***	12. 093 **	10. 953 **	12. 537 ***
	(0. 000)	(0. 020)	(0. 010)	(0. 000)
N	1 070	1 070	1 070	1 070
Adj. R²	0. 588	0. 652	0. 637	0. 600

　　注：括号中为双尾检验的 P 值，*、**、*** 意味着 10%、5% 和 1% 的显著程度；回归系数的标准误在公司层面进行了 Cluster 调整。

4.5.3　外部融资约束异质性分析

　　当企业面临较严重的外部融资约束，资本成本较高时，增值税税率改革向资本市场传递的利好消息有可能较大幅度降低企业资本成本，缓解融资约束；相反，当企业原本并没有融资约束，资本成本较低时，增值税税率改革带来的资本成本下调空间有限。由此预期企业的外部融资约束越严重时，税率改革的生产率效应越强。本章分别按照股权资本成本（COC）的中位数以及债务资本成本（COD）的中位数区分不同的子样本，并进行分样本检验。回归结果分别见表 4 – 16 中的第（1）、第（2）列与第（3）、第（4）列。在第（1）、第（3）列 COC > 中位数与 COD > 中位数的子样本中，Treat × Time 的系数均更显著为正，与预期一致。

表 4 –16　　　　　　　　　　外部融资约束的影响

变量	TFP_LP			
	股权成本高（COC > 中位数）	股权成本低（COC ≤ 中位数）	债务成本高（COD > 中位数）	债务成本低（COD ≤ 中位数）
	（1）	（2）	（3）	（4）
Treat × Time	0. 107 *	− 0. 045	0. 110 **	− 0. 085
	(0. 077)	(0. 345)	(0. 031)	(0. 256)
Treat	0. 143	0. 121 **	0. 132	0. 181 ***
	(0. 117)	(0. 024)	(0. 117)	(0. 001)

续表

变量	TFP_LP			
	股权成本高（COC > 中位数）	股权成本低（COC ≤ 中位数）	债务成本高（COD > 中位数）	债务成本低（COD ≤ 中位数）
	(1)	(2)	(3)	(4)
Time	0.103 **	0.141 ***	0.073 *	0.159 ***
	(0.032)	(0.000)	(0.054)	(0.000)
LEV	1.170 *	1.171 ***	0.992 **	1.284 ***
	(0.066)	(0.000)	(0.011)	(0.000)
Size	0.461 **	0.503 ***	0.488 **	0.508 ***
	(0.038)	(0.000)	(0.014)	(0.000)
Age	0.074 *	− 0.057	− 0.092 *	0.089
	(0.094)	(0.476)	(0.098)	(0.135)
Fixs	− 0.931	− 0.875 ***	− 0.877	− 0.900 ***
	(0.134)	(0.000)	(0.219)	(0.000)
Growth	− 0.075	− 0.085 **	− 0.057 **	− 0.094 ***
	(0.297)	(0.021)	(0.036)	(0.002)
SOE	0.083	0.112 **	0.134	0.053
	(0.224)	(0.039)	(0.189)	(0.178)
Dboard	− 0.095	− 0.055	− 0.054	− 0.083
	(0.363)	(0.403)	(0.449)	(0.103)
Industry FE	YES	YES	YES	YES
_cons	12.217 ***	12.175 ***	12.394 ***	11.740 ***
	(0.002)	(0.000)	(0.007)	(0.000)
N	1 070	1 070	1 070	1 070
Adj. R^2	0.574	0.620	0.550	0.660

注：括号中为双尾检验的 P 值，*、**、*** 意味着 10%、5% 和 1% 的显著程度；回归系数的标准误在公司层面进行了 Cluster 调整。

4.6　本章小结

在严峻的国际经济形势以及新冠肺炎疫情的叠加影响下,我国供应链体系的运行效率被削弱,而上游核心技术缺乏自主研发能力更加剧了供应链运营的低效率,甚至出现了链条断裂现象,危及我国经济高质量发展甚至国家安全。本章基于供应链体系构建视角,探讨了增值税税率改革对企业全要素生产率的影响及其中介路径。研究结果发现,增值税税率改革有助于促进企业全要素生产率提升,而且,从供应链视角来看,通过促进供应链效率提升以及增强企业自主研发能力这两条中介路径能够促进企业全要素生产率提升。具体而言,供应链效率提升表现在企业的营运资金周转率提升这一综合性指标,以及存货周转率、应收账款周转率与应付账款周转率提升这三个单项指标上。而企业的自主研发能力增强主要体现在研发人员、研发资金投入与发明专利授权数增加,以及发明专利获取效率提高这四个方面。此外,当供应商与客户的集中度较高时,增值税税率改革更有条件发挥出生产率提升效应;而当企业的内部积累能力较弱,或者面临较严重的外部融资约束时,企业更有意愿运用税率改革的政策红利提升全要素生产率。

第5章

增值税税率改革与企业"降杠杆"

降杠杆需要保持"防风险"与"稳增长"的平衡。本章考察简并税率政策对企业降杠杆程度与方式的影响、中介机制以及经济后果。研究发现，首先，简并税率政策的实施显著促进了企业降杠杆，尤其是"增权式"降杠杆而非"减债式"降杠杆；其次，缩小企业实际税率差异、提高市场化的资源配置效率是简并税率政策促进企业"增权式"降杠杆的作用机制；再其次，简并税率政策促进企业"增权式"降杠杆具有重要的经济后果，它不仅有助于缓解由银行信贷歧视造成的资源分配不公，而且还能够促进企业去金融化，缓解实体企业投资不足；最后，进一步细分降杠杆的具体途径，简并税率"增权式"降杠杆可以通过增发新股或增强企业内部盈余的路径来实现，简并税率不会"减债式"降杠杆既包括不会引起企业总负债规模的变化，又包括不会引起企业债务期限结构的变化两个层面。本章研究不仅丰富和发展了企业降杠杆程度及方式的影响因素、增值税税率改革的经济后果的相关文献，而且为我国从进一步优化增值税税率结构视角探寻平衡"防风险"与"稳增长"的路径提供了理论依据。

5.1 引　　言

当前我国经济正处于转型发展的深化阶段，然而许多企业却因债台高筑而陷入财务困境。从宏观视角来看，高杠杆可能带来系统性金融风险（申广军、张延和王荣，2018）。有效降低企业杠杆率是降低我国总杠杆率、防范化解重大风险的关键环节①（张一林和蒲明，2018）；但降杠杆不能搞"一刀切"，必须保持"降杠杆"与"稳增长"协同共进，否则有可能导致经济衰退（张晓晶、常欣和刘磊，2018）。财税政策应在其中发挥积极作用。近年来，我国实施了一系列增值税税率改革政策，主要包含税率下调与税率简并两个方面。其中，简并税率应该能够缓解税负不平等带来的资源误置，促使资本按照企业效率进行分配，通过提高市场化的资源配置效率优化企业资本结构，促进企业健康成长。因此，从理论上来讲，简并税率可能有助于促进"降杠杆"与"稳增长"的平衡。但以往研究仅关注了增值税税率下调政策的微观效应，缺乏针对简并税率政策经济后果的专门研究；而且，以往研究表明，税率下调的主要作用机制在于"减税效应"，这与简并税率的主要机制不同。本章以 2017 年我国实施的增值税简并税率政策为研究对象，剔除其中包含的税率下调因素的干扰，探讨简并税率政策的实施会对我国企业降杠杆的程度及方式产生怎样的影响，其作用机制以及经济后果是什么。

　　本章形成如下四方面研究结论：首先，基本检验表明，简并税率政策的实施显著促进了企业降杠杆，而且，简并税率主要促进的是"增权式"降杠杆而非"减债式"降杠杆。其次，中介机制检验表明，缩小税率差异、提高市场化的资源配置效率是简并税率政策促进企业"增权式"降杠杆的中介机制。再其次，经济后果检验表明，简并税率政策促进了企业"增权式"降杠杆这一现象，不仅有助于缓解由银行信贷歧视造成的资源分配不公，而且还能够促进企业去金融化，缓解实体企业投资不足。最后，进一步细化企业降杠杆的具体方式，研究表明，简并税率促进企业"增权式"降杠杆的具体方式既包括增发新股，又包括增强企业内部盈余；简并税率不会影响企业"减债式"降杠杆，具体而言，既不会引起企业总负债规模的变化，也不会引起企业债务期限结构的变化。

　　本章的理论贡献主要在于如下三个方面。其一，拓展了增值税税率改革微观效应的文献。以往增值税税率改革政策的相关研究主要考察了"增值税税率下调"的经济后果，缺乏针对简并税率政策的专门研究，而且，"简并税率"与"下调税率"的中介机制不同，可能产生不同的后果。其二，丰富了税率差异经济后果的文献。从研究内容来看，以往有关税率差异经济后

果的研究主要考察了其对资源配置效率的影响，缺乏探讨税率差异对企业降杠杆带来的影响。从研究方法来看，以往研究主要通过构建理论模型进行分析或者通过模拟测试结合投入产出法等辨别能够提高资源配置效率的最优简并方案；但未能提供我国实施的增值税简并税率政策是否真正提高了资源配置效率，并能由此促进企业有效降杠杆的直接证据。本章在研究内容上将税率差异经济后果的文献拓展至降杠杆，在研究方法上为以往相关研究提供了直接实证证据。其三，拓展了降杠杆影响因素的文献。以往研究表明企业财务柔性价值、过度负债程度、公司治理水平等微观因素以及金融发展水平、扩张性财政政策等宏观因素都会影响到企业降杠杆的程度及其方式，但缺乏探讨增值税税率改革是否会对企业降杠杆产生重要影响。本章将企业降杠杆的程度与方式影响因素的文献扩展至增值税简并税率政策的视角。本章的现实意义主要在于，通过梳理增值税简并税率与企业降杠杆的逻辑关系，可以为我国从优化增值税税率结构的视角，进一步探寻促进企业积极有效降杠杆，控制金融系统性风险的现实路径提供理论依据。

5.2　理论分析与研究假设

5.2.1　简并税率缩小实际税率差异并提高资源配置效率

以往研究考察了我国较早时期实施的增值税税制改革对税率差异造成的影响，主要涉及如下两方面政策。其一，增值税转型改革。研究表明，增值税转型缓解了生产型增值税带来的重复征税问题，可以降低对固定资产投资依赖度不同的企业间的有效增值税税率差异，进而可以提升资源配置效率（Bye et al.，2012；蒋为，2016）。其二，"营改增"。有研究采用理论模型分析表明，"营改增"之前，营业税和增值税的税基不同，营业税不能作为进项税额抵扣，重复征税现象加大了企业间的有效税率差异；而"营改增"有助于缩小和消除我国间接税的税率差异（陈晓光，2013）。自2017年以来，我国实施了一系列增值税税率改革政策，有研究针对其中的增值税税率下调政策考察其是否具有"减税效应"。例如，肖春明（2021）研究发现增值税税率下调促进了企业投资，而企业税负降低正是其中介路径；孙正、陈旭东和雷鸣（2020）研究发现增值税减税政策加大了企业的研发创新投入，提升了资本回报率；刘行和叶康涛（2018）通过事件研究法验证了增值税税率下降能够促进企业价值提升，为股东带来更多财富，而"价格效应"与"税负效应"是其中介路径。还有研究通过构建理论模型进行分析，指出增值税有效税率差异是造成资源误置的重要原因（Mirrlees et al.，2012；Zee，2006）；此外，也有研究通过模拟不同的税率简并方案观察资源配置效率和全要素生产率的不同表现，发现完全消除多档税率的影响会提高资源配置效率（刘柏惠等，2019；刘成龙和牛晓艳，2018；万莹，2018）；相反，税负不公平则会导致行业内加成率离散度加大，带来资源误置（刘啟仁和黄建忠，2018）。

简并增值税税率政策的实施能够缩小企业的实际税率差异，提高市场化的资源配置效率。由于不同的货物与服务适用不同的增值税税率，企业在计算进项税和销项税时所需承担的增值税税负不同，导致企业之间存在实际税率差异。自2012年以来我国开始实施"营改增"政策，尽管逐步消除了营业税重复征税的劣势（范子英和彭飞，2017），然而却使得我国增值税多档税率现象愈加严重。"营改增"之前增值税税率有17%标准税率、13%低税率以及零税率三个档次，"营改增"之后增值税税率则包括17%、13%、11%、6%和零税率五个档次。多档税率加剧了企业实际税率的差异；实际税率差异抑制了增值税中性特点的发挥，阻碍了资源配置的市场化进程（刘柏惠等，2019）。具体而言，一方面，税率差异使得资源流向不仅要考虑企业生产效率，而且还要考虑企业的实际税率，资源倾向于由高税率企业流向低税率企业，税率高低与企业效率高低不匹配造成静态的资源误置问题。另一方面，那些生产率较高的企业有可能面临较高的税率由此承担着无法快速进入市场的压力，相反，那些税率和生产率均较低的企业却有可能凭借其低税率优势延迟被市场淘汰出局，这造成动态的资源误置问题（蒋为，2016；刘柏慧等，2019）。2017年我国实施的增值税税率简并政策取消了13%档的税率，将增值税税率档次由五档减并至四档，这应该有助于降低企业的实际税率差异，减缓资源在市场化配置过程中遭遇的静态或动态误置问题。

5.2.2 简并税率通过提高资源配置效率促进企业降杠杆

以往研究探讨了企业杠杆率的宏微观影响因素。从宏观视角来看，一方面，扩张性货币政策直接降低了企业的外部融资成本，债务融资增加直接导致杠杆率上升（陆婷和余永定，2015）。另一方面，财政政策对企业杠杆率的影响包括政府财政支出和税收政策，扩张性的财政支出政策可能导致财政赤字扩大，企业出于对未来宏观经济风险的防范可能会降低杠杆率（王朝才、汪超和曾令涛，2016），政府隐性担保、预算软约束和财政补贴等也会具体影响到不同产权性质企业的杠杆率（钟宁桦等，2016；纪洋等，2018；蒋灵多和陆毅，2018），而减税政策的实施降低了企业的税收负担，增加了企业的发债动机，提升了企业杠杆率（Heider and Ljungqvist，2015；李建军和张书瑶，2018）。还有研究发现减税政策总体上不会影响企业杠杆率，但会影响企业的债务期限结构，具体而言，降低了流动负债率，提升了长期负债率（申广军、张延和王荣，2018）。此外，也有研究发现，金融结构及金融动荡（Rajan and Zingales，1995）、经济周期（苏冬蔚和曾海舰，2009）、货币信贷政策过度工具化（马建堂等，2016）等因素也会影响杠杆率的变化。基于企业微观视角，研究发现，产能过剩行业的企业挤占信贷资金、融资方式单一及资金利用率低是企业杠杆率快速增长的原因（马建堂等，2016），而企业规模、有形资产比率、成长机会、获利能力（肖泽忠和邹宏，2008）以及现有杠杆水平和产权性质等企业特征因素也会影响到企业杠杆率的变化（陆正飞和辛宇，1998；DeAngelo and Roll，2015）。

简并税率政策的实施通过提高资源配置效率从而可以降低企业杠杆率。我国存在严重的信贷资源错配问题，大量金融资源被配置到了实际经营能力、生产效率低下的企业，使得非效率企业的杠杆率急剧攀升（饶品贵和姜国华，2013；王宇伟等，2018；简泽等，2018；李娟、杨晶晶和赖明勇，2020）。这种现象并非我国独有，日本僵尸企业的存在同样降低了其银行信贷配置效率，将盈利能力较好的企业挤出了市场，这也正是导致日本经济长期萧条的重要原因（Fukao and Kwon，2006）。我国在不同行业以及不同产权主体的企业之间均存在较严重的资源误置现象。分行业来看，我国存在"银行信贷偏好型"行业，例如，房地产、煤炭、钢铁等典型传统行业以及基础设施行业等，它们拥有较多可用于抵押的固定资产，易于获得银行信贷资金配置（朱太辉等，2020），但这些"银行信贷偏好型"行业的企业往往其杠杆率已经超过了风险警戒线水平，过度负债使其财务风险激增、亏损现象严重（赵华和朱锐，2020）。分产权性质来看，国有企业可能由于其特殊的政治地位或需要承担社会责任等原因在资源配置上占据较大优势，但国有企业相对严重的委托代理问题导致其生产效率低于非国有企业（刘小玄和周晓艳，2011）。上述资源误置现象正是我国企业部门杠杆率居高不下的重要原因。资源误置情况下的加杠杆行为扩大了实体企业以及宏观经济的风险，是"坏"的加杠杆；只有在资源优化配置情况下的加杠杆行为才能提高企业效率、促进宏观经济稳定增长，才是"好"的加杠杆。要想积极有效降杠杆，实现"降杠杆"与"稳增长"的平衡，关键在于优化资源配置。2017 年我国实施的简并增值税税率政策应该有助于减少企业的实际税率差异，提高资源配置效率，从而促使企业积极有效降杠杆。

5.2.3　简并税率降杠杆的方式主要在于"增权"

以往有研究探讨了企业降杠杆方式的影响因素。上市公司可能采用偿债、增加留存收益、增发股票等方式降低企业杠杆水平（DeAngelo et al.，2018）。从宏观视角来看，宏观政策不确定性会改变企业对未来融资环境的预期，进而做出不同杠杆决策（顾研和周强龙，2018）；法律环境改变会促进企业增减债务来调整资本结构，而非对权益进行调整（黄继承、朱冰和向东，2014）；媒体报道有助于提高企业的信息透明度，降低融资成本，从而影响企业的资本结构决策（林慧婷等，2016）。从企业内部因素来看，过度负债程度越高、成长性越好的公司越可能采用"增权式"降杠杆，而公司治理水平越低的企业越可能采取"减债式"或其他增权方式降杠杆（周茜、许晓芳和陆正飞，2020）；财务柔性价值升高时企业可能会通过偿债或者增发股票方式来降杠杆（顾研和周强龙，2018）。

企业杠杆率指标的分子为负债，分母为总资产（即负债加股东权益）。结合杠杆率的计算公式进行分析，降杠杆的方式可以分为"减债"与"增权"两大类。其一，基于资产收缩视角的"减债式"降杠杆。当企业缩小总资产规模时，有两种具体方式可以降杠杆：（1）仅"减债"，当杠杆率的分子与分母同时减少相同的债务金额时，杠杆率会降低。（2）"减债"同时"减股"，但"减债"的幅度大于"减股"。当杠杆率的分子与分母同时降低时，杠杆率的增减变化取决于分子与分母的变化幅度，假如分子的降低幅度大于分母的降低幅度杠杆率就会下降，此时债务减少的幅度需要大于股权减少的幅度；由此可知，资产收缩视角的降杠杆方式关键在于"减债"。其二，基于资产扩张视角的"增权式"降杠杆。当企业扩张总资产规模时，也有两种降杠杆的具体方式：（1）仅"增权"，当杠杆率的分子不变而分母增加时，杠杆率会降低。（2）"增权"同时"增债"，但"增权"的幅度大于"增债"。当杠杆率的分子与分母同时增加时，假如分母的增长幅度大于分子的增长幅度杠杆率就会下降，此时股东权益增长的幅度需要大于负债增长的幅度，由此可知，资产扩张视角的降杠杆方式关键在于"增权"。简并税率政策的实施能够减少企业的实际税率差异。税率差异缩小有助于企业呈现其真实的生产效率及经营业绩，吸引投资者将资源配置到效率更高的企业中去。传统意义上，我国企业的资金主要来源于银行，但我国银行信贷资源配置受到较多国家宏观调控因素的影响，市场化配置效率相对较低，简并税率政策也难以对其产生实质性影响。与此不同的是，我国资本市场上资源配置的市场化程度相对较高。简并税率政策的实施可以引导资本市场的投资者按照企业效率优化资源配置，减轻由于税率差异而造成的资本市场资源误置。因此，简并税率应该有助于促进企业"增权式"降杠杆。企业降杠杆需要建立在"稳增长"的基础上。我国当前"降杠杆"与"稳增长"的目标协调难度较大，甚至可能已经成为当前我国宏观经济的基本矛盾（朱太辉等，2018；汤铎铎，2019）。简并税率政策带来的"增权式"降杠杆应该有助于缓解以往资本资源主要流向"银行信贷偏好型"行业或国有企业的状况，有助于以往受到信贷歧视的企业获取更多股权资源；从而增强企业实力，更好地平衡"防风险"与"稳增长"的关系。

综上所述，提出本章的研究假设：简并税率政策的实施能够促进企业降杠杆，尤其是"增权式"降杠杆。

5.3　实证设计

5.3.1　样本选择与数据来源

简并税率政策于 2017 年 4 月 28 日颁布，并于 7 月 1 日开始实施，本章选取 A 股非金融类上市公司 2014～2019 年的数据为初始研究样本，采用双重差分方法进行研究。考虑到 2020 年新冠肺炎疫情对结果可能造成的影响，数据在截至 2019 年底的情况下选取了政策实施前后三年的数据为样本。在剔除 ST、ST*、相关数据缺失值以及由于 2016 ~ 2017 年数据不连续而无法确定为对照组或是实验组的样本之后，最终得到 14 351 个公司—年度样本观测值。为消除异常值对结果的影响，本章对所有连续变量在上下 1% 处进行了缩尾处理。本章所需数据来自国泰安（CSMAR）数据库。

5.3.2　变量定义

（1）被解释变量。本章的被解释变量为企业降杠杆的程度与方式。借鉴周茜、许晓芳和陆正飞（2020）的方法，用杠杆率（LEV）衡量企业降杠杆的程度，即负债与总资产之比；用股东权益变化率（Equity）衡量"增权式"降杠杆，具体用（本期所有者权益 – 上期所有者权益）/上期总资产计算，该值为正且越大表明企业更多采用"增权式"降杠杆方式；用负债变化率（Debt）衡量"减债式"降杠杆，具体采用（本期负债 – 上期负债）/上期负债来进行衡量，该值为负且越小时表明企业更多采用"减债式"降杠杆方式。

（2）解释变量。本章的解释变量为双重差分交互项 TT（= Treat × Time），是表征企业是否受到 2017 年简并税率政策影响的虚拟变量，当企业受到简并税率政策的影响时为 1，否则为 0。具体来说，2017 年 7 月 1 日起取消 13% 档税率，将其合并到 11% 档税率中，即 2017 年 7 月 1 日之后不再有 13% 档税率，因此，如果企业在 2016 年存在 13% 档税率则将其定义为实验组，赋值 Treat 为 1，否则为 0；实验组的企业在 2017 年及以后受到简并税率政策的影响，赋值 Time 为 1，否则为 0。

（3）控制变量。首先，考虑到 2017 年简并税率政策除能体现税率档次减少带来的"简并效应"之外，还可能包含税率下调带来的企业实际税负降低因素，为了排除这种"减税效应"的干扰，本章将企业承担的增值税实际有效税率作为控制变量。其次，考虑到企业债务变化率以及股东权益变化率可能受到企业杠杆率变化率的影响，因此，借鉴周茜、许晓芳和陆正飞（2020）的做法，当因变量为债务变化率（Debt）或股东权益变化率（Equity）时，添加控制变量杠杆率的变化率（DLEV），即（本期资产负债率 – 上期资产负债率)/上期资产负债率。此外，本章还添加了如下控制变量：经营活动现金流占比（OCF）、现金流波动性（SDO）、企业规模（Size）、第一大股东持股比例（First）、杠杆率行业中位数（MLEV）、非债务税盾（NDTS）、产权性质（State），以及行业与年度固定效应。

各变量定义具体见表 5 - 1。

表 5 - 1   变量定义

类型	名称	符号	说明
关键变量	杠杆率	LEV	资产负债率 = 负债/总资产 = 负债/（负债 + 股权）
	股东权益变化率	Equity	（本期所有者权益 - 上期所有者权益）/上期总资产
	债务变化率	Debt	（本期负债 - 上期负债）/上期负债
	简并增值税税率政策	TT	Time 和 Treat 的交乘项，其中，受到 2017 年简并税率政策影响的企业 Treat = 1，其余 Treat = 0；受到 2017 年简并税率改革影响以后 Time = 1，以前 Time = 0
中介变量	有效增值税税率差异	EVRD	首先计算得出有效增值税税率的标准差 ERD，高于 ERD 中位数时为 1，否则为 0
	资源配置效率	RAED	首先采用 LP 方法计算得出全要素生产率的标准差 RAE，高于 RAE 行业中位数时为 1，否则为 0
控制变量	有效增值税税率	EVR	增值税现金流支出/营业收入，其中增值税现金流支出 = 企业支付的各项税费 - 收到的税费返还 - （所得税费用 - Δ 应交所得税）-（税金及附加 - Δ 应交的税金及附加）
	经营活动现金流	OCF	经营活动现金流/总资产
	现金流波动性	SDO	前后三年经营性现金流与总资产比值的波动率
	企业规模	Size	总资产的自然对数
	第一大股东持股比例	First	第一大股东持股百分比
	杠杆率行业中位数	MLEV	杠杆率的行业中位数
	非债务税盾	NDTS	折旧费用/总资产
	股权性质	State	国有企业取值为 1，否则为 0
	杠杆率的变化率	DLEV	（本期资产负债率 - 上期资产负债率）/上期资产负债率

　　表 5 - 2 列示了主要变量的描述性统计。其中，LEV 的平均值为 0.430，最小值为 0.060，最大值为 0.910，表明所有公司的平均杠杆率为 43%，而最高杠杆率和最低杠杆率的企业间相差 90% 以上，说明企业间杠杆率差异较大。经上期总资产标准化之后的股东权益变化率平均增加了 10%，最高增加了 165%，最少则降低了 25%；而负债变化率则平均增加了 8%，最低减少了 29%，最多则增加了 133%。由此可见，不同上市公司的杠杆率存在较大差异，其降杠杆的方式也存在较大差异。观察 Treat 的均值可知，2017 年有 33% 的企业受到了简并税率政策的影响，该数据与刘行和叶康涛（2018）的研究结论基本一致。

表 5 - 2　　　　　　　　　　　　　　描述性统计

变量名	样本量（个）	均值	中位数	最小值	最大值	标准差
LEV	14 351	0.430	0.420	0.060	0.910	0.200
Equity	14 351	0.100	0.040	- 0.250	1.650	0.240
Debt	14 351	0.080	0.040	- 0.290	1.330	0.210
Time	14 351	0.550	1	0	1	0.500
Treat	14 351	0.330	0	0	1	0.470
TT	14 351	0.170	0	0	1	0.380
EVRD	14 351	0.390	0	0	1	0.490
RAED	14 351	0.390	0	0	1	0.490
EVR	14 351	0.100	0.070	- 0.050	0.980	0.130
OCF	14 351	0.050	0.050	- 0.150	0.240	0.070
SDO	14 351	0.040	0.030	0	0.200	0.040
Size	14 351	22.390	22.220	20.010	26.260	1.270
First	14 351	34.160	32.130	9.490	73.130	14.420
MLEV	14 351	0.440	0.410	0.310	0.680	0.090
NDTS	14 351	0.020	0.020	0	0.070	0.010
State	14 351	0.390	0	0	1	0.490
DLEV	14 351	0.060	0.010	- 0.550	1.670	0.300

5.3.3 实证模型

构建如下模型来检验简并税率政策的实施对企业降杠杆程度及方式的影响。预期模型（5-1）中的系数 β_1 显著为负；模型（5-2）中的系数 β_1 显著为正，而模型（5-3）中的系数 β_1 不显著。

$$LEV = \beta_0 + \beta_1 TT + \beta_2 Time + \beta_3 Treat + \gamma Control$$
$$+ \sum Industry + \sum Year + \varepsilon \qquad (5-1)$$

$$Equity = \beta_0 + \beta_1 TT + \beta_2 Time + \beta_3 Treat + \gamma Control$$
$$+ \sum Industry + \sum Year + \varepsilon \qquad (5-2)$$

$$Debt = \beta_0 + \beta_1 TT + \beta_2 Time + \beta_3 Treat + \gamma Control$$
$$+ \sum Industry + \sum Year + \varepsilon \qquad (5-3)$$

5.4 实证结果分析

5.4.1 税率改革对企业"降杠杆"的影响

5.4.1.1 单变量检验

表 5-3 列示了单变量检验结果。从中可见，在简并税率政策实施之后，实验组与对照组相比，企业杠杆率显著降低；从具体方式来看，股东权益变化率显著增加，而负债变化率并无显著变化。结果与本章逻辑一致。

表 5-3   单变量双重差分均值 T 检验

分组	政策实施后（1）	政策实施前（2）	差异（3）=（1）-（2）
T（实验组）	LEV		Diff_LEV
	0.472	0.417	0.055
C（对照组）	0.485	0.409	0.076
Diff_LEV（T-C）	-0.013 ***	0.008 **	-0.021 ***

续表

分组	政策实施后 (1)	政策实施前 (2)	差异 (3) = (1) - (2)
T（实验组）	Equity		Diff_Equity
	0.057	0.068	-0.011
C（对照组）	0.111	0.143	-0.032
Diff_Equity（T - C）	-0.054***	-0.074***	0.020**
T（实验组）	Debt		Diff_Debt
	0.250	0.467	-0.217
C（对照组）	0.602	0.394	0.208
Diff_Debt1（T - C）	-0.352**	0.073	-0.425

5.4.1.2 基本回归结果

表5-4第（1）、第（2）列为模型（5-1）的多元回归结果，TT 的系数显著为负；第（3）、第（4）列为模型（5-2）的多元回归结果，TT 的系数显著为正；第（5）、第（6）列为模型（5-3）的多元回归结果，TT 的系数不显著。表5-4的结果支持了本章的研究假设。

表5-4   简并税率政策与企业降杠杆

变量	LEV		Equity		Debt	
	(1)	(2)	(3)	(4)	(5)	(6)
TT	-0.024*** (0.001)	-0.023*** (0.001)	0.021*** (0.002)	0.019*** (0.005)	-0.245 (0.458)	-0.224 (0.401)
Time	0.017*** (0.000)	-0.001 (0.841)	-0.055*** (0.000)	-0.066*** (0.000)	0.610 (0.223)	0.541* (0.090)
Treat	0.081*** (0.000)	0.028*** (0.000)	-0.027*** (0.000)	-0.021*** (0.000)	0.192 (0.490)	0.334 (0.185)
EVR		-0.003 (0.481)		-0.004 (0.188)		-0.041 (0.512)
OCF		-0.506*** (0.000)		0.126*** (0.000)		0.842 (0.368)

续表

变量	LEV		Equity		Debt	
	(1)	(2)	(3)	(4)	(5)	(6)
SDO		0. 217 (0. 103)		0. 086 *** (0. 001)		− 43. 337 *** (0. 008)
Size		0. 065 *** (0. 000)		0. 013 *** (0. 000)		0. 013 (0. 914)
First		− 0. 001 *** (0. 000)		− 0. 000 (0. 990)		0. 006 (0. 170)
MLEV		0. 484 * (0. 083)		− 0. 157 (0. 242)		− 2. 085 (0. 505)
NDTS		1. 767 *** (0. 000)		− 2. 082 *** (0. 000)		− 8. 013 ** (0. 035)
State		0. 034 *** (0. 000)		− 0. 041 *** (0. 000)		− 0. 041 (0. 819)
DLEV				− 0. 017 ** (0. 025)		5. 837 *** (0. 000)
行业	控制	控制	控制	控制	控制	控制
年度	控制	控制	控制	控制	控制	控制
_cons	0. 349 *** (0. 000)	− 1. 234 *** (0. 000)	0. 099 *** (0. 000)	− 0. 067 (0. 346)	− 0. 389 (0. 413)	2. 304 (0. 545)
N	14 351	14 351	14 351	14 351	14 351	14 351
Adj. R^2	0. 145	0. 295	0. 042	0. 082	0. 002	0. 262

注：*** 、** 和 * 分别表示系数在 1% 、5% 和 10% 的水平上显著；括号内为 P 值；回归系数的标准误在公司层面进行了 Cluster 调整。

5. 4. 1. 3　稳健性检验结果

第一，排除 2017 年当年的样本。简并税率政策于 2017 年 4 月底发布，7 月 1 日开始实施，为了排除 2017 年上半年数据可能对结果造成的干扰，在此剔除 2017 年以及与之相对应的 2016 年数据，对比检验政策实施前后各两年即 2014 ~ 2015 年与 2018 ~ 2019 年样本的双重差分结果，结果列于表 5 - 5 中，结论未变。

表 5 - 5　　　　　　　　　　排除 2017 年当年样本的稳健性检验

变量	LEV	Equity	Debt
	(1)	(2)	(3)
TT	- 0. 024 ***	0. 033 ***	- 0. 154
	(0. 003)	(0. 000)	(0. 644)
Time	0. 009 **	- 0. 106 ***	- 0. 011
	(0. 039)	(0. 000)	(0. 958)
Treat	0. 029 ***	- 0. 027 ***	0. 167
	(0. 000)	(0. 000)	(0. 554)
EVR	- 0. 003	- 0. 002	- 0. 034
	(0. 619)	(0. 523)	(0. 653)
OCF	- 0. 502 ***	0. 133 ***	0. 680
	(0. 000)	(0. 000)	(0. 456)
SDO	0. 273 *	0. 057	2. 154
	(0. 093)	(0. 274)	(0. 225)
Size	0. 065 ***	0. 014 ***	0. 373 ***
	(0. 000)	(0. 000)	(0. 000)
First	- 0. 001 ***	0. 000	0. 002
	(0. 000)	(0. 340)	(0. 678)
MLEV	0. 538 *	- 0. 211	1. 143
	(0. 073)	(0. 194)	(0. 635)
NDTS	1. 718 ***	- 2. 192 ***	- 2. 252
	(0. 000)	(0. 000)	(0. 594)
State	0. 027 ***	- 0. 043 ***	- 0. 246
	(0. 000)	(0. 000)	(0. 208)
DLEV		- 0. 017	6. 792 ***
		(0. 112)	(0. 001)
行业	控制	控制	控制
年度	控制	控制	控制
_cons	- 1. 258 ***	- 0. 011	- 8. 945 ***
	(0. 000)	(0. 898)	(0. 000)
N	9 786	9 786	9 786
Adj. R²	0. 269	0. 092	0. 204

注: *** 、** 和 * 分别表示系数在 1%、5% 和 10% 的水平上显著; 括号内为 P 值; 回归系数的标准误在公司层面进行了 Cluster 调整。

第二，保留降杠杆样本。借鉴周茜、许晓芳和陆正飞（2020）的方法，仅保留与上年相比 DLEV < 0（即已经降杠杆的样本），同时剔除控制变量中的 DLEV，回归结果见表 5 - 6，结论未变。

表 5 - 6　　　　　　　　仅保留降杠杆样本的稳健性检验

变量	LEV	Equity	Debt
	(1)	(2)	(3)
TT	- 0. 029 ***	0. 020 **	0. 064
	(0. 000)	(0. 015)	(0. 157)
Time	- 0. 001	- 0. 053 ***	- 0. 246 ***
	(0. 835)	(0. 000)	(0. 000)
Treat	0. 024 ***	- 0. 021 ***	- 0. 115 ***
	(0. 005)	(0. 003)	(0. 002)
EVR	- 0. 023	- 0. 051 **	- 0. 050
	(0. 400)	(0. 011)	(0. 625)
OCF	- 0. 549 ***	0. 255 ***	- 0. 057
	(0. 000)	(0. 000)	(0. 709)
SDO	0. 888 ***	0. 060	1. 813 ***
	(0. 000)	(0. 357)	(0. 000)
Size	0. 073 ***	0. 013 ***	0. 028 ***
	(0. 000)	(0. 000)	(0. 008)
First	- 0. 001 ***	0. 000 **	0. 002 *
	(0. 000)	(0. 023)	(0. 067)
MLEV	0. 404	0. 144	0. 970
	(0. 127)	(0. 376)	(0. 519)
NDTS	1. 748 ***	- 2. 284 ***	- 10. 510 ***
	(0. 000)	(0. 000)	(0. 000)
State	0. 033 ***	- 0. 032 ***	- 0. 245 ***
	(0. 000)	(0. 000)	(0. 000)
行业	控制	控制	控制
年度	控制	控制	控制
_cons	- 1. 356 ***	- 0. 270 ***	- 0. 242
	(0. 000)	(0. 001)	(0. 709)
N	7 760	7 760	7 760
Adj. R^2	0. 393	0. 072	0. 060

注：*** 、** 和 * 分别表示系数在 1% 、5% 和 10% 的水平上显著；括号内为 P 值；回归系数的标准误在公司层面进行了 Cluster 调整。

第三，更换被解释变量的计算方法。首先，将被解释变量 LEV 替换为杠杆率的变化量（ΔLEV），即本期资产负债率 − 上期资产负债率；其次，将被解释变量 Equity 替换为用经上期营业收入标准化后的股东权益变化率（Equity_S），即（本期股东权益 − 上期股东权益)/上期营业收入；再其次，将被解释变量 Debt 替换为用经上期营业收入标准化后的负债变化率（Debt_S)，即（本期负债 − 上期负债)/上期营业收入；最后，分别对模型（5 − 1）至模型（5 − 3）重新进行回归；结果列于表 5 − 7，结论未变。

表 5 −7 更换被解释变量的稳健性检验

变量	ΔLEV	Equity_S	Debt_S
	（1）	（2）	（3）
TT	− 0. 003 *	0. 047 **	0. 017
	（0. 072）	（0. 033）	（0. 367）
Time	− 0. 000	− 0. 177 ***	− 0. 104 ***
	（0. 990）	（0. 000）	（0. 000）
Treat	− 0. 002 *	− 0. 066 ***	− 0. 049 ***
	（0. 059）	（0. 001）	（0. 007）
EVR	0. 004	0. 108	0. 195 **
	（0. 538）	（0. 101）	（0. 015）
OCF	− 0. 132 ***	0. 194 **	− 0. 642 ***
	（0. 000）	（0. 018）	（0. 000）
SDO	− 0. 074 ***	0. 495 ***	0. 564 ***
	（0. 000）	（0. 010）	（0. 002）
Size	0. 000	0. 041 ***	0. 099 ***
	（0. 766）	（0. 000）	（0. 000）
First	0. 000 ***	− 0. 000	− 0. 000
	（0. 000）	（0. 232）	（0. 452）
MLEV	− 0. 099 ***	− 0. 082	0. 035
	（0. 000）	（0. 896）	（0. 961）
NDTS	− 0. 271 ***	− 7. 384 ***	− 4. 367 ***
	（0. 000）	（0. 000）	（0. 000）
State	− 0. 012 ***	− 0. 117 ***	− 0. 077 ***
	（0. 000）	（0. 000）	（0. 000）

续表

变量	ΔLEV	Equity_S	Debt_S
	（1）	（2）	（3）
DLEV		- 0. 117 *** （0. 002）	0. 987 *** （0. 000）
行业	控制	控制	控制
年度	控制	控制	控制
_cons	0. 063 *** （0. 000）	- 0. 398 （0. 187）	- 1. 876 *** （0. 000）
N	14 351	14 351	14 351
Adj. R^2	0. 041	0. 072	0. 316

注：*** 、** 和 * 分别表示系数在 1% 、5% 和 10% 的水平上显著；括号内为 P 值；回归系数的标准误在公司层面进行了 Cluster 调整。

第四，被解释变量更换为 T + 1 期。在此考察简并税率对未来一期企业杠杆率（FLEV）、股东权益变化率（FEquity）以及负债变化率（FDebt）的影响。结果列于表 5 - 8，结论未变。

表 5 - 8　　　　　　　更换被解释变量为 T + 1 期的稳健性检验

变量	FLEV	FEquity	FDebt
	（1）	（2）	（3）
TT	- 0. 021 *** （0. 000）	0. 032 *** （0. 000）	0. 073 ** （0. 025）
Time	- 0. 019 *** （0. 009）	- 0. 077 *** （0. 000）	- 0. 163 *** （0. 000）
Treat	0. 013 * （0. 068）	- 0. 005 （0. 352）	- 0. 035 （0. 177）
EVR	- 0. 094 *** （0. 000）	- 0. 029 （0. 125）	- 0. 108 （0. 260）
OCF	- 0. 585 *** （0. 000）	0. 170 *** （0. 000）	- 0. 169 （0. 285）
SDO	0. 591 *** （0. 000）	0. 187 *** （0. 006）	0. 507 （0. 139）
Size	0. 072 *** （0. 000）	- 0. 023 *** （0. 000）	- 0. 097 *** （0. 000）

续表

变量	FLEV	FEquity	FDebt
	（1）	（2）	（3）
First	− 0.001 ***	0.000 ***	0.001
	(0.000)	(0.002)	(0.251)
MLEV	0.506 *	0.242	1.861 *
	(0.068)	(0.230)	(0.065)
NDTS	1.281 ***	− 0.094	− 1.745 **
	(0.000)	(0.594)	(0.021)
State	0.034 ***	− 0.028 ***	− 0.136 ***
	(0.000)	(0.000)	(0.000)
DLEV		0.032 ***	− 0.055
		(0.000)	(0.112)
行业	控制	控制	控制
年度	控制	控制	控制
_cons	− 1.388 ***	0.487 ***	1.682 ***
	(0.000)	(0.000)	(0.000)
N	9 522	9 522	9 522
Adj. R^2	0.383	0.073	0.041

注： *** 、 ** 和 * 分别表示系数在 1% 、5% 和 10% 的水平上显著；括号内为 P 值；回归系数的标准误在公司层面进行了 Cluster 调整。

5.4.2　中介机制检验

首先，借鉴蒋为（2016）、刘行和叶康涛（2018）等研究中的方法，衡量有效税率差异 EVRD 时，先计算增值税实际现金流支出/营业收入的行业年度标准差，再根据其中位数分组，高于 ERD 中位数时为 1，否则为 0，该值越小表明有效税率的差异越小；衡量资源配置效率 RAED 时，先采用 LP方法计算得出全要素生产率的标准差 RAE，再根据其中位数分组，高于 RAE行业中位数时为 1，否则为 0，该值越小代表资源配置效率越高。然后，构建如下中介效应模型（5 - 4）、模型（5 - 5）和模型（5 - 6），预期模型（5 - 4）中的系数 β_1 显著为负，模型（5 - 5）中的系数 β_2 显著为正，模型（5 - 6）中的系数 β_2 显著为负。

$$EVRD(RAED) = \beta_0 + \beta_1 TT + \beta_2 Time + \beta_3 Treat + \gamma Control$$
$$+ \sum Industry + \sum Year + \varepsilon \qquad (5-4)$$

$$LEV = \beta_0 + \beta_1 TT + \beta_2 EVRD(RAED) + \beta_3 Time + \beta_4 Treat$$
$$+ \gamma Control + \sum Industry + \sum Year + \varepsilon \qquad (5-5)$$

$$Equity = \beta_0 + \beta_1 TT + \beta_2 EVRD(RAED) + \beta_3 Time + \beta_4 Treat$$
$$+ \gamma Control + \sum Industry + \sum Year + \varepsilon \qquad (5-6)$$

回归结果列示于表 5 - 9 中，第（1）列以及第（4）列中 TT 的系数均显著为负；第（2）列中 EVRD 的系数以及第（5）列中 RAED 的系数均显著为正；第（3）列中 EVRD 的系数以及第（6）列中 RAED 的系数均显著为负，表明简并税率政策实施后，税率差异缩小、资源配置效率提高，这是促进企业降杠杆，尤其促进企业"增权式"降杠杆的中介机制。

表 5 - 9　　　　　降低有效税率差异、提高资源配置效率中介机制检验

变量	有效税率差异中介效应			资源配置效率中介效应		
	EVRD	LEV	Equity	RAED	LEV	Equity
	(1)	(2)	(3)	(4)	(5)	(6)
TT	-0.172 ***	-0.022 ***	0.017 *	-0.041 *	-0.023 ***	0.018 **
	(0.000)	(0.000)	(0.057)	(0.087)	(0.008)	(0.035)
EVRD/ RAED		0.012 ***	-0.014 ***		0.003 *	-0.013 ***
		(0.000)	(0.000)		(0.081)	(0.004)
Time	0.201 ***	-0.009 **	-0.075 ***	-0.178 ***	-0.007 ***	-0.080 ***
	(0.000)	(0.038)	(0.000)	(0.000)	(0.010)	(0.000)
Treat	0.093 ***	0.020 ***	-0.020 ***	0.034 **	0.020 **	-0.021 ***
	(0.000)	(0.005)	(0.007)	(0.014)	(0.010)	(0.005)
EVR	0.129 ***	-0.058 **	-0.056 ***	-0.015	-0.060 ***	-0.058 ***
	(0.000)	(0.012)	(0.003)	(0.538)	(0.003)	(0.002)
OCF	-0.259 ***	-0.517 ***	0.132 ***	-0.019	-0.506 ***	0.136 ***
	(0.000)	(0.000)	(0.000)	(0.726)	(0.000)	(0.000)
SDO	0.255 **	0.775 ***	0.381 ***	0.014	0.757 ***	0.378 ***
	(0.015)	(0.000)	(0.000)	(0.890)	(0.000)	(0.000)

续表

变量	有效税率差异中介效应			资源配置效率中介效应		
	EVRD	LEV	Equity	RAED	LEV	Equity
	(1)	(2)	(3)	(4)	(5)	(6)
Size	0.001	0.073 ***	0.018 ***	− 0.003 *	0.073 ***	0.018 ***
	(0.557)	(0.000)	(0.000)	(0.094)	(0.000)	(0.000)
First	0.000	− 0.001 ***	− 0.000	− 0.000	− 0.001 ***	− 0.000
	(0.630)	(0.000)	(0.808)	(0.425)	(0.000)	(0.793)
MLEV	− 0.777 ***	0.499 *	− 0.132	− 0.299 **	0.496 ***	− 0.125
	(0.000)	(0.065)	(0.448)	(0.046)	(0.002)	(0.472)
NDTS	2.004 ***	1.593 ***	− 2.913 ***	0.524 **	1.543 ***	− 2.934 ***
	(0.000)	(0.000)	(0.000)	(0.014)	(0.000)	(0.000)
State	0.005	0.034 ***	− 0.048 ***	0.002	0.033 **	− 0.048 ***
	(0.327)	(0.000)	(0.000)	(0.719)	(0.014)	(0.000)
DLEV	0.004		− 0.065 ***	− 0.010		− 0.065 ***
	(0.768)		(0.000)	(0.434)		(0.000)
行业	控制	控制	控制	控制	控制	控制
年度	控制	控制	控制	控制	控制	控制
_cons	0.581 ***	− 1.433 ***	− 0.155 *	0.942 ***	− 1.412 ***	− 0.151
	(0.000)	(0.000)	(0.097)	(0.000)	(0.000)	(0.106)
N	14 351	14 351	14 351	14 351	14 351	14 351
Adj. R^2	0.030	0.390	0.077	0.199	0.394	0.077

注：***、** 和 * 分别表示系数在 1%、5% 和 10% 的水平上显著；括号内为 P 值；回归系数的标准误在公司层面进行了 Cluster 调整。

5.5 拓展性研究

5.5.1 能否缓解信贷歧视的不利后果

5.5.1.1 行业层面

简并税率政策应该有助于缓解信贷歧视造成的不公平资源配置。房地产行业、固定资产占比高的传统制造业以及基础设施行业是我国传统意义上的银行信贷偏好型行业，这些行业投资大但效率低，容易出现产能过剩、债务居高不下等问题。相反，有些行业因缺乏足够的固定资产抵押物而遭受银行信贷歧视，但它们相对较高的无形资产价值却可能具有较大的发展潜力。简并税率政策实施后，资本市场的资源配置效率提高；简并税率政策的实施使得银行信贷歧视型行业中的佼佼者更容易被投资者挖掘，从而更易获得股权资源配置，这可以进一步优化其杠杆率结构。本章首先借鉴朱太辉等（2018）的方法，根据国家统计局的行业分类标准划分，将房地产业，电力、热力、燃气及水的生产和供应业，交通运输、仓储和邮政业，水利、环境和公共设施管理业设定为银行信贷偏好型行业（BCP = 1），其余设定为银行信贷歧视型行业（BCP = 0）；然后分样本进行回归，检验结果见表 5 – 10。从中可见，在银行信贷偏好型行业（BCP = 1）的子样本中，简并税率政策并未发挥显著作用；而在银行信贷歧视型行业（BCP = 0）的子样本中，简并税率更能促进企业"增权式"降杠杆，与预期一致。

表 5 – 10　　　　　　　　银行信贷偏好型与信贷歧视型行业对比

变量	BCP = 1		BCP = 0	
	LEV	Equity	LEV	Equity
	（1）	（2）	（3）	（4）
TT	0. 007	– 0. 031 **	– 0. 028 ***	0. 026 ***
	(0. 577)	(0. 015)	(0. 000)	(0. 001)
Time	– 0. 033 ***	– 0. 015	– 0. 003	– 0. 074 ***
	(0. 004)	(0. 212)	(0. 552)	(0. 000)
Treat	– 0. 034 *	0. 026 **	0. 029 ***	– 0. 028 ***
	(0. 065)	(0. 017)	(0. 000)	(0. 000)
EVR	– 0. 075 ***	– 0. 040 ***	– 0. 044	– 0. 069 ***
	(0. 005)	(0. 009)	(0. 158)	(0. 000)
OCF	– 0. 249 ***	– 0. 043	– 0. 565 ***	0. 165 ***
	(0. 000)	(0. 438)	(0. 000)	(0. 000)
SDO	0. 468 ***	0. 408 ***	0. 823 ***	0. 210 ***
	(0. 003)	(0. 001)	(0. 000)	(0. 000)

续表

变量	BCP = 1		BCP = 0	
	LEV	Equity	LEV	Equity
	（1）	（2）	（3）	（4）
Size	0.072 ***	0.001	0.073 ***	0.016 ***
	(0.000)	(0.607)	(0.000)	(0.000)
First	− 0.002 ***	0.000	− 0.001 ***	− 0.000
	(0.000)	(0.115)	(0.001)	(0.430)
MLEV	0.330	0.047	0.510 *	− 0.165
	(0.159)	(0.691)	(0.062)	(0.236)
NDTS	0.357	− 1.010 ***	1.793 ***	− 2.724 ***
	(0.577)	(0.000)	(0.000)	(0.000)
State	− 0.008	− 0.030 ***	0.038 ***	− 0.044 ***
	(0.595)	(0.001)	(0.000)	(0.000)
DLEV		− 0.025		− 0.072 ***
		(0.578)		(0.000)
行业	控制	控制	控制	控制
年度	控制	控制	控制	控制
_cons	− 1.187 ***	0.055	− 1.450 ***	− 0.101
	(0.000)	(0.377)	(0.000)	(0.189)
N	1 790	1 790	12 561	12 561
Adj. R^2	0.433	0.059	0.357	0.103

注： *** 、** 和 * 分别表示系数在 1%、5% 和 10% 的水平上显著；括号内为 P 值；回归系数的标准误在公司层面进行了 Cluster 调整。

5.5.1.2　企业层面

由于我国资源配置过程中的市场化程度较低，高杠杆主要集中在大型国企（钟宁桦等，2016），而非国有企业则普遍面临较严重的融资约束；尤其是许多盈利能力较强的非国有企业也面临着融资难、融资贵问题（纪洋等，2018；张一林和蒲明，2018；田利辉，2005），这会降低我国经济的整体效率。简并税率政策的实施可以提高市场化的资源配置效率，尤其是相较于银行而言，简并税率更能改善资本市场上的资源配置效率。简并税率政策的实施有助于资本市场的投资者辨别出盈利能力较强的企业。那些具有较强经营能力却难以获得银行信贷资源的非国有企业，以往其市值容易被资本市场低估；简并税率政策实施后，有助于投资者以较低信息成本辨别出这些企业，并予以股权资源配置，从而促使其"增权式"降杠杆，这有助于企业降低综合资本成本实现价值最大化。首先，在模型（5-1）中加入 TT 与盈利能力 ROAD 的交乘项，其中，ROAD 按照净利润/总资产的中位数衡量，高于中位数时取 1，否则为 0。检验结果见表 5-11。第（1）列 TT × ROAD 的系数显著为负，第（2）列 TT × ROAD 的系数显著为正，意味着企业盈利能力越强，简并税率促进企业"增权式"降杠杆的效果越明显。然后，进一步区分国有企业与非国有企业的子样本进行回归，由表 5-11 后 4 列结果对比可见，仅在第（3）、第（4）列非国有企业的子样本中，TT × ROAD 的系数才显著为正或为负，与预期一致。

表 5-11　　　　　　　　　　企业盈利能力与产权差异的影响

变量	总体		非国有企业		国有企业	
	LEV	Equity	LEV	Equity	LEV	Equity
	(1)	(2)	(3)	(4)	(5)	(6)
TT × ROAD	-0.011 **	0.011 *	-0.019 ***	0.024 *	0.008	-0.029 ***
	(0.011)	(0.094)	(0.005)	(0.050)	(0.202)	(0.007)
Time × ROAD	-0.004	0.017 ***	-0.028 ***	0.041 ***	0.014 ***	0.013 **
	(0.425)	(0.000)	(0.001)	(0.006)	(0.006)	(0.040)
Treat × ROAD	-0.020 ***	-0.008	-0.006	-0.019	-0.020	0.029 **
	(0.006)	(0.477)	(0.643)	(0.134)	(0.155)	(0.012)
Time	-0.009	-0.063 ***	0.028 ***	-0.103 ***	-0.058 ***	-0.024 ***
	(0.283)	(0.000)	(0.004)	(0.000)	(0.000)	(0.003)
Treat	0.025 ***	-0.008	0.016	-0.012 **	0.024	-0.010 **
	(0.009)	(0.203)	(0.173)	(0.035)	(0.197)	(0.044)
ROAD	-0.086 ***	0.046 ***	-0.062 ***	0.038 ***	-0.120 ***	0.039 ***
	(0.000)	(0.000)	(0.000)	(0.000)	(0.000)	(0.000)
EVR	-0.004	-0.041 **	-0.003	-0.003	-0.007	-0.015 ***
	(0.473)	(0.020)	(0.586)	(0.341)	(0.664)	(0.002)

续表

变量	总体		非国有企业		国有企业	
	LEV	Equity	LEV	Equity	LEV	Equity
	（1）	（2）	（3）	（4）	（5）	（6）
OCF	-0.314 ***	-0.003	-0.322 ***	0.037	-0.294 **	-0.027
	(0.001)	(0.925)	(0.000)	(0.345)	(0.037)	(0.477)
SDO	0.206	0.062 *	0.166	0.098 **	0.332 ***	0.051
	(0.229)	(0.085)	(0.348)	(0.020)	(0.001)	(0.189)
Size	0.065 ***	0.010 ***	0.073 ***	0.021 ***	0.059 ***	0.006 **
	(0.000)	(0.002)	(0.000)	(0.000)	(0.000)	(0.016)
First	-0.000 **	-0.000	-0.000	-0.000 **	-0.001 *	0.000
	(0.015)	(0.169)	(0.649)	(0.017)	(0.053)	(0.874)
MLEV	0.518 ***	-0.191 *	0.202 *	-0.203 ***	0.712 ***	-0.076 ***
	(0.000)	(0.099)	(0.050)	(0.000)	(0.000)	(0.006)
NDTS	1.383 ***	-1.739 ***	1.878 ***	-2.469 ***	0.689	-1.105 ***
	(0.003)	(0.009)	(0.000)	(0.000)	(0.243)	(0.002)
State	0.025 ***	-0.035 *				
	(0.001)	(0.062)				
DLEV		-0.092 **		-0.014		-0.028 ***
		(0.016)		(0.100)		(0.005)
行业	控制	控制	控制	控制	控制	控制
年度	控制	控制	控制	控制	控制	控制
_cons	-1.206 ***	-0.017	-1.292 ***	-0.224 ***	-1.071 ***	-0.038
	(0.000)	(0.771)	(0.000)	(0.001)	(0.000)	(0.312)
N	14 351	14 351	8 758	8 758	5 593	5 593
Adj. R^2	0.337	0.135	0.277	0.127	0.385	0.061

注：***、** 和 * 分别表示系数在 1%、5% 和 10% 的水平上显著；括号内为 P 值；回归系数的标准误在公司层面进行了 Cluster 调整。

5.5.2　能否促进实业投资

近年来，实体企业金融化趋势明显，高杠杆在其中起到了推波助澜的作用。这是因为国有企业能以较低成本获得大量银行信贷资金，但许多国有企业的生产效率却较低，如将信贷资金投入实业只能得到较低甚至负的利润率，因此它们将从银行低成本获取的资金投入到房地产、股市或其他虚拟经济中，试图谋求超额回报（黄贤环等，2021）。金融化会导致实体经济空心化，加剧宏观经济风险。为遏制金融化问题，既需要主动挤掉金融业泡沫，消除其虚假繁荣；又需要采取有效政策引导企业向高效率的实业项目中投资。简并税率有助于降低实体企业税负差异对投资者估值造成的干扰，有助于投资者正确评估实体项目的回报率以及企业的经营管理能力，从而引导资源向高效率的实业项目流动，促进企业"脱虚向实"。首先，采用（交易性金融资产＋可供出售金融资产＋持有至到期投资＋长期股权投资＋投资性房地产)/总资产来衡量企业金融资产占比（FA）；其次，检验简并税率政策的实施是否会降低企业金融资产的占比；最后，检验简并税率政策的实施是否通过"增权式"降杠杆的途径促使企业降低金融资产占比。回归结果见表5-12。第（1）列TT的系数显著为负，表明简并税率政策实施后企业的金融化程度降低；第（2）列LEV的系数显著为正，同时第（3）列Equity的系数显著为负，表明简并税率通过"增权式"降杠杆能够促使企业去金融化。

表5-12　　　　　　简并税率、"增权式"降杠杆与去金融化

变量	FA		
	（1）	（2）	（3）
TT	-0.007*** (0.009)	-0.007*** (0.009)	-0.007** (0.011)
LEV		0.008*** (0.000)	
Equity			-0.025*** (0.000)
Time	0.023*** (0.000)	0.023*** (0.000)	0.021*** (0.000)
Treat	0.017*** (0.007)	0.017*** (0.007)	0.017*** (0.009)
EVR	0.230*** (0.000)	0.229*** (0.000)	0.228*** (0.000)

续表

变量	FA		
	（1）	（2）	（3）
OCF	0.024	0.020	0.027
	（0.452）	（0.519）	（0.383）
SDO	− 0.186 **	− 0.191 **	− 0.177 **
	（0.013）	（0.012）	（0.019）
Size	− 0.003	− 0.003	− 0.002
	（0.286）	（0.288）	（0.384）
First	− 0.000	− 0.000	− 0.000
	（0.421）	（0.424）	（0.420）
MLEV	0.620 ***	0.614 ***	0.617 ***
	（0.000）	（0.000）	（0.000）
NDTS	− 0.721 ***	− 0.730 ***	− 0.796 ***
	（0.000）	（0.000）	（0.000）
State	0.003	0.003	0.002
	（0.507）	（0.509）	（0.665）
DLEV	− 0.009 ***	− 0.001	− 0.010 ***
	（0.001）	（0.647）	（0.000）
行业	控制	控制	控制
年度	控制	控制	控制
_cons	− 0.123 *	− 0.125 *	− 0.128 *
	（0.056）	（0.052）	（0.055）
N	14 351	14 351	14 351
Adj. R^2	0.176	0.177	0.179

注：***、** 和 * 分别表示系数在 1%、5% 和 10% 的水平上显著；括号内为 P 值；回归系数的标准误在公司层面进行了 Cluster 调整。

5.5.3　"增权式"降杠杆的具体方式

"增权式"降杠杆指的是通过促进企业增加股东权益从而降低杠杆率。股东权益增加又包括增发新股、增加留存盈余以及其他增权方式；其他增权方式包括以公允价值计量的资产发生的公允价值变动、所持有的采用权益法核算的长期股权投资产生的其他权益变动等归入其他综合收益等资产负债表项目而增加的股东权益;"增本"与"留利"方式可以真正增加企业资本实力,而"其他增权"方式只是改变了会计报表账面余额(周茜等,2020)。简并税率一方面有助于提高资本市场上的资源配置效率,税率简化可以降低由于税制烦琐而导致的信息不对称,使得经营效率高的企业易于成功发行新股筹集到更多股权资金;另一方面简并税率后,税率差异缩小促使资源更多流向效率较高的企业,总体上可以减少企业投资不足的概率,投资效率提高能够增加企业内部盈余。此外,简并税率使得税制结构得到简化与优化,节约了纳税环节所需花费的人力和物力,即降低了税制遵循成本,由此也可以增加企业内部盈余。内源融资比例增加有助于企业降杠杆,而且也能够较好地平衡降杠杆与稳增长的关系(陈达飞等,2018)。因此,简并税率既能够促使企业发行股票筹集股权资金,也能够增加企业内部积累,"增本"与"留利"共同构成简并税率"增权式"降杠杆的具体方法。首先,采用(本期含股本溢价的股本 – 上期含股本溢价的股本)/上期总资产衡量企业股本的变化率(Stock),采用(本期留存收益 – 上期留存收益)/上期总资产衡量企业留存收益的变化率(Earning);采用(本期除股本和留存收益外的其他权益 – 上期其他权益)/上期总资产衡量企业其他权益的变化率(Other)。然后,分别将上述三个指标作为因变量进行回归,结果见表 5 – 13。第(1)、第(2)列中,TT 的系数均显著为正,而第(3)列 TT 的系数不显著,与预期一致。

表 5 – 13   "增权式"降杠杆的具体方式

变量	Stock	Earning	Other
	(1)	(2)	(3)
TT	0.010 **	0.008 ***	– 0.001
	(0.048)	(0.000)	(0.652)
Time	– 0.046 ***	– 0.018 ***	– 0.004 ***
	(0.000)	(0.000)	(0.000)
Treat	– 0.013 ***	– 0.009 ***	0.001
	(0.004)	(0.000)	(0.149)

续表

变量	Stock	Earning	Other
	(1)	(2)	(3)
EVR	−0.023 **	−0.045 ***	0.001
	(0.024)	(0.000)	(0.755)
OCF	−0.119 ***	0.274 ***	−0.013 ***
	(0.000)	(0.000)	(0.004)
SDO	0.182 ***	0.013	0.014 *
	(0.000)	(0.569)	(0.099)
Size	0.008 ***	0.003 ***	0.002 ***
	(0.000)	(0.000)	(0.000)
First	−0.000 ***	0.000 ***	0.000 **
	(0.000)	(0.000)	(0.026)
MLEV	−0.112	−0.065	−0.021
	(0.451)	(0.362)	(0.375)
NDTS	−1.282 ***	−1.062 ***	−0.152 ***
	(0.000)	(0.000)	(0.000)
State	−0.034 ***	−0.008 ***	0.001
	(0.000)	(0.000)	(0.234)
DLEV	−0.059 ***	−0.014 ***	0.008 ***
	(0.000)	(0.000)	(0.000)
行业	控制	控制	控制
年度	控制	控制	控制
_cons	−0.016	−0.016	−0.037 ***
	(0.820)	(0.643)	(0.002)
N	14 351	14 351	14 351
Adj. R^2	0.086	0.144	0.024

　　注：*** 、** 和 * 分别表示系数在 1% 、5% 和 10% 的水平上显著；括号内为 P 值；回归系数的标准误在公司层面进行了 Cluster 调整。

5.5.4　债务期限结构是否发生变化

　　前面结果表明，简并税率并未导致企业"减债式"降杠杆，但是总负债率未发生变化的原因可能是债务的长短期结构发生了相反方向的变化（申广军等，2016）。那么，简并税率是否影响了企业长短期债务结构的变化呢？首先，采用（本期长期负债－上期长期负债）/上期长期负债衡量企业的长期负债变化率（Debt_Long），采用（本期流动负债－上期流动负债）/上期流动负债衡量企业的短期负债变化率（Debt_Short）；然后用 Debt_Long 与 Debt_Short 作为因变量重新回归模型，检验结果见表5－14。从中可见，TT 的系数均不显著，表明简并税率不仅未造成企业债务总体的变化，而且也未造成债务期限结构的改变。

表5－14　　　　　　　　　　对债务期限结构的影响

变量	Debt_Short	Debt_Long
	（1）	（2）
TT	0.020 （0.343）	0.084 （0.404）
Time	－0.143*** （0.000）	0.244 （0.342）
Treat	－0.034** （0.037）	0.040 （0.688）
EVR	－0.103 （0.252）	－0.119 （0.579）
OCF	0.073 （0.163）	－3.635*** （0.000）
SDO	0.870*** （0.000）	3.726** （0.046）
Size	0.058*** （0.000）	0.340*** （0.000）
First	0.000 （0.531）	0.004* （0.095）
MLEV	－0.502*** （0.000）	－4.763*** （0.000）
NDTS	－5.357*** （0.000）	－13.823*** （0.001）

续表

变量	Debt_Short	Debt_Long
	(1)	(2)
State	- 0.065 ***	0.128
	(0.000)	(0.154)
DLEV	1.577 ***	3.128 ***
	(0.000)	(0.000)
行业	控制	控制
年度	控制	控制
_cons	- 0.779 ***	- 5.103 ***
	(0.000)	(0.001)
N	14 351	14 351
Adj. R^2	0.463	0.024

注：*** 、** 和 * 分别表示系数在 1%、5% 和 10% 的水平上显著；括号内为 P 值；回归系数的标准误在公司层面进行了 Cluster 调整。

5.6　本章小结

自 2008 年全球金融危机以来，我国企业的杠杆率急剧攀升，杠杆率过高可能会带来系统性金融风险，有效降低实体企业杠杆率是降低我国总杠杆率、防范化解重大风险的关键环节。但一味追求降低企业杠杆率又有可能招致经济衰退，因此，必须保持"防风险"与"稳增长"的平衡。本章以增值税简并税率政策的实施为视角，研究财税政策在促进"防风险"与"稳增长"的平衡中所能发挥的积极作用。本章研究形成如下几点结论：第一，简并税率政策的实施显著促进了企业"增权式"降杠杆而非"减债式"降杠杆；第二，缩小企业实际税率差异、提高市场化的资源配置效率是简并税率政策促进企业"增权式"降杠杆的作用机制；第三，简并税率政策促进企业"增权式"降杠杆具有重要的经济后果，它不仅有助于缓解由银行信贷歧视造成的资源分配不公，而且还能够促进企业去金融化，缓解实体企业投资不足；第四，进一步细分降杠杆的具体途径，简并税率"增权式"降杠杆可以通过增发新股或增强企业内部盈余的路径来实现，简并税率不会"减债式"降杠杆包括既不会引起企业总负债规模的变化，也不会引起企业债务期限结构的变化两个层面。本章研究将企业"降杠杆"程度与方式影响因素的文献扩展至简并税率这一重要视角，为税率差异经济后果的研究提供了直接的实证证据，而且还丰富了增值税税率改革政策微观效应的文献。本章也有助于我国从优化增值税税率结构的视角，进一步探寻促进企业积极有效降杠杆，为控制金融系统性风险、稳定宏观经济增长的现实路径提供理论依据。

| 第6章 |

增值税税率改革与企业"脱虚向实"

近年来，我国实体企业金融化问题严重，导致实体企业缺乏研发创新的意愿与能力，加大了实体企业转型升级的难度，对我国经济高质量发展形成阻碍。增值税是我国第一大税种，近年来，我国努力通过增值税改革为实体企业减负，增强实体企业的经营活力。其中，2017年实施的增值税税率改革同时具有"税率减档"与"税率下调"两方面作用，那么，该政策的实施是否促进了企业"脱虚向实"呢？本章研究发现，增值税税率改革的确促进了实体企业"脱虚向实"，尤其是缓解了实体企业在投机套利动机下出现的"脱实向虚"问题，而提高资源配置效率与增强企业业绩则是其中介机制。此外，较高的市场化程度能够与增值税税率改革发挥协同作用，增强对实体企业"脱虚向实"的促进效应。本章的研究既能够丰富实体企业金融化的影响因素以及增值税改革微观政策效应的文献，又能够为我国下一步增值税改革政策制定提供理论依据。

6.1 引　　言

近年来，实体经济"脱实向虚"已经成为全球普遍存在的突出问题，"脱实向虚"会导致经济体系"空心化"，加大系统性风险。当前去全球化国际形势严峻，我国实体企业在发展过程中面临着核心技术不足等诸多考验；与此同时，2020年至今新型冠状病毒席卷全球，区域封闭使得实体经济雪上加霜，遭受重创。在此背景下，如何推进企业"脱虚向实"成为我国亟待解决的重要议题。增值税是我国的第一大税种,是国家宏观调控的重要工具。有研究通过构建 C-D 函数模型证明了增值税减档改革可以降低资源误置带来的全要素生产率损失(刘柏慧,2019),还有研究发现增值税改革具有"减税效应",能够增加企业价值(康茂楠,2019)、优化制造业企业的资源配置(汤泽涛,2020)。那么,增值税税率改革能否促进企业"脱虚向实"呢?这是本章拟探讨的问题。

2017 年我国实施增值税税率改革,将 13% 的税率降低至 11%,同时具备"减档"与"下调税率"两种特征。本章以 2017 年增值税税率改革为研究对象,采用 DID 模型验证税率改革对实体企业"脱虚向实"的影响以及中介机制。首先,本章的基本检验结果表明,增值税税率改革有助于促进企业"脱虚向实",尤其是缓解企业出于投机套利动机而实施的"脱实向虚"问题;其次,本章的中介机制检验结果表明,提高资源配置效率以及增强企业业绩是两条重要的作用机制;最后,本章的拓展性研究对调节效应进行检验,结果表明,当市场化程度较高时,增值税税率改革更能促进企业"脱虚向实"。

本章的理论意义主要在于如下两个方面:第一,以往文献对于增值税改革微观政策效应的研究主要考察了减税效应(杨默如,2016)、宏观经济效应(李雪松,2020)、分工效应(陈钊,2016)、经济发展质量(詹新宇,2020)等问题,缺乏对实体企业"脱实向虚"的影响这一问题的讨论,因此,本章的研究丰富了增值税改革微观政策效应的文献。第二,以往研究实体企业"脱实向虚"的文献讨论了高管特征(余琰,2016;杜勇,2019;戴泽伟,2019)、货币政策(马勇,2020;许罡,2018;彭俞超,2018)、公司治理(王瑶,2020)等因素,但缺乏对增值税税率改革这一重要因素的考察,因此,本章的研究丰富了实体企业"脱实向虚"成因的文献。本章的现实意义主要体现在如下两个方面:第一,我国大量实体企业存在着投资不足(张功富,2009;王菁,2014)、"脱实向虚"(盛明泉,2018;黄贤环,2018)问题;在新冠肺炎疫情的冲击下,市场萧条,实业回报率进一步降低,企业家的实业投资意愿受到沉重打击。如何提高企业的实业投资意愿并遏制"脱实向虚"现象显得格外重要。本章从增值税税率改革视角探讨遏制实体企业"脱实向虚"的具体策略,有助于探寻促进企业实体投资的具体路径。第二,增值税改革政策是近年来我国为激发企业活力而实施的重点政策,2017 年 7 月将13%税率下调到11%，2018年5月将17%税率下调到16%、11%税率下调到10%，2019年4月再次下调税率，16%降低至13%、10%税率降低至9%，同年9月允许生活服务业加计15%抵扣进项税。检验增值税税率改革在企业实体投资层面的微观政策效果，对于正确评价现有增值税改革的政策效果，以及未来修订相关政策均具有重要启示意义。

6.2　理论分析与研究假设

以往研究探讨了企业内外部因素对实体企业金融化的影响。在宏观经济政策方面，宏观政策的审慎性（马勇，2020）与不确定性（许罡，2018；彭俞超，2018）、减税政策（徐超，2019）对公司金融化水平均会起到抑制作用；融资融券政策则对实体企业金融化具有促进作用（俞毛毛，2020）。在公司治理方面，集团内部资本市场（黄贤环，2019）、人力资本水平（戴静，2020）加剧了上市公司金融化；内部控制制度则降低了公司金融化程度（王瑶，2020）。在公司高管特征方面，公司高管的金融背景（杜勇，2019；戴泽伟，2019）、金融危机经历（杜勇，2019）、管理者过度自信（楚有为，2019）会增强企业金融化；而高管的年龄、任期、学历（徐朝辉，2020）以及学术背景（杜勇，2019）则抑制了企业金融化。尽管实体企业金融化的影响因素是多方面的，但其问题的根本仍然在于实业本身。即实体经济"脱实向虚"的根本原因在于实体经济发展遇到了瓶颈，从而出现了大量资金流入虚拟资金池的畸形现象。对于政府部门而言，如何积极引导实体企业走上高质量发展道路、振兴实业才是真正促进企业去金融化的根本之策。近年来我国实施的一系列增值税税率改革包含简并税率与下调税率两方面内容，相应可以产生两方面效应：一是减少了增值税税率档次，可以提高资源配置效率；二是降低了企业税负，可以改善企业业绩。在这两方面效应共同的作用下，企业有可能加快去金融化步伐，转而"脱虚向实"。

6.2.1　增值税税率改革、资源配置效率与"脱虚向实"

实体企业"脱实向虚"的一个重要原因在于资源误置。"实体中介"理论认为由于银行在放贷过程中存在融资歧视问题，因此许多容易取得贷款但生产效率低下的公司走向"脱实向虚"，实质上是为其他融资困难企业充当了"实体中介"的作用（Shin，2013）。不同企业适用的实际税率存在差异则使得上述资源误置现象变得更为严重。研究表明，差异化的税率导致资源从高税率企业流入低税率企业，降低了资源配置效率（陈晓光，2013；蒋为，2016）；而且这种资源误置还会进一步对资本市场造成扭曲（刘柏慧，2019）。假设企业 A 适用高税率13%，其上下游企业 B 适用低税率11%；若企业 A 需要引进企业 B 的中间投入 500 万元，A 的生产活动增加值为 500 万元，实际需要缴纳税费 75 万元（1 000×13% −500×11%），但在统一税率 11% 的理想情况下仅需要缴纳 55 万元（1 000×11% −500×11%）；若企业 B 也需要引进企业 A 的中间投入 500 万元，增加值依旧为 500 万元，实际缴纳税费 45 万元（1 000×11% −500×13%），但在统一税率 11% 下则需要缴纳 55 万元（1 000×11% −500×11%）。由此可见，差异化税率导致企业 A 比企业 B 多缴纳税费，这将导致企业之间的不公平竞争，阻碍实业发展。增值税税率减档有助于缩小企业之间的实际税负差异，降低信息不对称，提高资源配置效率，减少制度性因素对实体企业发展的阻碍。

6.2.2 增值税税率改革、企业业绩与"脱虚向实"

首先，商品的消费者是增值税的最终承担者，增值税改革能够促进产品销售从而影响企业绩效，此为"价格效应"（刘行和叶康涛，2018；Decicca，2013）。具体而言，大多数商品具有一定的价格敏感性；增值税属于价外税，当增值税税率下调时产品销售价格会降低，这将会促进产品销售；同时，由于生产者的供给曲线与消费者的需求曲线发生变化致使最优利润点发生迁移，因此厂商也会提升产量。其次，增值税税率下调能够降低企业税负，提高企业的盈利水平，此为"减税效应"。尽管企业可能需要与其上下游厂商或者消费者共享增值税税率降低带来的利益，而且企业的税负转嫁能力还会受到其议价能力的影响（汤泽涛，2020），但税率下调在一定程度上仍然会起到减税降费的效果。研究发现，增值税税率下调有助于减少企业在视同销售行为、坏账准备、与增值税相关的城市维护建设费与教育费附加、赊销时需要代缴增值税等情况下所发生的无法抵扣增值税时需要缴纳的税费（刘行和叶康涛,2018)。企业承担的税费负担减少有助于改善实体投资项目的绩效,从而促进企业"脱虚向实"。

6.2.3 增值税税率改革、投机套利与"脱虚向实"

以往研究探讨了实体企业金融化的动机,主要包括两种观点:一是"蓄水池"动机。关于实体企业持有金融资产动机的研究最早可以追溯到凯恩(Keyne,1936)的预防性储蓄理论,该理论认为企业持有金融资产是为了使公司财务保持一定的流动性,从而在财务困境时留有一定的缓冲余地。胡弈明(2017)指出我国实体企业配置金融资产主要是为了预防性储蓄;徐朝辉(2020)也支持此种观点,企业增强金融资产的配置可以减少实体企业的信用风险,并且随着持有时间的延长这种效果会减弱。根据"蓄水池"理论可知,实体企业配置金融资产是为了服务于实业;那么当实体投资较多的企业遭遇财务困境时对财务流动性的要求会更高,其预防性储蓄的需求也会更高。二是投机套利动机。即投资者为了追逐经济利益而将资金大量投入高利润的虚拟经济中(Orhangazi,2008)。张成思(2016)研究表明实体企业金融投资与实业投资呈现负相关关系,金融资产对实业有明显的"挤出效应"。盛明泉(2018)研究表明实体企业持有金融资产与全要素生产率表现出负相关关系,并非"产融相长"。黄贤环(2018)研究表明实体企业持有金融资产增加了公司财务风险,再次验证了金融化是一种"舍本逐末"的行为。李顺彬(2020)研究发现市场竞争程度以及市场竞争地位的提高均会加剧实体企业金融资产配置错配,结论支持了"投机套利"动机。宋军(2015)指出货币金融资产具有流动性较强的特点,非货币金融资产是企业主动投资所致。李顺彬(2019)指出货币政策适度水平提升会提升企业总体金融资产配置,但同时又会降低非金融资产配置,体现出"投机套利"动机。在"投机套利"动机下,实业投资的回报率远不及虚拟经济,诱发企业"脱实向虚"问题。增值税税率改革可以通过提高实体投资项目的回报率、引导各种资源在实体经济与虚拟经济之间进行正确配置、削弱企业的"投机套利"动机,从而达到去金融化的效果。

综上所述,可以提出本章的研究假设:增值税税率改革能够促进企业

"脱虚向实",遏制企业金融化趋势。

6.3 实证设计

6.3.1 样本选择

本章选取 2015~2018 年沪深 A 股制造业的上市公司作为样本。2017 年进行增值税税率改革的产品包括:农产品(含粮食)、自来水、暖气、天然气、植物食用油、冷气、热气、煤气、居民煤炭制品、食用盐、农机、饲料、农药、农膜、化肥、沼气、二甲醚、图书、报纸、杂志、音像制品以及电子出版物。本章采用 DID 模型进行回归分析。将涉及上述产品销售的公司作为实验组,其他归类为对照组,设置分组变量 Treat。同时设置税率改革实施前后变量 Time,改革后(2017 年后)为 1,否则为 0。在剔除 ST 样本及存在缺漏值样本之后,最后得到 6 690 个最终样本。为了规避极端值对回归结果的影响,对连续变量均采用 1% 与 99% 分位缩尾处理。

6.3.2 变量定义

基本变量定义见表 6 - 1。

表 6 - 1   变量定义

变量类型	变量名称	符号	计量方法
被解释变量	金融化程度	Fin	企业持有金融资产占总资产的比重
	固定资产投资	FA	企业期末持有固定资产账面价值取对数
主要解释变量	政策实施前后	Time	改革后取 1;改革前取 0
	政策涉及对象	Treat	实验组取 1;对照组取 0
控制变量	资产负债率	LEV	企业期末总负债/总资产的比值
	企业现金流	Cash	企业期末经营活动现金流净额/总资产
	盈利能力	Profit	企业当期营业利润较上期的增长率

续表

变量类型	变量名称	符号	计量方法
主要解释变量	企业年龄	Age	企业的注册年限距今年长
	第一大股东持股比例	Top1	第一大股东持有股本占总流通股本的比重
	托宾 Q	TobinQ	股票市值/企业资产的重置成本
	产权性质	State	国企取 1；否则取 0

6.3.3　实证模型

为了验证本章所提假设，构建了如下两个 DID 模型：

$$\text{Fin} = \beta_0 + \beta_1 \text{Treat} \times \text{Time} + \beta_2 \text{Treat} + \beta_3 \text{Time} + \gamma \text{Control}$$
$$+ \sum \text{Industry} + \sum \text{Year} + \varepsilon \qquad (6-1)$$
$$\text{FA} = \beta_0 + \beta_1 \text{Fin} + \beta_2 \text{Fin} \times \text{Treat} \times \text{Time} + \beta_3 \text{Treat} \times \text{Time}$$
$$+ \gamma \text{Control} + \sum \text{Industry} + \sum \text{Year} + \varepsilon \qquad (6-2)$$

模型（6-1）中被解释变量 Fin 表示企业的金融化水平，参考宋军（2015）、杰米尔（Demir，2009）等的研究，Fin 采用金融资产占总资产的比重来衡量；Treat×Time 的系数 β_1 代表了增值税税率改革对企业去金融化的影响，预期 β_1 的符号显著为负。

模型（6-2）中 FA 是企业的固定资产投资水平，采用企业当期期末固定资产账面价值的对数来衡量。预期企业金融化水平会挤出企业的实业投资项目，因此 Fin 的系数 β_1 应该显著为负；预期增值税税率改革能够削弱企业金融化的"投机套利"动机，即削弱企业金融化对实业投资的"挤出效应"，因此 Fin×Treat×Time 的系数 β_2 应该显著为正。

6.4　实证结果分析

6.4.1　单变量检验

表 6-2 为主要变量的描述性统计。金融化程度 Fin 的均值为 0.055，说

明样本企业平均的金融资产占比为 5.5%，但最大值为 41% 表示存在金融化程度较高的实体企业。FA 是企业的固定资产投资，均值达到 20.890。

表 6 - 2　　　　　　　　　　　描述性统计

变量	样本数（个）	均值	最小值	中位数	最大值	标准差
Fin	6 690	0.055	0	0.026	0.410	0.077
FA	6 690	20.890	17.790	20.730	25.020	1.427
Time	6 690	0.533	0	1	1	0.499
Treat	6 690	0.302	0	0	1	0.459
Size	6 690	22.290	20.100	22.140	26.040	1.216
LEV	6 690	0.409	0.062	0.401	0.907	0.193
Cash	6 690	0.048	−0.134	0.047	0.230	0.064
Profit	6 690	0.182	−0.481	0.119	2.174	0.370
Age	6 690	22.170	13	22	36	5.014
Top1	6 690	33.740	8.730	31.840	73.060	14.290
TobinQ	6 690	2.214	0.882	1.780	8.446	1.373
State	6 690	0.313	0	0	1	0.464

表 6 - 3 为变量的相关性检验。各个解释变量之间的系数均小于 0.5，表明模型并不存在多重共线性问题。

表 6 - 3　　　　　　　　　　　相关性检验

变量	Fin	FA	Time	Treat	Size	LEV	Cash	Profit	Age	Top1	TobinQ	State
Fin	1											
FA	−0.019	1										
Time	0.023	0.016	1									
Treat	0.054	0.339	−0.027	1								
Size	0.067	0.905	0.047	0.286	1							
LEV	−0.046	0.492	0.007	0.179	0.514	1						
Cash	−0.047	0.164	−0.038	0.088	0.075	−0.159	1					
Profit	−0.080	−0.010	0.100	−0.068	0.031	0.010	−0.016	1				
Age	0.130	0.136	−0.038	0.165	0.138	0.152	0.014	−0.073	1			
Top1	−0.039	0.201	−0.026	0.103	0.188	0.023	0.147	−0.017	−0.034	1		
TobinQ	0.014	−0.453	−0.333	−0.157	−0.471	−0.297	0.071	−0.037	−0.003	−0.068	1	
State	0.030	0.402	−0.041	0.261	0.383	0.288	0.025	−0.116	0.259	0.207	−0.154	1

6.4.2　多元回归分析

模型（6-1）的回归结果见表6-4的前两列。其中，第（1）列为没有加入控制变量的结果，Treat × Time 的系数为 -0.003，且在1%的水平上显著；第（2）列为加入了控制变量后的结果，Treat × Time 的系数仍然为 -0.003，且在5%的水平上显著，支持了本章假设。

表6-4　　　　　　　　　　增值税税率改革与企业去金融化

变量	Fin		FA
	(1)	(2)	(3)
Treat × Time	-0.003 *** (0.007)	-0.003 ** (0.045)	0.027 * (0.071)
Fin			-0.850 *** (0.000)
Fin × Treat × Time			0.237 *** (0.006)
Time	0.014 *** (0.000)	0.016 *** (0.000)	-0.013 *** (0.000)
Treat	0.010 *** (0.000)	0.008 *** (0.000)	0.207 *** (0.000)
Size		-0.000 (0.249)	0.923 *** (0.000)
LEV		-0.003 ** (0.017)	0.229 *** (0.000)
Cash		-0.017 * (0.098)	0.376 *** (0.000)
Profit		-0.010 *** (0.000)	-0.052 *** (0.000)
Age		0.002 *** (0.000)	-0.005 *** (0.002)
Top1		-0.000 *** (0.000)	0.001 (0.102)

变量	Fin		FA
	(1)	(2)	(3)
TobinQ		0.001 (0.214)	0.004 *** (0.000)
State		0.003 *** (0.002)	0.041 (0.208)
Fin × Time			−0.058 (0.310)
Fin × Treat			−0.428 ** (0.029)
行业效应	控制	控制	控制
年度效应	控制	控制	控制
截距项	0.031 *** (0.000)	0.018 (0.196)	0.806 ** (0.027)
N	6 690	6 690	6 690
adj. R^2	0.040	0.063	0.522

注：括号中为双尾检验的 P 值，* 、** 、*** 意味着 10% 、5% 和 1% 的显著程度。

模型（6-2）的回归结果见表 6-4 的第（3）列。其中金融化程度 Fin 的系数为 −0.850，且在 1% 的水平上显著，与盛明泉（2018）、黄贤环（2018）等的研究结论基本一致，表明企业金融化确实对其实业投资存在着"挤出效应"。Fin × Treat × Time 的系数为正（0.237），且在 1% 的水平上显著，说明增值税税率改革能够遏制金融化对实业投资的"挤出效应"，遏制企业投机套利的动机，从而进一步支持了本章所提假设。

6.4.3 稳健性检验

为了确保回归结果的可靠性，在此进行稳健性测试。首先，增加企业固定效应模型进行稳健性检验；其次，为了排除 2016 年"营改增"等改革政策对本章结果的影响，剔除涉及的相关企业重新进行检验。回归结果见表 6-5。第（1）列中 Treat × Time 对金融化程度 Fin 的回归系数为 −0.015 且在 1% 的水平上显著；第（2）列中 Fin × Treat × Time 对 FA 的回归系数为

0.549 且在 10% 的水平上显著。与前面基本结论一致。

表 6 - 5　　　　　　　　　　　　稳健性检验

变量	(1)	(2)
	Fin	FA
Treat × Time	- 0. 015 *** (0. 000)	0. 034 ** (0. 031)
Fin × Treat × Time		0. 549 * (0. 054)
控制变量	控制	控制
截距项	0. 147 *** (0. 000)	0. 227 (0. 527)
N	4 537	4 537
adj. R^2	0. 147	0. 451

注：括号中为双尾检验的 P 值，＊、＊＊、＊＊＊ 意味着 10%、5% 和 1% 的显著程度。

6.4.4　作用机制分析

增值税税率改革抑制实体企业金融化的路径主要有两条：一是通过减档效应提高资源配置效率；二是通过提升企业业绩促使企业回归实业投资。这两条路径同时成立还是仅有一个主导机制成立？下面进行检验。

6.4.4.1　提升资源配置效率中介机制

为了验证提升资源配置效率中介机制，设置如下两个模型：

$$AEFFI = \beta_0 + \beta_1 Treat \times Time + \beta_2 Treat + \beta_3 Time + \gamma Control$$
$$+ \sum Industry + \sum Year + \varepsilon \qquad (6-3)$$

$$Fin = \beta_0 + \beta_1 Treat \times Time + \beta_2 AEFFI + \beta_3 Treat + \beta_4 Time$$
$$+ \gamma Control + \sum Industry + \sum Year + \varepsilon \qquad (6-4)$$

其中，AEFFI 代表资源配置效率，参考蒋为（2016）的做法，以成本加成率来衡量，AEFFI 越小代表资源配置效率越高。参考康茂楠（2019）、高康

（2020）等学者的做法，控制变量采用市场化指数、地区人均 GDP、赫芬达尔指数、地区出口总额与销售额的比重以及行业内企业数目。由于 AEFFI 为资源配置效率的反向指标，因此预期模型（6-3）中的系数 β_1 显著为负；同时，预期模型（6-4）中的系数 β_2 显著为正。回归结果见表6-6。第（1）列中 Treat × Time 的系数为 -0.154，且在 1% 的水平上显著；第（2）列中 AEFFI 的系数为 0.024，且在 5% 的水平上显著；回归结果表明提升资源配置效率中介机制成立。

表6-6   提升资源配置效率中介机制检验

变量	AEFFI	Fin
	（1）	（2）
Treat × Time	-0.154 *** (0.003)	-0.143 ** (0.031)
AEFFI		0.024 ** (0.046)
控制变量	控制	控制
截距项	0.736 (0.873)	0.235 ** (0.047)
N	6 690	6 690
adj. R^2	0.218	0.331

注：**、*** 分别表示在 5% 和 10% 的水平上显著。

6.4.4.2 增强企业业绩中介机制

为了验证增强企业业绩中介机制，设置如下两个模型：

$$ROA = \beta_0 + \beta_1 Treat \times Time + \beta_2 Treat + \beta_3 Time + \gamma Control$$
$$+ \sum Industry + \sum Year + \varepsilon \qquad (6-5)$$
$$Fin = \beta_0 + \beta_1 Treat \times Time + \beta_2 ROA + \beta_3 Treat + \beta_4 Time$$
$$+ \gamma Control + \sum Industry + \sum Year + \varepsilon \qquad (6-6)$$

其中，ROA 用来衡量企业的实体资产报酬率，模型（6-5）的控制变量包括企业规模、托宾 Q、资产负债率、独立董事比例、企业年龄以及产权性质。预期模型（6-5）中的系数 β_1 显著为正；同时，模型（6-6）中的系数 β_2 应该显著为负。回归结果见表 6-7。第（1）列中 Treat × Time 的系数为 0.039，且在 1% 的水平上显著，第（2）列中 ROA 的系数为 -0.131，且在 1% 的水平上显著，而 Treat × Time 的系数为 -0.275，且在 1% 的水平上显著，回归结果验证了增强企业业绩中介机制成立。

表 6-7　　　　　　　　增强企业业绩中介机制检验

	ROA	Fin
	（1）	（2）
Treat × Time	0.039 *** (0.000)	-0.275 *** (0.000)
ROA		-0.131 *** (0.007)
控制变量	控制	控制
截距项	0.341 *** (0.000)	0.535 * (0.068)
N	6 690	6 690
adj. R^2	0.341	0.132

注：*、*** 分别表示在 1% 和 10% 的水平上显著。

6.5　拓展性研究

尽管我国的市场化进程已经得到了有力发展，但是各地区的市场化程度仍然有着较大差异，地方保护主义依然存在（沈伟，2019），要素市场在某些地区仍存在着扭曲（张杰，2011）。在政府规制较为严重的地区，企业更多寻求政治关联（李爽，2018）等非正规机制替代市场机制（Allen，2005）；此时社会生产更多由政治因素主导，而非市场化主导。增值税税率下调可以使消费端购买商品时所支付现金中的税收成分减少，该作用的发挥依赖于价格的传导，市场化程度将在其中发挥重要作用。如果企业生产由非市场因素主导，增值税税率改革的微观效应将会大打折扣。因此，可以预期在市场化程度较高的地区，增值税税率改革更能够遏制实体企业金融化。为此进行分样本检验，回归结果见表6-8。其中第（1）列是市场化程度较高组，第（2）列是市场化程度较低组。仅第（1）列市场化程度较高组中 Treat×Time 的系数为 -0.005，且在1%水平上显著；而在第（2）列市场化程度较低的组中 Treat×Time 的系数为 0.006，且在1%的水平上显著。结果表明，仅在市场化程度较高的地区，增值税税率改革才能够遏制企业金融化。

表6-8   **市场化程度的影响**

变量	Fin	
	市场化程度高	市场化程度低
	（1）	（2）
Treat×Time	-0.005*** (0.004)	0.006*** (0.000)
控制变量	控制	控制
截距项	-0.033*** (0.004)	0.167*** (0.001)
N	5 439	1 251
adj. R^2	0.083	0.118

注：*** 表示在1%的水平上显著。

6.6   本章小结

本章考察2017年增值税税率改革对制造业企业"脱虚向实"的影响，研究结果表明：首先，增值税税率改革能够促进实体企业"脱虚向实"，尤其是能够缓解实体企业在投机套利动机下出现的"脱实向虚"问题；其次，提高资源配置效率与增强企业业绩则是增值税税率改革能够促进实体企业"脱虚向实"的两条中介路径；最后，企业所处地区较高的市场化程度是增值税税率改革发挥"脱虚向实"效应的基础条件，市场化程度越高越有助于增值税税率改革促进实体企业"脱虚向实"。本章的研究在理论上丰富了相关文献，具体而言，既将实体企业金融化影响因素的文献拓展至增值税税率改革视角，同时又将增值税改革微观政策效应的文献拓展至实体企业金融化层面。本章还具有较强的现实意义，不仅有助于政府部门或实体企业深刻理解增值税税率改革在经济去金融化进程中发挥的重要作用及其路径，从而有助于相关方面有效利用增值税改革契机提升企业实业投资的意愿与能力，同时也能够为我国进一步实施增值税改革政策提供理论依据。

第 7 章

增值税税率改革与企业创新

核心技术受制于人是当前我国经济发展中遇到的重大障碍，如何增强企业创新能力呢？本章以 2017 年 7 月 1 日实施的增值税税率下调政策为自然实验，构建双重差分的识别策略，考察增值税税率改革政策对企业创新的影响，并得到如下三方面研究结论：首先，基本检验结果表明，增值税税率下调能够促进企业创新；其次，作用机制检验结果表明，"价格效应"与"税负效应"是增值税税率改革促进企业创新的两条作用机制；最后，拓展性研究表明，增值税税率下调对企业创新的促进作用在非国有企业中更加显著。本章的研究不仅拓展了增值税改革微观政策效应以及企业创新影响因素的文献，而且为实体企业充分利用增值税税率改革契机增强自身创新能力，为政府相关部门进一步完善税费改革政策提供了理论依据。

7.1 引　　言

随着经济进入"新常态"，靠投资驱动经济和要素投入的粗放式增长逐渐成为经济可持续发展的瓶颈，中国正面临从要素驱动型模式向创新驱动型模式转变的重要历史时刻（余明桂等，2016）。持续创新不仅是企业强化竞争优势、巩固市场地位的重要途径，也是国家或地区实现经济协调、健康、持续增长的重要源泉（潘越等，2015）。党的十九届五中全会提出"坚持创新在我国现代化建设全局中的核心地位，把科技自立自强作为国家发展的战略支撑"，并将其列入所有计划和规划的首位，进行专项部署，不仅强调创新在中国现代化建设中的重要性，而且对增强中国创新能力和科技实现能力提出更加迫切的要求。创新是企业可持续发展的重要支撑力量，能够增强企业在其所涉及行业内的竞争力，促进社会经济发展。在实践中，税收优惠政策常被用来激励企业创新。以往有研究探讨了所得税优惠政策对企业创新的影响（Hall and Renen，2000；Becker，2015；Mukherjee et al.，2017）。增值税税率改革是近年来国家税制改革的重点。从 2017 年 7 月 1 日起，国家将农产品、天然气等增值税的税率从 13%下调至 11%，体现了国家对农业、民生领域的税收支持。那么，增值税税率改革政策能否推动企业创新呢？

税收会影响企业创新。政府通过激励政策刺激企业开展创新活动的作用机制和效果日益成为理论界关注的重点，而其经济学理论基础则可以追溯到阿罗（Arrow，1962）的研究（Bronzini and Piselli，2016）。基于内生增长理论，政府通过财政政策可以缓解人力资本积累、技术和知识等外部性问题，提高经济增长率。研发活动是公司创新的重要组成部分，对拉动经济增长起到至关重要的作用（Schumpeter，1934；Romer，1990；Lemer and Wulf，2007），但研发具有社会正外部性，私人收益小于社会收益（Arrow，1962），削弱了企业研发投入的动机（Tassey，2004），使总体投入程度低于社会最优水平（Bronzini and Piselli，2016），而且，研发失败风险较高，更加导致研发投入不足（Kristiansen，1998；朱平芳和徐伟民，2003）。由于研发部门具有正外部效应，致使研发总水平太低，因此，政府需要制定出纠正研发投入外部性的激励政策（Romer，1986；Cropper and Oates，1992）以便刺激企业开展研发活动，使总体投入程度趋于社会最优水平（朱平芳和徐伟民，2003）。目前，我国政府主要通过研发补贴和税收优惠手段实现财政激励。研发补贴是直接的经济支持，专款专用；而税收优惠作为间接补助，则是政府运用税收来激励既定对象，减少应纳税额，提高企业研发投入的私人收益，减少创新投入的外部性，进而有效激励企业开展研发活动（李丽青，2007）；政府运用税收优惠政策来激励企业创新已经成为主要的手段（王俊，2011）。政府对研发的税收激励政策主要从税基和税率两方面进行激励，包括税收抵免、加计扣除或税率降低等。

以往研究对于政府税收激励政策是否可以提高企业研发投入尚未有一致的结论。一方面，支持者认为减税政策能够纠正创新进程中的市场失灵问题（Cropper and Oates，1992），刺激公司提高研发投入（Bloom et al.，2002），促进企业创新（朱平芳和徐伟民，2003；Klassen et al.，2004；王俊，2011；张杰等，2015；余明桂等，2016）。具体而言，在所得税方面，所得税政策改变了企业税后的资本收益率状况（Hall and Jorgenson，1967），进而对经营成本产生较大的影响。研发费用抵扣作为间接的税收优惠，降低所得税税负，具有"事后补助"性质，产生的税盾效应能够刺激企业提高研发投入（Berger，1993）；税率降低政策作为直接的税收优惠，通过价格机制传递给企业，从整体上降低了企业的创新成本（林洲钰等，2013），激励企业更多投入生产性创新活动（Greenwald and Stiglitz，1986）。在增值税方面，实行增值税的发达国家一般采用消费型增值税，以及对某些商品或劳务实行零税率（黄永明和何伟，2006），以激励企业进行设备改造和技术更新等研发活动。在营业税改征增值税前，我国流转税体系不利于企业开展创新活动。研究发现，在2004年东北地区试行增值税转型改革前，我国实行的生产型增值税，即增值税不能对固定资产进行抵扣，带来严重的重复征税问题，阻碍了企业进行设备投资和推进技术进步（李佩锋等，1997；刘溶沧，2000；安体富，2002）；增值税与营业税并存的税制格局也不利于企业创新活动的开展（刘尚希和孙复兴，1998，王智勇，2002）。"营改增"作为一项政府重大的税制改革，通过技术研发的中间投入均能纳入增值税抵扣范围等手段，避免产业间重复征税，有效减轻企业税负，从而有利于企业进行创新活动。赵连伟（2015）基于全国税收调查统计、税源监控等数据，采用双重差分模型检验，发现"营改增"提高了企业技术投入；袁从帅等（2015）采用双重差分模型分析发现"营改增"对企业研发人员投入具有显著的促进作用。另一方面，反对者却认为政府的税收激励政策不一定能对企业创新起到激励作用，税收优惠并没有实质性地促进研发活动（Mansfield，1986；Griffith et al.，1995；李丽青，2007）。综上所述，现有文献主要从企业所得税等直接税种的研发补贴、税收优惠等方面以及增值税转型和"营改增"方面研究政府税收激励政策与企业创新的关系，缺乏从增值税税率下调这一税制改革视角来研究对企业创新的影响；而且，"增值税转型"和"营改增"旨在解决增值税进项税额抵扣链条不畅通的问题，这与增值税税率下调对企业的影响逻辑存在差异。

本章以2017年7月1日实施的增值税税率下调政策为自然实验，构建双重差分模型考察增值税税率改革对企业创新的影响，并得到如下三方面结论：第一，增值税税率下调显著促进了企业创新；第二，当企业产品的需求价格弹性较高，或者企业承担的增值税税负较重时，增值税税率下调对企业创新的促进作用更加显著，这意味着"价格效应"与"税负效应"是增值税税率下调促进企业创新的两条重要路径；第三，相对于国有企业而言，增值税税率下调促进企业创新的效果主要体现在非国有企业中。稳健性检验结果表明本章的研究结论是可靠的。

本章研究的理论价值主要表现为如下两个方面：首先，以往有关企业创新影响因素以及税收政策经济后果的研究均未考察增值税税率改革对企业创新的影响这一重要问题。税收政策是政府刺激企业创新的重要手段，以往研究主要考察了研发支出的税收抵免政策或者企业所得税税率调整等企业所得税改革政策对创新的影响，但针对增值税税率改革政策经济后果的研究不足，本章考察增值税税率下调政策对企业创新的促进效应，丰富了税收政策经济后果以及企业创新影响因素这两方面的文献。其次，以往研究表明研发支出的税收抵免主要通过影响企业创新成本来促进创新（Hall and Jorgenson，1967；Hall and Reenen，2000；Becker，2015），企业所得税率的变化主要通过改变现金流支出影响企业创新（Mukherjee et al.，2015；林洲钰等，2013）；以往研究缺乏对增值税税率政策如何促进企业创新的作用机制的探讨，本章研究发现增值税税率下调通过"价格效应"和"税负效应"来促进企业创新，从而弥补了以往文献的不足。本章研究的现实意义主要表现在：有助于科学评价增值税税率下调政策的实施在促进企业创新方面的效果；增进相关方面对增值税税率下调如何影响企业创新以及其作用机制是什么的理解，从而可以为政府相关部门构建与完善合理的增值税运行机制，以及相应的配套措施提供理论依据，同时也能够启发相关企业充分有效地利用增值税税率改革契机增强自身创新实力。

7.2 理论分析与研究假设

创新是提升企业竞争优势、促进企业可持续发展、推动实体经济变革和完善的重要推动力。然而，较高的税负增加了企业生产经营与创新的成本，抑制了企业提升自主创新能力的积极性。当前，我国面临"卡脖子"关键技术缺乏的难题，必须大力提升企业的自主创新能力。减轻企业的税费负担，可以降低企业成本，激发企业活力，扩大企业盈利空间，激发企业的创新热情，促使企业应用新设备、新材料和新技术，努力改变产品的研发与开发流程。戴晨等（2008）研究发现，税收优惠对企业的研发活动产生了积极影响；企业赋税每减少约1%，对 R&D 的经费投入就会增加约 0.98%。增值税税率下调可以通过"价格效应"与"税负效应"两条路径来促进企业创新。

7.2.1 价格效应

增值税是一种流转税，从理论上来讲，它应该能够沿着供应链条从上游不断向下游转嫁，最终由消费者承担。如果增值税转嫁链条畅通无阻则企业最终无须承担增值税税负，此时，增值税税率下调的作用主要在于能够降低产品的销售价格；由于大多数企业生产的产品都具有价格敏感性，因此，增值税税率下调应该能够起到促进产品销售增长的作用。销售增长一方面能够增强企业加大研发投入的意愿，另一方面能够扩大企业盈利空间，增强企业研发投入的能力。因此，在价格效应的激励下，增值税税率改革政策的实施将有助于促进企业创新。但需要注意的是，增值税税率改革的价格效应会受到产品需求价格弹性的影响。假设没有增值税，消费者支付给生产者的价格是 1，将增值税 τVAT 引入后，当公司将税负完全转移给消费者时，则消费者支付的价格是 $1 + \tau VAT$。随着增值税引入而提高的消费价格降低了消费者对商品的需求数量和意愿，需求曲线下移。由于增值税是交给税务机关，生产者还是获得 1 的价格。为了降低消费者减少消费的意愿的影响，生产者会适当降低价格和产品供应，这样供给曲线将下移。生产者价格降低和消费需求下降将一同导致生产者利润下降。因此，即使增值税是间接的，生产者也无法将价格形式的税负完全转嫁给消费者，他们将不得不承担部分税负。企业的税负增加使其利润降低，从而企业会降低创新投入，创新投入减弱。这样，企业就可以从这次改革中获益，将增加的资金投入创新，从而提高企业的创新水平。企业生产的产品需求价格弹性越大，由于增值税的存在，生产者损失的生产者剩余就越多。故这部分企业会从增值税税率下降中更多获利。因此，在"价格效应"下，随着企业需求价格弹性的提高，增值税税率下调对企业创新的促进作用越来越强。

7.2.2　税负效应

现实世界并非都是理想状态，增值税税负并非都能够完全向下游转嫁。按照会计或税收制度的规定，在一些情况下企业的增值税进项税额不允许被抵扣；还有一些情况下尽管允许企业抵扣增值税税额，但需要由企业先行垫付需要缴纳的税金，这会导致企业资金被占用。因此，现实中企业往往需要负担一部分增值税税额及其带来的资金占用成本。此时，增值税税率下调就应该能起到降低企业成本的作用。增值税税率下调带来的减税效应可以直接降低企业当前的现金流支出，改善企业当期的经营现金流，更充裕的内部资金鼓励了企业管理层加大研发投资活动。例如，2017 年增值税税率改革将 13% 的税率降至 11%。理想情况下，公司的增值税不会对公司产生任何影响，因为只是通过公司代缴给税务部门，而真正的税负由消费者承担。但在现实中，企业的经营过程并不是理想状况，公司产生的增值税可能无法从下游客户完全收回，此时，增值税税率下调就可能直接降低公司的现金流支出。具体而言，在以下情况下，公司将自己承担部分增值税以及增值税的附加费。（1）由于视同销售行为，导致的增值税销项税额的相应增加；（2）因发生应收账款坏账损失而导致企业无法获得货款及相应的增值税销项税税额；（3）与增值税相关的教育费用附加和城市维护建设税。在前两种情况下，公司确认了增值税，但从下游客户获取现金流收入并没有伴随着销项税税额的增加而增加。在后一种情况下，增值税本身不计入公司利润核算系统，但附加费（教育费附加和城市建设维护税）直接增加了公司资金外流，减少了公司利润。结果，伴随着增值税税率的下降，企业现金流下降 15.38%（1 − 11%/13%）。此外，在企业赊销时，增值税税率下调会直接降低公司向其客户垫付的增值税。赊销是公司常见的商业行为，企业需要在此过程中为客户垫付增值税，增值税预付款相当于公司承担了部分增值税的现金支出，即公司承担了垫付增值税到收到货款这段时间内的时间价值。万莹（2020）研究发现，增值税税率下调直接降低了企业的增值税税负。税负降低有助于企业降低资金成本，提高资金充裕度，从而促进企业研发投入的加大。

此外，减税政策的实施将增加企业自身以及外部资本市场的乐观预期，增强企业研发投入的意愿与能力。增值税税率下调政策释放的乐观信号能够提高企业高管对未来现金流的乐观预期，减少对将来不确定性的担忧，从而有助于企业加大研发投入。与此同时，税率下调政策释放的积极信号也有助于缓解企业创新活动面临的融资约束。政府实施增值税税率下调政策，意味着政府对相关领域加大了税收优惠的支持力度，这将向资本市场传导出积极信号；外部资源拥有者体会到增值税税率改革能够带来价格效应与税负效应，在此激励机制下，外部资源将会调整流向，更多投入生产效率较高的实体经济部门，促使企业加大研发投入。

综上所述，可以提出本章的研究假设：增值税税率下调能促进企业创新。

7.3　实证设计

7.3.1　数据来源及样本分布

本章以 2017 年 7 月 1 日实施的将 13% 的增值税税率下调为 11% 的政策作为自然实验，构建双重差分的识别策略，考察其对企业创新产生的影响。由于 2018 年、2019 年我国继续进行增值税改革，为了避免其他政策的干扰，借鉴刘行和叶康涛（2018）的方法，本章仅选取 2017 年政策实施前后一年的样本，即将 2016 年与 2017 年沪深两市 A 股非 ST 上市公司作为研究样本，在剔除了金融行业、ST 企业、样本中的缺漏值，最终获得 3 292 个观测值。本章相关数据主要来自 CSMAR 数据库和 WIND 数据库，运用 Excel 2019 软件对样本数据进行初步整理，运用 Stata 14.0 软件进行统计检验，并对连续变量进行 1% 和 99% 水平的缩尾处理。

7.3.2　变量定义

（1）增值税税率改革政策。首先设置增值税税率下调前后虚拟变量 Time，政策前即 2016 年 Time = 0，政策后即 2017 年 Time = 1；然后设置增值税税率下调政策虚拟变量（Treat），借鉴刘行和叶康涛（2018）的方法，收集上市公司 2016 年的所有增值税税率，当公司的增值税税率中有 13% 这一档时，即为实验组，令 Treat = 1；反之，当公司的增值税税率中没有 13% 这一档时，即为控制组，令 Treat = 0。

（2）企业创新。借鉴以往研究，本章主要采用企业研发资金投入占营业收入的比重（RD1），以及研发人员数量的自然对数（RD2）这两个指标来衡量企业创新（Lee and O'Neili，2003；Hall et al.，2008；李春涛和宋敏，2010；鲁桐和党印，2014；张凯等，2017），值越大表明企业创新力度越大。

（3）需求弹性。借鉴以往研究（Jacob et al.，2018）的方法，采用利润率（PM）度量企业的需求弹性。利润率等于企业 2016 年期末息税前利润/营业收入。

（4）实际税负。借鉴刘骏和刘峰（2014）的方法，增值税实际税负（VTax）等于企业 2016 年期末增值税的现金流支出/营业收入。增值税的现金流支出 = 企业支付的各项税费 – 收到的税费返还 –（所得税费用 – 递延所得税费用 – △应交所得税）–（税金及附加 – △应交的税金及附加）。

（5）控制变量。参考王桂军和曹平（2018）的方法，本章添加如下控制变量：用员工人数的对数来衡量的公司规模（Size），用年末负债占年末总资产的比重来衡量资产负债率（LEV），用年末总资产增长率来衡量成长性（Growth），用购建固定资产、无形资产和其他长期资产所支付的现金总额在年末总资产中的占比来衡量资本支出比例（CapEx），用固定资产总额在年末总资产中的占比来衡量固定资产比重（Tangibility），董事长和总经理兼职状况（Duality），董事会规模（BoardSize）、董事会独立性（Indep），以及年度和行业哑变量。

具体变量定义见表 7 – 1。

表 7 – 1　　　　　　　　　　　　　变量定义

变量名	符号	计算方法
企业创新	RD1	研发投入占营业收入的比例
	RD2	研发人员数量的自然对数
增值税税率改革政策	Time	2017 年 Time = 1，2016 年 Time = 0
	Treat	2016 年增值税税率为 13%，Treat = 1；否则，Treat = 0
需求价格弹性	PM	利润率 = 期末息税前利润/营业收入

变量名	符号	计算方法
增值税税负	VTax	VTax = 年末增值税的现金流支出/营业收入；增值税的现金流支出 = 企业支付的各项税费 - 收到的税费返还 - (所得税费用 - 递延所得税费用 - △应交所得税) - (税金及附加 - △应交的税金及附加)
公司规模	Size	员工人数的自然对数
资产负债率	LEV	年末负债/年末总资产
成长性	Growth	年末总资产增长率
资本支出比例	CapEx	购建固定资产、无形资产和其他长期资产所支付的现金总额/年末总资产
固定资产比重	Tangibility	固定资产总额/年末总资产
二职合一	Duality	董事长与总经理由同一人担任取1；否则取0
董事会规模	BoardSize	董事会人数的自然对数
董事会独立性	Indep	独立董事/董事会总人数
产权性质	state	国有产权为1，否则为0

7.3.3 实证模型

首先，参照以往研究（Bertrand and Mullainathan，2003）的方法，构建双重差分模型（7-1）检验增值税税率下调政策对企业创新的影响，预期模型（7-1）中系数 β_3 显著为正。

$$RD = \beta_0 + \beta_1 Treat + \beta_2 Time + \beta_3 Treat \times Time + \gamma Control$$
$$+ \sum Industry + \sum Year + \varepsilon \qquad (7-1)$$

其次，借鉴刘骏和刘峰（2014）、杨耀武和杨澄宇（2015）、刘行和叶康涛（2018）等的方法，衡量企业需求价格弹性 PM 与增值税税负 VTax，并分别按照 PM 与 VTax 的中位数进行分组检验。预期在高 PM（或高 VTax）组比在低 PM（或低 VTax）组中，模型（7-1）回归结果的系数 β_3 更加显著为正。

7.4　实证结果分析

7.4.1　描述性统计

表 7-2 报告了主要变量的描述性统计结果。从中可见，RD1 的均值为 3.172，标准差为 3.770，最大值和最小值分别为 21.77 和 0；RD2 的均值为 4.596，标准差为 2.537，最大值和最小值分别为 8.927 和 0，说明企业间的创新投入水平差异较大。Treat 的均值为 0.335，说明有 33.5% 的企业是受到政策影响的实验组。

表 7-2　　　　　　　　　　　描述性统计结果

变量名	样本量（个）	均值	最小值	25%分位数	中位数	75%分位数	最大值	标准差
RD1	3 292	3.172	0	0.240	2.670	4.285	21.770	3.770
RD2	3 292	4.596	0	3.850	5.371	6.324	8.927	2.537
Time	3 292	0.500	0	0	0.500	1	1	0.500
Treat	3 292	0.335	0	0	0	1	1	0.472
Size	3 292	8.022	2.890	7.175	8.018	8.789	13.140	1.304
CapEx	3 292	0.042	0	0.013	0.029	0.057	0.337	0.042
LEV	3 292	0.451	0.012	0.289	0.443	0.603	2.579	0.207
Tangibility	3 292	0.205	0.001	0.078	0.171	0.297	0.876	0.161
Indep	3 292	0.376	0.231	0.333	0.357	0.429	0.750	0.056
Growth	3 292	0.630	0.003	0.334	0.530	0.779	11.27	0.533
BoardSize	3 292	8.638	3	7	9	9	17	1.717
Duality	3 292	0.253	0	0	0	1	1	0.435
State	3 292	0.362	0	0	0	1	1	0.481

7.4.2　多元回归分析

表 7-3 为采用 DID 方法回归的结果，估算了增值税税率降低对企业创新

的影响。Time × Treat 的回归系数均在 1% 或 5% 的置信水平显著为正，意味着增值税税率下调会对企业创新产生积极影响，从而支持了本章的研究假设。

表 7 - 3　　　　　　　　　　增值税税率下调与企业创新

变量	RD1		RD2	
	（1）	（2）	（3）	（4）
Time	- 0. 014 *** （ < 0. 001）	- 0. 029 （0. 212）	0. 102 *** （ < 0. 001）	0. 025 *** （0. 003）
Treat	- 1. 579 *** （ < 0. 001）	- 0. 278 （0. 147）	- 0. 367 *** （ < 0. 001）	- 0. 073 （0. 286）
Time × Treat	0. 023 *** （ < 0. 001）	0. 054 ** （0. 033）	0. 061 *** （ < 0. 001）	0. 096 ** （0. 012）
Size		0. 061 * （0. 078）		0. 598 *** （0. 009）
CapEx		6. 311 *** （0. 009）		2. 309 * （0. 098）
LEV		- 2. 639 （0. 120）		- 0. 680 ** （0. 030）
Tangibility		- 0. 080 （0. 493）		- 0. 604 （0. 214）
Indep		2. 331 （0. 218）		- 0. 027 （0. 757）
Growth		- 0. 818 * （0. 065）		- 0. 019 （0. 626）
BoardSize		0. 004 （0. 823）		0. 024 （0. 180）
Duality		0. 143 *** （0. 005）		- 0. 088 *** （0. 010）
行业		控制		控制
年度		控制		控制
_cons	3. 705 *** （ < 0. 001）	2. 413 * （0. 054）	4. 666 *** （ < 0. 001）	- 1. 507 ** （0. 032）
N	3 292	3 292	3 292	3 292
Adj. R^2	0. 038	0. 441	0. 004	0. 582

注：括号中为双尾检验的 P 值，* 、** 、*** 意味着 10% 、5% 和 1% 的显著程度。

7.4.3 稳健性检验

7.4.3.1 改变政策实施后的时间变量界定方法

2017 年 7 月 1 日开始执行的"增值税税率下调"改革，对企业执行年度的影响周期只有半年。借鉴刘和陆（Liu and Lu，2015）的方法设置变量Time2，将 2017 年度的 Time2 赋值为 0.5，再重新回归模型（7 – 1），回归结果见表 7 – 4。Time2 × Treat 的回归系数均在 1% 或 5% 的置信水平上显著为正，意味着增值税税率下调会对企业创新产生积极影响。

表 7 – 4 改变政策实施变量的界定方式

变量	RD1		RD2	
	（1）	（2）	（3）	（4）
Time2	– 0.028 *** （<0.001）	– 0.057 （0.212）	0.203 *** （<0.001）	0.050 *** （0.003）
Treat	– 1.579 *** （<0.001）	– 0.278 （0.147）	– 0.367 *** （<0.001）	– 0.073 （0.286）
Time2 × Treat	0.047 *** （<0.001）	0.108 ** （0.033）	0.121 *** （<0.001）	0.193 ** （0.012）
Size		0.059 * （0.087）		0.741 *** （0.010）
CapEx		6.311 *** （0.009）		2.309 * （0.098）
LEV		– 2.639 （0.120）		– 0.680 ** （0.030）
Tangibility		– 0.080 （0.493）		– 0.604 （0.214）
Indep		2.331 （0.218）		– 0.027 （0.757）
Growth		– 0.818 * （0.065）		– 0.019 （0.626）
BoardSize		0.004 （0.823）		0.024 （0.180）

续表

变量	RD1		RD2	
	（1）	（2）	（3）	（4）
Duality		0.143 ***		− 0.088 ***
		(0.005)		(0.010)
行业		控制		控制
年度		控制		控制
_cons	3.705 ***	2.413 *	4.666 ***	− 1.507 **
	（<0.001）	(0.054)	（<0.001）	(0.032)
N	3 292	3 292	3 292	3 292
Adj. R^2	0.038	0.441	0.004	0.582

注：括号中为双尾检验的 P 值，* 、** 、*** 意味着10%、5%和1%的显著程度。

7.4.3.2 改变企业创新的衡量方法

企业的研发支出数据可能不太准确。拉乌等（Love et al., 1996）认为企业员工或者相关设备并没有全部参与到创新之中，而且由于 R&D 税收优惠的作用，导致采用会计上的数据可能高估企业的实际研发投入；相反，企业出于短期利润考虑，大量的研发支出有可能使企业受到控制权市场的接管威胁，此时企业可能会低估研发支出。为了克服这些不足，该研究将因变量企业创新设为一个二分变量。本章在此也重新设置企业有无研发投入虚拟变量 R&D，如果公司当年有研发投入，R&D 取值为 1，否则 R&D 取值为 0，并采用 Logit-DID 模型进行回归。结果见表 7－5 的第（1）列，Time × Treat 的系数在 1% 的水平上显著为正。

表 7－5 改变因变量的衡量方法与反事实检验

变量	Logit-DID	反事实检验	
	（1）	（2）	（3）
	R&D	RD1	RD2
Time	0.060 ***	0.092 *	0.159 **
	（<0.001）	(0.064)	(0.012)
Treat	− 0.168 ***	− 0.215 *	0.002
	(0.001)	(0.070)	(0.914)

续表

变量	Logit-DID	反事实检验	
	(1)	(2)	(3)
	R&D	RD1	RD2
Time × Treat	0.245 *** (<0.001)	-0.022 (0.336)	-0.081 (0.431)
Size	0.494 *** (<0.001)	0.116 (0.153)	0.723 *** (0.009)
CapEx	4.498 *** (0.004)	5.953 ** (0.029)	2.104 ** (0.039)
LEV	-1.134 *** (<0.001)	-3.242 ** (0.016)	-0.779 *** (0.001)
Tangibility	-0.583 * (0.055)	-0.239 (0.388)	-0.847 (0.162)
Indep	-0.945 (0.108)	1.974 (0.387)	0.747 (0.213)
Growth	0.027 (0.362)	-0.778 * (0.091)	0.003 (0.924)
BoardSize	0.018 (0.663)	0.035 (0.218)	0.058 ** (0.024)
Duality	-0.180 ** (0.047)	0.087 (0.572)	-0.115 (0.288)
行业	控制	控制	控制
年度	控制	控制	控制
_cons	-1.796 *** (<0.001)	1.787 (0.104)	-2.354 (0.137)
N	2 974	3 002	3 002
Adj. R^2		0.484	0.613

注：括号中为双尾检验的 P 值，＊、＊＊、＊＊＊意味着 10%、5% 和 1% 的显著程度。

7.4.3.3　反事实检验

前面所得研究结论也有可能是由共同趋势所致。借鉴童锦治（2015）的研究方法，本部分采用反事实法进行平行趋势检验。假设增值税税率下调政策在2016年发生，运用2015～2016年的数据重新回归模型（7-1），结果见表7-5的第（2）、第（3）列，Time×Treat的系数均不显著，意味着本章研究结论并非由共同趋势所致。

7.4.3.4 公司固定效应

考虑到遗漏变量问题可能会影响实证检验的结果，因此，进一步应用公司固定效应模型重新估计。由表7-6第（1）、第（2）列的检验结果可见，Time×Treat的系数均在1%的水平上显著为正，意味着在控制了公司固定效应后，本章的研究假设仍然成立。

表7-6　　　　　　　　　公司固定效应与下期创新水平

变量	公司固定效应		T+1 期	
	RD1	RD2	RD1	RD2
	（1）	（2）	（3）	（4）
Time	0.004 *** (0.005)	0.060 *** (<0.001)	0.092 * (0.064)	0.159 ** (0.012)
Treat	-0.019 (0.177)	-0.168 *** (0.001)	-0.215 * (0.070)	0.002 (0.914)
Time×Treat	0.049 *** (<0.001)	0.072 *** (<0.001)	0.030 *** (<0.001)	0.125 *** (<0.001)
Size	0.124 *** (<0.001)	0.630 *** (<0.001)	0.093 *** (<0.001)	0.859 *** (<0.001)
CapEx	1.976 *** (<0.001)	1.569 *** (<0.001)	2.383 *** (<0.001)	1.544 *** (<0.001)
LEV	-0.177 *** (<0.001)	-0.329 *** (<0.001)	2.386 *** (<0.001)	-0.152 *** (<0.001)
Tangibility	1.853 *** (<0.001)	1.187 *** (<0.001)	1.959 *** (<0.001)	0.181 *** (<0.001)
Indep	0.883 *** (<0.001)	1.306 *** (<0.001)	-0.561 *** (<0.001)	-1.419 *** (<0.001)
Growth	-0.606 *** (<0.001)	-0.061 *** (<0.001)	-0.839 *** (<0.001)	0.049 *** (<0.001)

续表

变量	公司固定效应		T + 1 期	
	RD1	RD2	RD1	RD2
	(1)	(2)	(3)	(4)
BoardSize	0.064 *** (＜0.001)	0.008 *** (＜0.001)	－0.042 *** (＜0.001)	－0.040 *** (＜0.001)
Duality	－0.012 *** (＜0.001)	0.071 *** (＜0.001)	－0.077 *** (＜0.001)	－0.037 *** (＜0.001)
企业	控制	控制	控制	控制
年度	控制	控制	控制	控制
_cons	－3.008 *** (＜0.001)	－1.975 *** (＜0.001)	3.737 *** (＜0.001)	－2.201 *** (＜0.001)
N	3 292	3 292	3 158	3 158
Adj. R^2	0.129	0.079	0.491	0.201

注：括号中为双尾检验的 P 值，＊、＊＊、＊＊＊意味着 10%、5% 和 1% 的显著程度。

7.4.3.5　对下一期企业创新的影响

考虑到增值税税率下调政策自 2017 年 7 月 1 日起开始实施，随着时间延续，政策实施效果将能得到更充分的展现，在此将 2018 年作为政策实施后的样本期间，2016 年作为政策实施前的样本期间，重新进行公司固定效应 DID 回归，结果见表 7 - 6 第（3）、第（4）列，Time × Treat 的系数均在 1% 的水平上显著为正，支持了本章假设。

7.4.3.6　倾向得分匹配法

实验组和控制组可能存在公司特征不相似问题致使实证结果产生偏差。参照张璇（2019）的方法，采用倾向得分匹配（PSM）方法进行稳健性测试。在 PSM 的第一阶段，将模型（7 - 1）中的所有控制变量作为匹配变量。然后采用匹配之后的样本进行 DID 回归，结果见表 7 - 7。Time × Treat 的回归系数在 1% 的水平上显著为正，说明实验组和控制组的企业特征差异并未影响本章的研究结论。

表 7 - 7 倾向得分匹配法

变量	RD1	RD2
	(1)	(2)
Time	-0.191**	0.002
	(0.035)	(0.683)
Treat	-0.371*	-0.141*
	(0.080)	(0.067)
Time × Treat	0.178***	0.130***
	(0.004)	(0.005)
Size	0.061	0.684**
	(0.629)	(0.041)
CapEx	5.326	3.881
	(0.180)	(0.102)
LEV	-2.178*	-1.272*
	(0.059)	(0.054)
Tangibility	0.027	-0.754
	(0.974)	(0.102)
Indep	0.844	1.497**
	(0.751)	(0.037)
Growth	-0.456*	-0.053
	(0.099)	(0.251)
BoardSize	-0.002	0.063
	(0.957)	(0.132)
Duality	0.281	-0.200
	(0.179)	(0.178)
行业	控制	控制
年度	控制	控制
_cons	0.984**	-2.612*
	(0.028)	(0.091)
N	1 613	1 613
Adj. R^2	0.495	0.532

注：括号中为双尾检验的 P 值，＊、＊＊、＊＊＊ 意味着 10%、5% 和 1% 的显著程度。

7.4.4　作用机制分析

7.4.4.1　价格效应

按照需求价格弹性 PM 的中位数进行分组回归的结果列示在表 7 - 8，在需求价格弹性较低的组 Time × Treat 的回归系数不显著，而在需求价格弹性较高的组 Time × Treat 的回归系数在 5% 的置信水平上显著为正。结果意味着，当企业所面临的需求价格弹性越高时，增值税税率下调对企业创新的影响程度越大，支持了"价格效应"。

表 7 - 8　　　　　　　　　　　价格效应

变量	RD1		RD2	
	（1）	（2）	（3）	（4）
	需求价格弹性较低	需求价格弹性较高	需求价格弹性较低	需求价格弹性较高
Time	0. 211 **	- 0. 414 **	0. 103 **	- 0. 075 **
	(0. 042)	(0. 032)	(0. 017)	(0. 012)
Treat	- 0. 198 **	- 0. 308	- 0. 019	- 0. 181
	(0. 018)	(0. 396)	(0. 574)	(0. 128)
Time × Treat	- 0. 088	0. 409 **	- 0. 003	0. 205 **
	(0. 313)	(0. 040)	(0. 825)	(0. 018)
Size	0. 097	- 0. 074	0. 679 ***	0. 783 **
	(0. 583)	(0. 772)	(0. 005)	(0. 020)
CapEx	9. 483	10. 027	1. 539	1. 908 *
	(0. 224)	(0. 421)	(0. 286)	(0. 084)
LEV	- 2. 960	- 3. 165	- 0. 301	- 0. 740 ***
	(0. 194)	(0. 162)	(0. 291)	(0. 006)
Tangibility	- 0. 100	0. 811	- 0. 223	- 0. 629
	(0. 911)	(0. 370)	(0. 666)	(0. 261)
Indep	3. 182	5. 726	- 1. 158	1. 076
	(0. 159)	(0. 227)	(0. 245)	(0. 300)
Growth	- 2. 838 **	- 0. 791	- 0. 062	- 0. 010
	(0. 030)	(0. 166)	(0. 673)	(0. 874)
BoardSize	0. 037	0. 061	- 0. 017 **	0. 055 *
	(0. 122)	(0. 120)	(0. 029)	(0. 070)

续表

变量	RD1		RD2	
	（1）	（2）	（3）	（4）
	需求价格弹性较低	需求价格弹性较高	需求价格弹性较低	需求价格弹性较高
Duality	−0.345	0.499	−0.109	−0.107**
	(0.424)	(0.155)	(0.209)	(0.028)
行业	控制	控制	控制	控制
年度	控制	控制	控制	控制
_cons	2.809	0.280	0.355	−3.388*
	(0.134)	(0.809)	(0.128)	(0.072)
N	1 634	1 630	1 634	1 630
Adj. R^2	0.342	0.224	0.643	0.551

注：括号中为双尾检验的 P 值，∗、∗∗、∗∗∗ 意味着10%、5%和1%的显著程度。

7.4.4.2 税负效应

检验"税负效应"的回归结果列示在表7−9，在增值税税负较高的组 Time × Treat 的回归系数在10%的置信水平上显著为正，而在增值税税负较低的组 Time × Treat 的回归系数不显著。结果意味着，增值税税负率越高的企业，增值税税率下调对企业创新的促进作用越大，从而支持了"税负效应"。

表7−9　　　　　　　　　　税负效应

变量	RD1		RD2	
	（1）	（2）	（3）	（4）
	增值税税负率较高	增值税税负率较低	增值税税负率较高	增值税税负率较低
Time	−0.166*	0.025	0.032**	0.021**
	(0.056)	(0.721)	(0.012)	(0.019)
Treat	−0.638	0.174	−0.061	0.014
	(0.112)	(0.409)	(0.531)	(0.271)
Time × Treat	0.122*	0.086	0.077***	0.096
	(0.092)	(0.238)	(0.009)	(0.233)
Size	0.227*	−0.127	0.699***	0.570**
	(0.079)	(0.131)	(0.005)	(0.012)

续表

变量	RD1		RD2	
	（1）	（2）	（3）	（4）
	增值税税负率较高	增值税税负率较低	增值税税负率较高	增值税税负率较低
CapEx	8.635	12.830	2.877	2.163 *
	(0.152)	(0.120)	(0.178)	(0.091)
LEV	-2.927 *	-3.986	-1.015 *	-0.459
	(0.086)	(0.259)	(0.080)	(0.320)
Tangibility	-0.571 **	0.943	-0.928 **	0.134
	(0.016)	(0.422)	(0.027)	(0.798)
Indep	2.466	4.319 *	-0.604	-0.524
	(0.474)	(0.053)	(0.303)	(0.501)
Growth	-1.556	-0.877 *	-0.017	-0.007
	(0.247)	(0.053)	(0.876)	(0.902)
BoardSize	-0.077 **	0.145	-0.015	0.058
	(0.050)	(0.169)	(0.488)	(0.346)
Duality	-0.138	0.380	-0.169 *	0.064
	(0.618)	(0.280)	(0.089)	(0.544)
PM	-0.193	-0.853	-0.001	-0.041 **
	(0.565)	(0.375)	(0.979)	(0.035)
行业	控制	控制	控制	控制
年度	控制	控制	控制	控制
_cons	-0.440	1.423 ***	-4.551 ***	-0.506 *
	(0.751)	(0.009)	(0.003)	(0.081)
N	1 660	1 632	1 660	1 632
Adj. R^2	0.399	0.203	0.556	0.593

注：括号中为双尾检验的 P 值，* 、** 、*** 意味着 10% 、5% 和 1% 的显著程度。

7.5　拓展性研究

不同所有制类型的企业面对的政府干预程度、公司治理水平等存在较大差异，因此受到增值税税率下调政策的冲击力度与反应方式也可能不同。国有企业的发展红利更多依靠政府拨款而不是税收优惠，受到政府"纵容之手"的作用；而且，国有企业与非国有企业的价值取向和责任目标也存在较大差异。国有企业承担着更多社会责任，其目标不仅仅是追求利润最大化与提升技术研发水平；而对于非国有企业来说，创新是企业利润提升的助推器，非国有企业会有更大的积极性从事研发创新活动。已有研究发现，非国有企业的增值税税负相比国有企业更高（刘骏和刘峰，2014）。因此，非国有企业更有可能从增值税税率下降中获利；而且，非国有企业往往面临着更严重的融资约束，一单位税负下降对非国有企业的边际贡献更高。由此可以预期，相比国有企业，非国有企业对税改政策的反应更加剧烈，增值税税率下调会为非国有企业带来更显著的创新促进效应。

按照产权性质 State 将全部样本区分为国企（即国有企业）与非国企（即非国有企业）两组，对模型（7-1）进行分组回归。预期在非国企组回归结果的系数 β_3 更加显著为正。表 7-10 的结果显示，国企组 Time × Treat 的回归系数不显著，而非国企组 Time × Treat 的回归系数在 10% 或 5% 的置信水平上显著为正。结果表明相比国有企业，增值税税率下降对非国有企业创新的提升幅度更大。

表 7-10   产权性质的影响

变量	RD1		RD2	
	（1）	（2）	（3）	（4）
	国企	非国企	国企	非国企
Time	0.035	−0.035	0.048***	0.020
	(0.148)	(0.285)	(0.001)	(0.117)
Treat	−0.143**	−0.370	0.013	−0.106
	(0.018)	(0.124)	(0.600)	(0.349)
Time × Treat	−0.015	0.059*	0.025	0.148**
	(0.349)	(0.073)	(0.120)	(0.027)
Size	0.007	0.143	0.614**	0.819***
	(0.846)	(0.121)	(0.020)	(0.003)
CapEx	6.635	5.767*	−0.108	2.971
	(0.147)	(0.068)	(0.713)	(0.176)
LEV	−2.554**	−2.647	−0.979**	−0.665
	(0.014)	(0.188)	(0.038)	(0.150)

变量	RD1		RD2	
	(1)	(2)	(3)	(4)
	国企	非国企	国企	非国企
Tangibility	−0.992 (0.218)	0.676 (0.272)	−0.935 (0.233)	−0.384 (0.121)
Indep	1.794 (0.145)	4.049 (0.265)	2.482* (0.054)	−1.793** (0.049)
Growth	−0.792* (0.076)	−0.869 (0.146)	0.037 (0.752)	−0.045 (0.597)
BoardSize	0.036 (0.297)	0.012 (0.774)	0.104* (0.095)	−0.043 (0.391)
Duality	−0.195 (0.284)	0.216 (0.142)	−0.242 (0.127)	−0.078 (0.183)
行业	控制	控制	控制	控制
年度	控制	控制	控制	控制
_cons	3.281** (0.033)	−0.669 (0.444)	−2.078* (0.099)	−0.322 (0.670)
N	1 192	2 100	1 192	2 100
Adj. R^2	0.477	0.418	0.587	0.600

注：括号中为双尾检验的 P 值，*、**、*** 意味着 10%、5% 和 1% 的显著程度。

7.6　本章小结

本章以 2017 年增值税税率下调政策为自然实验，以 A 股上市公司为样本，采用双重差分法研究了增值税税率下调对企业创新的影响。研究发现：第一，增值税税率下调政策显著增加了企业创新。第二，增值税税率下调影响企业创新的两条路径是"价格效应"与"税负效应"。在需求价格弹性较高的企业以及增值税税负较高的企业，增值税税率下调对企业创新的影响更加显著。第三，增值税税率下调主要能够促进非国有企业的创新，相反，对国有企业创新的影响并不显著。本章的研究不仅丰富了"增值税税收优惠与企业创新"的相关文献，而且具有重要的政策含义。2021 年是"十四五"的开局之年，为了全面建成社会主义现代化国家，我国必须努力创新，突破核心技术，把创新作为现代化建设的核心，这是促进我国经济高质量发展的必要条件。企业应该抓住增值税税率下调契机，盘活经营现金流，提高企业研发创新的实力。政府应该继续完善我国的增值税税收制度：加强监管与执法力度，采取有效的协同措施，努力增强减税降费政策在促进企业创新方面的效果。

| 第 8 章 |

增值税税率改革与企业现金股利分配

现金分红不足加剧了我国企业直接融资比重偏低的现象，而直接与间接融资比例失衡则会损害金融市场体系的健康发展，不利于我国新发展格局的构建。本章探讨了我国实施的增值税税率改革政策是否能够促进企业现金分红，并得到如下研究结论：第一，增值税税率下调有助于促进企业现金分红；第二，提升企业内部绩效与降低企业外部融资成本是增值税税率下调促进企业现金分红的两条中介路径；第三，当企业的自由现金流量更充沛时，增值税税率下调更能促进企业现金分红；第四，当企业为非国有产权属性时，增值税税率下调更能促进企业现金分红。本章研究不仅拓展了增值税税率改革的微观政策效应以及企业现金分红影响因素的相关文献，而且能够为我国财税部门深化增值税税率改革提供依据。

8.1 引　　言

完善的金融市场体系是我国构建新发展格局的强有力保障。但我国企业直接融资比重偏低导致金融市场体系失衡。现金分红不足使得企业直接融资比重偏低的问题变得更为严重。总体来看，我国上市公司回报投资者的意识较为淡薄；近年来去全球化国际形势严峻，国内经济增速明显放缓，一些企业经营乏力甚至陷入资金链中断危机，这些原因导致企业缺乏现金分红的意愿与能力。现金分红水平偏低的现象使得资本市场上的中小投资者只能依靠股票买卖价差来获利，致使投资者难以形成正确的价值投资理念；而且较高的投资风险提高了企业的直接融资成本，降低了企业直接融资的比重。2020年实施的新《证券法》做出了强制上市公司进行现金分红的制度规定，这会提高企业现金分红的意愿，但如何才能增强企业现金分红的能力呢？近年来我国出台了一系列增值税改革政策，力图降低企业税负、激发企业活力、改善企业绩效。那么，增值税改革是否也有助于提升企业的现金分红能力呢？本章对这一问题进行探讨。

本章以2017年增值税税率由13%下调为11%的政策作为研究对象，采用双重差分法考察政策实施前后企业现金分红的变化。研究发现，首先，增值税税率下调后企业现金分红水平显著提升；其次，增值税税率改革影响企业现金分红的中介路径主要在于既能够改善企业的内部绩效，又能够缓解企业的外部融资约束；再其次，随着企业自由现金流的增加，增值税税率改革促进企业现金分红的效果更明显；最后，增值税税率改革对非国有企业现金分红的促进作用更大。

本章的理论贡献主要在于两个方面：其一，丰富了增值税改革经济后果的文献。国外有关税收激励的研究主要聚焦于企业所得税，针对增值税的研究较少；国内有关增值税税收激励经济后果的研究表明，增值税税率下调能够提升公司价值（刘行和叶康涛，2018），此外，企业的议价能力对增值税改革的政策效应也有一定影响（汤泽涛和汤玉刚，2020）。但以往研究缺乏探讨增值税改革是否以及如何影响企业现金分红的问题。本章研究将增值税税收激励的经济后果以及增值税改革的微观政策效应拓展至企业现金分红的新视角。其二，拓展了现金股利影响因素的文献。已有研究表明，诸多企业内外部因素会影响现金股利的发放（全怡等，2016；刘星等，2016；祝继高和王春飞，2013），却未曾考察增值税这一重要的财税政策是否以及如何影响现金股利。因此，本章研究从增值税税率改革的新视角丰富了企业现金股利分配影响因素的文献。本章的现实意义主要在于：其一，检验了增值税税率下调政策的实施效果，为进一步深化增值税改革提供了依据；其二，启发企业管理层充分运用增值税税率改革的契机，提升现金分红能力；其三，有助于资本市场的投资者深刻理解增值税税率改革对现金分红的影响，树立价值投资理念。

8.2　理论分析与研究假设

已有研究表明，增值税税率改革具有"价值效应"，即增值税税率下调提高了公司价值（刘行和叶康涛，2018）。还有诸多研究探讨了企业现金股利支付的影响因素。在宏观经济政策方面，研究发现，货币政策（全怡等，2016）、半强制分红政策（刘星等，2016）会影响上市公司的现金股利支付水平。在市场环境方面，研究发现，金融危机期间上市公司未来经营的不确定性变大，盈利能力下降，公司为此会减少现金股利支付（祝继高和王春飞，2013）。在企业内部环境方面，研究发现，企业债务、盈利、股权等均会影响其股利支付政策，其中，盈利能力的影响相对更大。此外，还有研究探讨了企业现金股利支付的动因主要在于：一是传递企业未来业绩良好、现金流充沛的积极信号；二是降低企业代理成本。代理问题具体涉及三个层次：首先，支付现金股利可以避免管理者出于自利动机将自由现金流用于非营利项目从而损害股东利益；其次，支付现金股利使得企业需要更多地进行外部融资，银行等外部机构发挥的监督与治理作用能够减少企业对债权人利益的侵害；最后，支付现金股利还能减少大股东掏空的机会以免侵害中小股东利益。代理问题越严重，发放现金股利的效果就越好（魏志华等，2017；郭慧婷等，2020）。由上述文献回顾可知，以往有关增值税税率改革微观政策效应的研究缺乏探讨税改对企业现金股利的影响；而有关企业现金股利影响因素的研究缺乏探讨增值税改革这一财税政策因素。增值税税率下调应该能够促使企业分配更多现金股利，理由如下：

首先，盈余是企业现金股利支付的基础，而增值税税率下调有助于促进销售增长、降低企业成本，从而改善企业盈余。具体而言，一方面，增值税是一种流转税，从理论上来讲，它应该能够沿着供应链条从上游不断向下游转嫁，最终由消费者承担。如果增值税转嫁链条畅通无阻则企业最终无须承担增值税税负；此时，增值税税率下调的作用主要在于能够降低产品的销售价格；由于大多数企业生产的产品都具有价格敏感性，因此，增值税税率改革应该能够起到促进销售的作用。另一方面，现实世界并非上述理想状态，增值税税负并非都能够完全向下游转嫁，按照会计或税收制度的规定，有时企业的增值税进项税额不允许被抵扣；有时尽管允许企业抵扣增值税税额，但需要由企业先行垫付需要缴纳的税金，这会导致企业资金被占用。因此，现实中企业往往需要负担一部分增值税税负及其带来的资金占用成本。此时，增值税税率下调就能起到降低企业成本的作用。综上所述，增值税税率改革会促进产品销售并降低税负成本，在这两者的共同作用下，企业盈余得到增强。有研究发现，我国大多数公司支付的现金红利是"门槛股利"，即保持在强制性现金股利分红的最低比例，而这个比例通常是公司盈余的30%（陈艳等，2015）；因此，盈余的增长会带来现金股利的同步增长。

其次，对未来前景的预期会影响企业当期股利支付政策的制定，而增值税税率改革能够改善人们对企业前景的预期。已有研究采用股市反应来衡量企业价值，发现增值税税率下调增加了企业价值，这意味着税率下调后资本市场对企业未来前景的预期发生了改变。成熟的股利分配政策通常具有一定稳定性，当企业预期未来现金流能够持续增长时会做出提高现金股利支付水平的决策（陈名芹等，2017）。税率改革导致投资者对企业未来前景产生良好预期，这将促使企业提高现金股利支付水平。此外，信息还会在股市与债市等不同市场之间传递，这有助于缓解税率下调企业的外部融资约束，减少企业持有大量现金的动机，从而更能够提高企业支付现金股利的动机与能力。

已有研究表明，企业分配现金股利的动机一方面在于降低代理成本，另一方面在于传递信号（王化成等，2007）。增值税税率改革一方面有可能加剧企业的代理问题，另一方面又能够增强企业通过现金分红传递积极信号的能力，这两方面均会促使企业更多支付现金股利。具体而言，（1）由前面分析可知增值税税率改革能够促进企业盈余增长，并使企业拥有更加充沛的现金流；而经理人往往具有自利动机，当自由现金流充裕时，他们有可能进行过度投资或在职消费，这会损害股东利益，加剧企业的代理问题。以往研究表明，代理问题严重的企业更倾向于支付现金股利；而且，企业的自由现金流越多时股东越倾向于发放现金股利。（2）由前面分析还可知，增值税税率改革能够增强企业管理层的自信程度，增强其对企业未来美好前景的乐观预期；为了向资本市场传递企业前景更美好的积极信号，吸引投资者关注，企业有可能更多分配现金股利；而且，当自由现金流越多时，企业管理层的乐观倾向越明显，他们将更有动机与能力向资本释放积极信号。但与上述分析不同的是，也有研究表明，我国国有企业支付大量现金股利主要是为了满足大股东掏空上市公司的动机。但由于与非国有企业相比，国有企业背负的社会成本相对更大、面临的融资约束相对较小、更多从事垄断性行业、其产品的价格敏感性相对较小，这些原因导致增值税改革往往较难对国有企业的经营成本、产品销售、活力等方面产生实质性作用（侯晓红和梁晨，2020）。由此可以预期，增值税税率改革对非国有企业的现金分红将比对国有企业的现金分红产生更大的影响。

综上所述，提出本章的研究假设：增值税税率下调后企业会支付更多现金股利。

8.3　实证设计

8.3.1　数据来源与样本选取

本章考察 2017 年 7 月 1 日将 13% 的增值税税率下调为 11% 这一政策的实施对企业现金股利支付产生的影响。由于 2018 年、2019 年我国继续实施增值税改革，为了避免其他政策的干扰，本章仅选取该政策实施前后一年，即 2016 年与 2017 年 A 股非 ST 公司作为研究样本，在剔除了缺失值、亏损企业、上市不足两年的企业之后获得 3 102 个样本。数据主要来源于 CSMAR 数据库，并对连续变量进行上下 1% 缩尾处理。

8.3.2　变量定义

（1）现金股利（Cpayout）。借鉴已有的做法（陈运森等，2019），分别采用每股税前现金股利（Cpayout1）、每股税后现金股利/每股营业收入（Cpayout2）来衡量现金股利支付水平；在稳健性检验中，还进一步采用每股税后现金股利（Cpayout3）、每股税后现金股利/资产总计（Cpayout4）、是否支付现金股利（Cpayout5）来衡量企业的现金股利支付水平。

（2）增值税税率改革（Treat × Time）。首先设置增值税税率下调前后虚拟变量（Time），改革前即 2016 年 Time = 0，改革后即 2017 年 Time = 1。然后设置增值税税率下调虚拟变量（Treat），借鉴已有研究方法，收集上市公司 2016 年的所有增值税税率，当公司的增值税税率中有 13% 这一档时，即为实验组，令 Treat = 1；反之，当公司的增值税税率中没有 13% 这一档时，即为控制组，令 Treat = 0。

（3）自由现金流量（Cash）。借鉴已有研究，采用经营活动现金流/总资产来衡量企业的自由现金流水平（Cash）。

（4）产权性质（State）。国企 State = 1，否则 State = 0。

（5）控制变量（Control）。借鉴已有文献（罗宏和陈丽霖，2012），本章的控制变量为资产负债率（Lev）、公司规模（Size）、成长性（Growth）、现金流比率（Cash）、产权性质（State）、股权制衡度（Balance）、未分配利润（Reni）、董事会规模（Bsize）、独董比例（Inddirec）以及年度、行业虚拟变量。

变量及其定义见表 8-1。

表 8-1 变量定义

类型	名称	符号	变量含义及度量方法
被解释变量	现金股利	Cpayout1	每股税前现金股利
		Cpayout2	每股税后现金股利/每股营业收入
		Cpayout3	每股税后现金股利
		Cpayout4	每股税后现金股利/资产总计
		Cpayout5	是否支付现金股利，支付取 1，否则为 0
解释变量	增值税税率改革	Time × Treat	首先设置改革前后虚拟变量（Time），2016 年 Time = 0，2017 年 Time = 1；然后设置是否为改革企业虚拟变量（Treat），当公司的增值税税率中包含 13% 档时 Treat = 1，否则 Treat = 0。
中介变量	自由现金流量	Cash	经营活动现金流/总资产
	企业绩效	ROA	总资产净利率 = 净利润/总资产余额
	股权资本成本	COC	采用 CAPM 模型计算股权资本成本，COC 的值越大，股权资本成本越高
控制变量	成长性	Growth	（当年营业收入 - 上年营业收入）/上年营业收入
	产权性质	State	国有产权 State = 1，否则 State = 0
	股权制衡度	Balance	第二大股东到第十大股东持股比例之和与第一大股东持股比例之比
	未分配利润	Reni	公司当年未分配利润/年末总资产

类型	名称	符号	变量含义及度量方法
控制 变量	董事会规模	Bsize	董事会人数的自然对数
	独董比例	Inddirec	独立董事占董事会总人数的比重
	资产负债率	Lev	年末负债总额/年末资产总额
	公司规模	Size	Ln（年末总资产）

各变量的描述性统计结果见表 8-2，从中可见，样本期间内上市公司平均每股支付 0.136 元的现金股利，有 81.3% 的公司有发放现金股利的行为。资产负债率（Lev）、成长性（Growth）、现金流比例（Cash）等变量的均值均处于正常范围内。

表 8-2 描述性统计

变量名	样本量（个）	均值	25%分位数	中位数	75%分位数	标准差
Cpayout1	3 102	0.136	0.136	0.020	0.064	0.150
Cpayout2	3 102	0.0315	0.032	0.004	0.015	0.036
Cpayout3	3 102	0.136	0.136	0.020	0.064	0.150
Cpayout4	3 102	0.0201	0.020	0.001	0.007	0.022
Cpayout5	3 102	0.813	0.813	1	1	1
Time × Treat	3 102	0.192	0	0	0	0.394
Time	3 102	0.500	0	0.500	1	0.500
Treat	3 102	0.384	0	0	1	0.486
Cash	3 102	0.050	0.011	0.048	0.090	0.074
ROA	3 102	0.046	0.018	0.036	0.063	0.041
COC	3 102	0.096	0.085	0.096	0.108	0.022
State	3 102	0.480	0	0	1	0.500
Lev	3 102	0.445	0.294	0.440	0.591	0.195
Size	3 102	8.961	8.090	8.784	9.678	1.288
Growth	3 102	0.444	0.020	0.141	0.327	3.343
Balance	3 102	0.899	0.312	0.661	1.225	0.807
Reni	3 102	0.138	0.079	0.141	0.220	0.285
Bsize	3 102	2.151	2.079	2.197	2.197	0.199
Inddirec	3 102	0.373	0.333	0.333	0.429	0.056

8.3.3　实证模型

为了验证本章研究假设，回归如下模型（8−1），预期模型中系数 β_3 显著为正：

$$Cpayout = \beta_0 + \beta_1 Time + \beta_2 Treat + \beta_3 Time \times Treat + \gamma Controls$$

$$+ \sum Industry + \sum Year + \varepsilon \qquad (8-1)$$

8.4　实证结果分析

8.4.1　基本结果

8.4.1.1　单变量检验

表8−3列示了采用单变量分析法对比改革前后企业现金股利支付差异的结果。由最后一列可以看出公司的股利支付水平（Cpayout1、Cpayout2、Cpayout3、Cpayout4）在改革后均有显著提升，与研究假设的逻辑一致。

表 8−3　　　　　　　　　　　　单变量检验结果

变量	改革前			改革后			差额
	对照组	实验组	Diff	对照组	实验组	Diff	Diff-in-Diff
Cpayout1	0.116	0.121	0.005 (0.585)	0.125	0.148	0.023 ** (0.017)	0.019 *** (0.004)
Cpayout2	0.032	0.025	−0.006 *** (0.004)	0.032	0.028	−0.003 (0.151)	0.003 * (0.070)
Cpayout3	0.116	0.121	0.005 (0.585)	0.125	0.148	0.023 ** (0.017)	0.019 *** (0.004)
Cpayout4	0.020	0.018	−0.002 (0.243)	0.019	0.020	0.001 (0.598)	0.003 ** (0.034)
Cpayout5	0.795	0.793	−0.002 (0.936)	0.825	0.844	0.018 (0.341)	0.020 (0.297)

注：括号中为双尾检验的 P 值，* 、** 、*** 意味着10%、5%和1%的显著程度。

8.4.1.2　多元回归检验

考虑控制变量后的回归结果见表 8 - 4，各列中 Time × Treat 的系数分别在 1%、5% 或 10% 的水平上显著为正。结果表明，增值税税率改革后企业现金股利支付水平明显提升，验证了本章所提的研究假设。

表 8 - 4　　　　　　　　增值税税率改革与现金股利支付

变量	Cpayout1		Cpayout2	
	(1)	(2)	(3)	(4)
Time × Treat	0.019 ***	0.014 **	0.003 *	0.002 *
	(0.003)	(0.019)	(0.086)	(0.072)
Time	0.009 **	0.006 *	0.000	0.001
	(0.024)	(0.075)	(0.884)	(0.265)
Treat	0.005	- 0.012 **	- 0.006 ***	- 0.003 **
	(0.607)	(0.030)	(0.007)	(0.033)
Lev		- 0.082 ***		- 0.071 **
		(0.000)		(0.029)
Size		0.040 **		0.006 **
		(0.016)		(0.013)
Growth		- 0.002		- 0.003
		(0.704)		(0.292)
Balance		- 0.004		- 0.001
		(0.203)		(0.272)
Reni		0.296 *		0.085 *
		(0.061)		(0.056)
Bsize		0.020 **		0.006
		(0.043)		(0.300)
Inddirec		0.009		0.002
		(0.292)		(0.877)
Cash		0.423 *		0.080
		(0.066)		(0.140)

续表

变量	Cpayout1		Cpayout2	
	（1）	（2）	（3）	（4）
State		0.009 ** （0.040）		− 0.005 ** （0.015）
年份		控制		控制
行业		控制		控制
_cons	0.116 *** （0.000）	− 0.316 *** （0.003）	0.032 *** （0.000）	0.026 （0.387）
N	3 102	3 102	3 102	3 102
adj. R^2	0.003	0.321	0.002	0.302

注：括号中为双尾检验的 P 值，*、**、*** 意味着 10%、5% 和 1% 的显著程度。

8.4.2 稳健性检验

为了进一步验证本章所提研究假设的可靠性，分别从如下几个方面进行稳健性测试。

8.4.2.1 改变现金股利的衡量方式

首先，将因变量替换为每股税后现金股利（Cpayout3）、每股税后现金股利/资产总计（Cpayout4）、是否支付股利（Cpayout5），代入模型（8 - 1）中重新回归。由表 8 - 5 可见，Time × Treat 的系数显著为正，结论未变。

表 8 - 5　　　　　　　　改变现金股利支付衡量方式

变量	Cpayout3	Cpayout4	Cpayou5
	（1）	（2）	（3）
Time × Treat	0.014 ** （0.019）	0.000 *** （0.003）	0.019 ** （0.014）
Time	0.006 * （0.075）	0.000 （0.155）	0.008 （0.176）
Treat	− 0.012 ** （0.030）	0.000 （0.511）	− 0.005 （0.639）

续表

变量	Cpayout3	Cpayout4	Cpayou5
	（1）	（2）	（3）
Lev	-0.082 ***	-0.000	-0.073
	（0.000）	（0.206）	（0.495）
Size	0.040 **	-0.000 **	0.073 *
	（0.016）	（0.029）	（0.057）
Growth	-0.002	-0.000	-0.022
	（0.704）	（0.629）	（0.270）
Balance	-0.004	-0.000 **	-0.009
	（0.203）	（0.019）	（0.617）
Reni	0.296 *	0.000 **	1.054 **
	（0.061）	（0.013）	（0.017）
Bsize	0.020 **	0.000	0.035
	（0.043）	（0.375）	（0.428）
Inddirec	0.009	-0.000	-0.084
	（0.292）	（0.623）	（0.251）
Cash	0.423 *	0.000 *	-0.020
	（0.066）	（0.097）	（0.842）
State	0.009 **	-0.000 **	-0.003
	（0.040）	（0.039）	（0.932）
年份	控制	控制	控制
行业	控制	控制	控制
_cons	-0.316 ***	0.000	0.146
	（0.003）	（0.128）	（0.276）
N	3 102	3 102	3 102
adj. R^2	0.321	0.297	0.260

注：括号中为双尾检验的 P 值，＊、＊＊、＊＊＊意味着 10%、5% 和 1% 的显著程度。

其次，考虑到政策实施效果的持续性，将 2017 年的现金股利更改为 2018 年的现金股利支付水平，即对比 2016 年与 2018 年的相关数据。由表 8 - 6 的回归结果可见，Time × Treat 的系数均显著为正，结论未变。

表 8 – 6　　　　　　　　　　对比 **2016** 年与 **2018** 年的现金股利

变量	Cpayout1		Cpayout2	
	（1）	（2）	（3）	（4）
Time × Treat	0. 018 *	0. 013 *	0. 004 **	0. 003 *
	(0. 091)	(0. 086)	(0. 022)	(0. 070)
Time	0. 010	0. 002	– 0. 000	– 0. 002 *
	(0. 127)	(0. 465)	(0. 724)	(0. 077)
Treat	0. 008	– 0. 015 *	– 0. 006 ***	– 0. 007 **
	(0. 282)	(0. 083)	(0. 007)	(0. 029)
Lev		– 0. 086 **		– 0. 085 **
		(0. 014)		(0. 026)
Size		0. 043 **		0. 006 **
		(0. 015)		(0. 017)
Growth		– 0. 004		– 0. 006
		(0. 434)		(0. 335)
Balance		– 0. 007		– 0. 003
		(0. 155)		(0. 197)
Reni		0. 290 *		0. 099 **
		(0. 061)		(0. 036)
Bsize		0. 030		0. 021 ***
		(0. 124)		(0. 004)
Inddirec		0. 012		0. 041 **
		(0. 742)		(0. 014)
Cash		0. 546		0. 067
		(0. 166)		(0. 200)
State		0. 003		– 0. 008
		(0. 410)		(0. 162)
年份		控制		控制
行业		控制		控制
_cons	0. 106 ***	– 0. 349 *	0. 031 ***	– 0. 015
	(0. 000)	(0. 081)	(0. 000)	(0. 519)
N	2 980	2 980	2 980	2 980
adj. R^2	0. 007	0. 331	0. 002	0. 170

注：括号中为双尾检验的 P 值，＊、＊＊、＊＊＊意味着 10%、5% 和 1% 的显著程度。

8.4.2.2　反事实检验

考虑到前面得出的研究结论可能是由共同趋势所致，因此，采用反事实法进行平行趋势检验。假设政策于 2016 年实施，运用 2015 年与 2016 年数据进行回归。表 8 - 7 所示反事实检验结果中 Time × Treat 系数均与之前研究结论不同，表明本章研究结论并非由共同趋势所致。

表 8 - 7　　　　　　　　　　　　　反事实检验

变量	Cpayout1		Cpayout2	
	(1)	(2)	(3)	(4)
Time × Treat	- 0.001 (0.947)	- 0.000 (0.633)	- 0.001 (0.889)	- 0.001 ** (0.010)
Time	0.011 (0.349)	- 0.002 (0.403)	0.001 (0.830)	- 0.001 ** (0.043)
Treat	0.004 (0.779)	- 0.029 (0.156)	- 0.006 (0.106)	- 0.007 ** (0.019)
Lev		- 0.092 (0.137)		- 0.097 ** (0.042)
Size		0.063 * (0.067)		0.007 * (0.055)
Growth		- 0.000 (0.198)		- 0.000 ** (0.015)
Balance		- 0.004 (0.262)		- 0.002 (0.102)
Reniw2		0.489 ** (0.014)		0.070 * (0.075)
Bsize		- 0.013 (0.208)		0.011 (0.348)
Inddirec		0.052 (0.227)		0.025 * (0.077)
Cash		0.522 (0.127)		0.009 (0.877)
State		0.017 (0.217)		- 0.007 (0.153)

续表

变量	Cpayout1		Cpayout2	
	（1）	（2）	（3）	（4）
年份		控制		控制
行业		控制		控制
_cons	0.121*** (0.000)	-0.480* (0.071)	0.035*** (0.000)	-0.005 (0.750)
N	2 848	2 848	2 848	2 848
adj. R^2	-0.001	0.220	0.001	0.117

注：括号中为双尾检验的 P 值，*、**、*** 意味着 10%、5% 和 1% 的显著程度。

8.4.2.3 DID 加企业固定效应

考虑到本章研究结论有可能受到遗漏变量的干扰，因此，添加企业固定效应后重新回归模型（8-1）。表 8-8 的回归结果中 Time × Treat 的系数显著为正，结论未变。

表 8-8 企业固定效应检验

变量	Cpayout1		Cpayout2	
	（1）	（2）	（3）	（4）
Time × Treat	0.016*** (0.002)	0.014*** (0.005)	0.003* (0.086)	0.003* (0.099)
Time	0.007** (0.033)	-0.010** (0.010)	0.000 (0.884)	-0.002 (0.140)
Lev		-0.141*** (0.000)		-0.094*** (0.000)
Size		0.070*** (0.000)		0.016*** (0.000)
Growth		-0.001 (0.780)		-0.006*** (0.000)
Balance		-0.011 (0.217)		-0.011*** (0.000)
Reni		0.867*** (0.000)		0.041*** (0.000)

续表

变量	Cpayout1		Cpayout2	
	（1）	（2）	（3）	（4）
Bsize		0.013 (0.702)		-0.012 (0.305)
Inddirec		-0.028 (0.784)		-0.058* (0.087)
Cash		0.072* (0.059)		0.012 (0.381)
State		0.008 (0.833)		-0.005 (0.710)
年份		控制		控制
企业		控制		控制
_cons	0.112*** (0.000)	-0.587*** (0.000)	0.029*** (0.000)	-0.019 (0.667)
N	3 102	3 102	3 102	3 102
adj. R^2	-0.956	-0.734	-0.995	-0.865

注：括号中为双尾检验的 P 值，*、**、*** 意味着 10%、5% 和 1% 的显著程度。

8.4.2.4　PSM-DID 检验

本章的基本模型采用 DID 方法，在此进一步采用 PSM-DID 方法进行检验，表 8-9 的回归结果中 Time × Treat 系数均显著为正，结论未变。

表 8-9　　　　　　　　　　PSM-DID 检验

变量	Cpayout1	Cpayout2
	（1）	（2）
Time × Treat	0.016** (0.037)	0.003* (0.092)
Time	0.008** (0.043)	-0.001 (0.173)
Treat	-0.013 (0.276)	-0.002 (0.639)
Lev	-0.202 (0.234)	-0.081** (0.039)

变量	Cpayout1	Cpayout2
	(1)	(2)
Size	0.062 *	0.007 *
	(0.078)	(0.069)
Growth	−0.001	−0.000 **
	(0.334)	(0.029)
Balance	−0.016 **	−0.004
	(0.012)	(0.280)
Reni	0.109	0.077 *
	(0.436)	(0.087)
Bsize	−0.019	0.007
	(0.183)	(0.436)
Inddirec	−0.111	0.012
	(0.349)	(0.735)
Cash	0.582 *	0.067
	(0.099)	(0.358)
State	0.012 *	−0.004
	(0.092)	(0.320)
年份	控制	控制
行业	控制	控制
_cons	−0.325	−0.007
	(0.212)	(0.767)
N	1 523	1 523
adj. R^2	0.287	0.188

注：括号中为双尾检验的 P 值，＊、＊＊意味着10%、5%的显著程度。

8.4.3　作用机制分析

8.4.3.1　提升企业内部绩效中介机制

由前面理论分析可知，增值税税率改革有可能通过提升企业盈余从而促进现金股利支付。为了对此进行验证，首先采用资产收益率（ROA）衡量企业绩效；然后回归如下中介效应模型（8-2）与模型（8-3）：

$$\text{ROA} = \beta_0 + \beta_1 \text{Time} + \beta_2 \text{Treat} + \beta_3 \text{Time} \times \text{Treat} + \gamma \text{Control}$$

$$+ \sum \text{Industry} + \sum \text{Year} + \varepsilon \qquad (8-2)$$

$$\text{Cpayout} = \alpha_0 + \alpha_1 \text{Time} + \alpha_2 \text{Treat} + \alpha_3 \text{Time} \times \text{Treat} + \alpha_4 \text{ROA}$$

$$+ \gamma \text{Control} + \sum \text{Industry} + \sum \text{Year} + \varepsilon \qquad (8-3)$$

预期模型（8-2）中的系数 β_3 以及模型（8-3）中的系数 α_3 与 α_4 均显著为正。表8-10第（1）列 Time × Treat 的系数为0.002，且在5%置信水平上显著，表明增值税税率改革后企业绩效显著改善；第（2）、第（3）列 Time × Treat 系数分别为0.009（在5%置信水平上显著）与0.001（在10%置信水平上显著），ROA 的系数分别为1.665（在5%置信水平上显著）与0.466（在1%置信水平上显著），表明增值税税率改革通过提升企业绩效从而促进现金股利发放，提升企业绩效中介机制成立。

表 8-10　　　　　　　　　提升公司绩效中介机制

变量	ROA	Cpayout1	Cpayout2
	(1)	(2)	(3)
Time × Treat	0.002 ** (0.012)	0.009 ** (0.025)	0.001 * (0.088)
ROA		1.665 ** (0.025)	0.466 *** (0.010)
Time	0.003 * (0.070)	−0.000 (0.906)	−0.002 * (0.059)
Treat	−0.003 * (0.080)	−0.003 (0.285)	−0.004 *** (0.006)
Lev	−0.023 * (0.078)	−0.027 (0.157)	−0.078 ** (0.028)
Size	0.001 (0.416)	0.036 ** (0.025)	0.006 ** (0.027)
Growth	0.013 ** (0.029)	−0.016 (0.159)	−0.006 * (0.089)
Balance	−0.001 (0.316)	−0.002 ** (0.037)	−0.001 (0.304)

变量	ROA	Cpayout1	Cpayout2
	(1)	(2)	(3)
Reni	0.119 **	0.115	0.016
	(0.018)	(0.121)	(0.224)
Bsize	0.001	0.017 **	0.012 *
	(0.565)	(0.021)	(0.069)
Inddirec	−0.006	0.015	0.019
	(0.409)	(0.518)	(0.276)
Cash	0.150 *	0.100 *	−0.024
	(0.060)	(0.052)	(0.200)
State	−0.004	0.017	−0.003
	(0.281)	(0.158)	(0.205)
年份	控制	控制	控制
行业	控制	控制	控制
_cons	0.039	−0.363 **	−0.002
	(0.182)	(0.027)	(0.935)
N	3 102	3 102	3 102
adj. R^2	0.494	0.439	0.248

注：括号中为双尾检验的 P 值，＊、＊＊、＊＊＊意味着 10%、5% 和 1% 的显著程度。

8.4.3.2 降低外部融资成本中介机制

融资约束越严重时企业支付的现金股利越少。增值税税率下调能够激发企业经营活力，并向外界传递积极信号，有助于降低企业外部筹资成本，缓解企业的融资约束，从而能够降低企业现金持有动机，使企业更愿意支付现金股利（张纯和吕伟，2009）。为了对此进行验证，首先设置股权资本成本变量（COC），借鉴已有研究（姜付秀和陆正飞，2006），采用 CAPM 模型来计算股权资本成本，COC 的值越小，股权资本成本越低；然后回归如下模型（8-4）与模型（8-5）：

$$COC = \beta_0 + \beta_1 Time + \beta_2 Treat + \beta_3 Time \times Treat + \gamma Control$$
$$+ \sum Industry + \sum Year + \varepsilon \qquad (8-4)$$

$$\mathrm{Cpayout} = \alpha_0 + \alpha_1 \mathrm{Time} + \alpha_2 \mathrm{Treat} + \alpha_3 \mathrm{Time} \times \mathrm{Treat} + \alpha_4 \mathrm{COC}$$

$$+ \gamma \mathrm{Control} + \sum \mathrm{Industry} + \sum \mathrm{Year} + \varepsilon \qquad (8-5)$$

预期模型（8-4）的系数 β_3 显著为负，而模型（8-5）的系数 α_3 显著为正，α_4 显著为负。表 8-11 第（1）列 Time × Treat 的系数为 -0.001（在5% 置信水平上显著），第（2）、第（3）列 Time × Treat 系数分别为 0.015（在 10% 置信水平上显著）、0.002（在 10% 置信水平上显著），COC 系数分别为 -1.337（在 1% 置信水平上显著）、 -0.229（在 10% 置信水平上显著），表明增值税税率改革能够通过降低股权资本成本从而促进企业发放现金股利，降低外部融资成本中介机制成立。

表 8 - 11   降低外部融资成本中介机制

变量	COC	Cpayout1	Cpayout2
	（1）	（2）	（3）
Time × Treat	-0.001 **	0.015 *	0.002 *
	(0.014)	(0.059)	(0.085)
COC		-1.337 ***	-0.229 *
		(0.000)	(0.098)
Time	0.009 **	0.018 ***	0.003 ***
	(0.029)	(0.000)	(0.009)
Treat	0.001	-0.016	-0.005 **
	(0.294)	(0.163)	(0.016)
Lev	0.013	-0.087 ***	-0.108 **
	(0.221)	(0.000)	(0.028)
Size	-0.007	0.039 ***	0.006 **
	(0.135)	(0.000)	(0.020)
Growth	0.002	0.018 **	-0.005
	(0.366)	(0.017)	(0.247)
Balance	-0.002	-0.010 *	-0.003 ***
	(0.309)	(0.056)	(0.003)
Reni	-0.003	0.333 ***	0.015
	(0.662)	(0.000)	(0.142)

变量	COC	Cpayout1	Cpayout2
	(1)	(2)	(3)
Bsize	0.003 **	0.020	0.013
	(0.027)	(0.416)	(0.106)
Inddirec	0.003	0.020	0.023
	(0.858)	(0.745)	(0.265)
Cash	− 0.003	0.511 ***	0.077
	(0.817)	(0.000)	(0.146)
State	0.003	0.015 *	− 0.005 *
	(0.631)	(0.065)	(0.095)
年份	控制	控制	控制
行业	控制	控制	控制
_cons	0.134 *	− 0.208 ***	0.046
	(0.076)	(0.008)	(0.203)
N	3 102	3 102	3 102
adj. R^2	0.275	0.317	0.185

注：括号中为双尾检验的 P 值，*、**、*** 意味着 10%、5% 和 1% 的显著程度。

8.5　拓展性研究

8.5.1　自由现金流的影响

　　首先按照自由现金流（Cash）的中位数进行分组，当企业在该年度的自由现金流（Cash）高（低）于行业中位数时被称为高（低）自由现金流组；然后对模型（8 - 1）进行分组回归。预期在高自由现金流量组模型（8 - 1）回归结果的系数 β_3 更加显著为正。在表 8 - 12 的第（1）、第（2）列高自由现金流组中 Time × Treat 系数均显著为正，而在第（3）、第（4）列低自由现金流组中 Time × Treat 的系数并非显著为正，这意味着自由现金流越多的企业在增值税税率下调后发放了越多现金股利。

表 8 – 12　　　　　　　　　　　自由现金流的影响

变量	高自由现金流		低自由现金流	
	Cpayout1	Cpayout2	Cpayout1	Cpayout2
	(1)	(2)	(3)	(4)
Time × Treat	0.023 ** (0.013)	0.003 ** (0.029)	0.006 (0.235)	− 0.006 (0.102)
Time	0.001 (0.138)	0.001 * (0.091)	− 0.001 (0.327)	0.001 (0.190)
Treat	− 0.028 (0.138)	− 0.005 ** (0.020)	0.005 * (0.066)	− 0.001 * (0.098)
Lev	− 0.091 (0.126)	− 0.083 * (0.073)	− 0.128 (0.118)	− 0.089 ** (0.027)
Size	0.045 *** (0.005)	0.006 ** (0.015)	0.042 ** (0.047)	0.004 ** (0.021)
Growth	− 0.000 (0.979)	− 0.002 ** (0.031)	− 0.010 (0.113)	− 0.000 (0.593)
Balance	− 0.005 (0.452)	− 0.001 ** (0.012)	− 0.010 (0.116)	− 0.003 (0.248)
Reni	0.417 ** (0.028)	0.022 (0.123)	0.020 (0.312)	0.069 * (0.077)
Bsize	0.046 * (0.095)	0.008 (0.131)	0.004 (0.572)	0.021 * (0.099)
Inddirec	0.033 (0.673)	0.008 (0.636)	− 0.012 (0.157)	0.034 ** (0.031)
State	0.000 (0.940)	− 0.007 (0.115)	0.011 (0.194)	− 0.002 (0.528)
年份	控制	控制	控制	控制
行业	控制	控制	控制	控制
_cons	− 0.304 * (0.074)	0.056 (0.169)	− 0.317 ** (0.046)	− 0.060 ** (0.018)
N	1 585	1 585	1 517	1 517
adj. R^2	0.333	0.368	0.208	0.108

注：括号中为双尾检验的 P 值，* 、** 、*** 意味着10%、5%和1%的显著程度。

8.5.2　产权性质的影响

首先按照产权性质（State）将全部样本区分为国企与非国企两组，然后对模型（8-1）进行分组回归。预期在非国企组模型（8-1）回归结果的系数 β_3 更加显著为正。在表 8-13 第（3）、第（4）列非国企样本中 Time×Treat 的系数显著为正；而在第（1）、第（2）列国企样本中 Time×Treat 的系数并不显著，表明增值税税率改革对非国企现金分红的促进作用更大。为了保证结果可靠，还设置交乘项 Time×Treat×State 进行检验。由第（5）、第（6）列检验结果可见，Time×Treat×State 的系数显著为负，上述结果意味着增值税税率下调更显著地促进了非国企的现金股利发放。

表 8-13　　　　　　　　　产权性质的影响

变量	国企组		非国企组		交叉项	
	Cpayout1	Cpayout2	Cpayout1	Cpayout2	Cpayout1	Cpayout2
	（1）	（2）	（3）	（4）	（5）	（6）
Time×Treat	0.010 (0.184)	0.002 (0.136)	0.015** (0.011)	0.003*** (0.003)	0.015*** (0.009)	0.002** (0.026)
Time×Treat×State					-0.005* (0.071)	-0.001*** (0.007)
Treat×State					0.003 (0.363)	-0.002 (0.129)
Time×State					0.003 (0.194)	-0.000 (0.551)
State					0.007* (0.070)	-0.004 (0.111)
Time	0.008 (0.144)	0.000 (0.608)	0.008 (0.129)	0.001 (0.480)	0.005 (0.123)	0.001 (0.313)
Treat	-0.047** (0.020)	-0.004 (0.104)	-0.012** (0.039)	-0.002* (0.078)	-0.011*** (0.002)	-0.002* (0.059)
Lev	-0.133 (0.117)	-0.096** (0.016)	-0.083*** (0.007)	-0.079** (0.035)	-0.078** (0.010)	-0.074** (0.030)

续表

变量	国企组		非国企组		交叉项	
	Cpayout1	Cpayout2	Cpayout1	Cpayout2	Cpayout1	Cpayout2
	(1)	(2)	(3)	(4)	(5)	(6)
Size	0.075 ***	0.007 **	0.040 *	0.003	0.038 **	0.005 **
	(0.007)	(0.039)	(0.061)	(0.111)	(0.013)	(0.026)
Growth	0.021	− 0.000	− 0.005	− 0.001	− 0.002	− 0.002
	(0.224)	(0.904)	(0.557)	(0.868)	(0.616)	(0.217)
Balance	− 0.008	− 0.000	− 0.007 **	− 0.001	− 0.004	− 0.001
	(0.426)	(0.874)	(0.049)	(0.656)	(0.179)	(0.251)
Reni	0.562	0.008	0.231 *	0.066 **	0.279 *	0.059 *
	(0.145)	(0.291)	(0.088)	(0.033)	(0.058)	(0.062)
Bsize	− 0.033	0.008 *	0.035	0.006	0.023 **	0.008
	(0.192)	(0.079)	(0.217)	(0.455)	(0.029)	(0.160)
Inddirec	0.446	0.021	0.041	− 0.002	0.034	0.019
	(0.491)	(0.190)	(0.687)	(0.936)	(0.179)	(0.262)
Cash	0.627 **	0.054 **	0.539 *	0.110	0.432 *	0.087
	(0.022)	(0.027)	(0.051)	(0.215)	(0.053)	(0.132)
_cons	− 0.665	0.025	− 0.360	0.041	− 0.322 ***	0.027
	(0.221)	(0.236)	(0.192)	(0.604)	(0.005)	(0.332)
N	1 488	1 488	1 614	1 614	3 102	3 102
adj. R^2	0.206	0.337	0.287	0.228	0.326	0.300

注：括号中为双尾检验的 P 值，*、**、*** 意味着 10%、5% 和 1% 的显著程度。

8.6　本章小结

为了构建国内外双循环的新发展格局，在金融领域需要深化结构性改革，提高企业直接融资比重，而提高企业现金分红的意愿与能力则是促使我国直接融资市场健康发展的重要举措。2020 年新《证券法》对企业现金分红进行了强制性规定。近年来我国实施的一系列增值税改革政策是否有助于增强企业现金分红能力呢？本章具体考察了 2017 年实施的增值税税率下调政策对企业现金股利分配的影响，并形成如下研究结论：首先，增值税税率下调能够显著促进企业现金股利支付；其次，增值税税率下调促进企业现金分红的中介路径主要在于既能够改善企业的内部业绩，又能够缓解企业面临的外部融资约束；再其次，随着企业自由现金流的增加，增值税税率改革促进企业现金分红的作用更加显著；最后，增值税税率下调对于非国有企业现金分红的促进作用更显著，对国有企业则无显著影响。本章的研究结论不仅丰富了企业现金股利支付影响因素以及增值税税率改革经济后果的文献，而且有助于构建税收改革政策与资本市场建设之间的联系，促使税务部门与证券监管机构协同努力，通过督促企业提高现金股利支付水平，提高直接融资比例。

| 第 9 章 |

供应链协调与"营改增"企业的盈利能力

　　"营改增"改革是我国促进产业发展、优化经济结构的重要举措。提升"营改增"企业的盈利能力是实现宏观政策目标的微观载体。本章主要考察供应链协调是否有助于提升"营改增"后企业的盈利能力。以 2012～2016 年我国"营改增"行业的上市公司为研究对象，本章研究表明：（1）供应链协调促进了"营改增"后企业盈利能力的提升；（2）供应链协调能力越强，即合作关系越密切、资源配置效率越高时，供应链协调更能促进"营改增"后企业盈利能力的提升；（3）供应链协调动机越强，即名义流转税税负越高时，"营改增"后企业税负转嫁的需求越大，此时供应链协调更能促进"营改增"后企业盈利能力的提升；（4）进一步研究还表明，供应链协调在营运资金管理的具体内容上主要表现为加快了"营改增"企业的现金与存货周转速度，但"营改增"企业为了促进供应链协调，需要付出应收账款周转率降低与应付账款周转率提高的代价；（5）经过上述路径，供应链协调刺激了"营改增"企业的主营业务收入增长并提高了毛利率，从而增强了"营改增"企业的盈利效应。本章的研究不仅扩展了"营改增"改革微观政策效应影响因素的文献，而且启发政府部门及企业管理层从供应链协调视角探寻增强增值税改革微观政策效应的路径。

9.1　引　　言

　　服务业是现代经济的重要增长点，服务业的大力发展有助于增加经济附加值，促进经济向价值链高端延伸、提升企业的国际竞争力与我国经济的软实力。"营改增"则是打通抵扣链条，促进服务业发展与经济结构调整的重要举措。服务业企业绩效的提升是宏观政策目标实现的微观载体。但"营改增"后服务业企业最终承担的税负成本是否真正降低呢？其业绩是否真正得到改善呢？以往研究表明，"营改增"的微观效应会受到诸多因素的影响。例如，改革后一些企业适用的流转税税率不仅未降反而提高，一些企业缺乏可以抵扣的进项税额（田志伟和胡怡建，2013；曹越和李晶，2016），还有一些企业无法将其流转税税负成功地转嫁出去。只有在税负转嫁能力较强的企业，其资产报酬率才会提升，"营改增"才具有盈利效应（李成和张玉霞，2015），而且，企业的议价能力会通过影响其税负转嫁能力从而影响改革的微观效应，这是因为议价能力强的企业可以通过压低采购成本或者抬高售价，将进销项税额分别向上下游转嫁，从而获取更大的盈利空间；相反，议价能力弱的企业则无法实现税负转嫁从而在改革后还可能会被压缩利润空间（童锦治等，2015；李启平，2019）。以往研究结论意味着，诸多原因会导致一些企业在"营改增"后仍然承担着较高的流转税税负成本，"营改增"的目标在这些企业可能较难实现。但值得注意的是，以往研究中的观点及其解释主要基于单一企业利益最大化视角提出并展开讨论。

单纯从"营改增"企业自身利益出发，利用比上下游相对较强的议价能力压榨对方的利润空间，这种做法可能并非"营改增"企业促进税负转嫁的唯一途径；而且还可能有悖于现代供应链管理的思想。虽然传统企业与其上下游之间是有限合作的短期关系（Bruner and Spekman，1998），但自 20 世纪 90 年代以来，由于竞争渐趋激烈、环境复杂多变，许多企业加强了与上下游的合作，供应链管理逐渐形成（Jason，2012）。供应链协调是供应链管理的核心内容（郭金森等，2014）。放弃独立决策时仅能保证局部最优的方案，促使上下游企业基于全局利益最大化做出正确决策是供应链协调的本质（陈志明等，2018）。

"营改增"后，一方面，抵扣链条畅通促进了分工（陈钊和王旸，2016），而分工则对供应链协作与效率提出了更高要求（陈小勇，2017）；另一方面，"营改增"后，服务业企业的流转税税率普遍提升，而其可抵扣的进项税额往往不足，使得流转税的名义税负上升（田志伟和胡怡建，2013；曹越和李晶，2016），这进一步增强了企业促进供应链协调，加速税负转嫁的动机。

研究表明，与营业税制度相比，在增值税制度下供应链具有更高的效率（林智平和徐迪，2018）。供应链协调时，紧密的上下游合作伙伴关系能够培育出独特的竞争优势，为企业带来关系型租金甚至超额收益（殷俊明和王跃堂，2010），能够优化资源配置（Jason，2012），降低交易成本（Williamson，1979），提高企业获利能力。因此，本章基于供应链管理的思想，从供应链整体利益最大化视角出发，探讨供应链协调对"营改增"企业盈利能力提升所发挥的促进作用。

为了降低企业税负，促进服务业发展，自 2012 年开始我国逐步推行"营改增"试点，经过在全国范围内推广并向服务业全行业扩围，截至 2016 年营业税全面改征增值税。为了考察改革带来的整体影响，本章针对 2012～2016 年我国"营改增"行业的上市公司，研究供应链协调是否以及如何提升"营改增"后企业的盈利能力。研究表明，供应链协调有助于增强改革后企业的盈利能力。当上下游合作关系密切、资源配置效率较高时，供应链协调能力较强，此时供应链协调更能增强改革后企业的盈利能力；当流转税的名义税负较大时，税负转嫁的需求较大、供应链协调的动机更强，此时供应链协调更能发挥显著的促进作用。在进一步研究中，通过细分营运资金管理的具体内容，发现当现金及存货周转率越高、应收账款周转率越低而应付账款周转率越高时，"营改增"的盈利效应越强，表明供应链协调在营运资金管理方面主要表现为加快了改革后企业的现金与存货周转速度，但"营改增"企业为了促进供应链协调，也需要付出应收账款周转率降低与应付账款周转率提高的代价。此外，研究还发现，供应链协调最终刺激了"营改增"企业的主营业务收入增长，提高了主营业务毛利率，并因此增强了"营改增"企业的盈利能力。

本章的理论价值主要体现在：首先，以往文献中针对"营改增"能否提升企业盈利能力的解释以及"议价能力促进税负转嫁"的观点主要是从单一企业利益最大化视角提出的（李成和张玉霞，2015；童锦治等，2015；刘柏和王馨竹，2017；李启平，2019），缺乏从供应链整体视角进行的探讨；本章基于现代供应链管理理念，研究供应链协调对"营改增"后企业盈利能力的提升是否具有增强作用，并从能力、动机以及具体表现形式等视角进行探讨，拓展了增值税改革微观效应影响因素的文献。其次，以往有关供应链协调在企业层面经济后果的研究，主要探讨了资源配置效率、企业业绩等问题

（Jason，2012；王贞洁和王竹泉，2017），缺乏考察供应链协调是否影响增值税改革的微观政策效应；本章基于其是否有助于提升"营改增"企业盈利能力的视角探讨了供应链协调的作用，是对供应链协调微观经济后果相关研究的有力扩展。本章的实践价值主要体现在，有助于增进政府部门与企业管理层对相关问题的理解，并启示他们从供应链管理视角探寻增强增值税改革微观政策效果的解决方案。

9.2 理论分析与研究假设

9.2.1 供应链协调对"营改增"企业盈利能力的影响

供应链协调应该有助于增强"营改增"企业的盈利能力。首先，"营改增"使得抵扣链条畅通并促进了分工，这会对供应链协作与效率提出更高要求。"营改增"将服务业从缴纳营业税改为缴纳增值税，有助于打通增值税抵扣链条，避免重复征税，这会降低分工与协作的税收成本，激励企业剥离非核心业务，提高专业化水平（陈钊和王旸，2016），但价值创造是一个系统工程，专业化生产经营活动的价值实现有赖于系统中各组织相互之间的协作及其效率的提升（陈小勇，2017）。因此，"营改增"对供应链协调提出了更高要求。研究表明，与营业税制度相比，在增值税制度下供应链具有更高的效率（林智平和徐迪，2018），而且，供应链协调能够促进各节点企业实现帕累托最优（Luo and Shang，2014），提高企业的持续增长能力（王贞洁和王竹泉，2017），并驱动企业价值提升（郭金森等，2014）。因此，供应链协调应该有助于"营改增"企业提升盈利能力。其次，"营改增"后，服务业企业的流转税税率普遍有所提高，例如，现代服务业等行业由5%提高到6%，交通运输等行业由3%提高到11%，房地产业由5%提高到11%，有形动产租赁由5%提高到17%，但同时，服务业企业的经营特点使得许多企业难以获得正规渠道开具的增值税进项税额抵扣发票，因此，改革导致这些企业的名义流转税税负提高（田志伟和胡怡建，2013；曹越和李晶，2016）。只有能够顺利地将流转税转嫁出去，"营改增"企业的业绩才会较少受到不利影响。顺利实现销售是将流转税税负成功转嫁给下游客户的前提。

基于供应链管理的视角，供应链协调应该有助于"营改增"企业促进销售、顺利实现税负转嫁，从而降低资金占用成本，提高"营改增"企业的盈利能力。综上所述，提出研究假设 H1：

H1：供应链协调能够显著提升"营改增"企业的盈利能力。

9.2.2　供应链协调能力的强化效应

供应链协调通常意味着上下游企业战略目标趋同、相互之间信任度较高、信息沟通较通畅、有较强的合作意愿以及较高的资源配置效率。相关研究主要形成了如下两方面结论：其一，供应链协调时上下游合作关系较紧密，此时能为企业带来关系型租金，增强企业的核心竞争优势与超额利润（殷俊明和王跃堂，2010）；其二，供应链协调时资源配置效率较高，此时企业的交易成本较低，单位资本投入的获利能力较强（Williamson，1979；Jason，2012）。因此，随着合作关系紧密程度或者资源配置效率的提高，供应链协调应该更有助于提升"营改增"企业的盈利能力。

（1）合作关系紧密度。"营改增"促进了专业化分工（陈钊和王旸，2016），精细的分工对供应链密切合作提出了更高要求（陈小勇，2017）；而紧密的合作关系则有可能为企业带来超额收益。首先，供应链合作关系建立在信任的基础上，信任有助于企业之间保持战略目标的一致性，促进投资与销售，提升企业的核心竞争力；其次，密切的合作关系有助于供应链成员更多进行信息分享，增进供应链成员的内部学习与对外屏蔽，促进各成员相互帮助弥补自身的资源短板，并培育出独特的、难以被复制的竞争优势，为企业带来关系型租金甚至超额收益（殷俊明和王跃堂，2010）。在紧密的合作模式下，企业的客户集中度应该较高、主营业务收入稳定性应该较强、专属性研发投资应该较大。这是因为，较高的客户集中度有助于形成稳定、可靠的客户关系，从而有助于信息共享、促进联合投资、降低销售费用（王雄元和高开娟，2017）；加强与客户合作还可以降低经营风险、减少主营业务收入的波动。此外，由于供应链协调增加了上下游之间的承诺与信任，这有助于促进企业更多进行专用性投资；供应链成员的信息共享与内部学习，有助于企业在更广泛信息基础上对市场做出正确判断并把握住商机，从而有助于企业基于供应链稳固关系以及对未来前景的正确判断增加研发创新。综上所述，随着供应链合作关系紧密度的增高，"营改增"企业更可能具备独特的竞争优势，获取超额收益，此时，供应链协调应该更能够增强"营改增"的盈利效应。由此提出研究假设 H2：

H2：供应链合作关系越紧密，供应链协调越能够提升"营改增"企业的盈利能力。

（2）资源配置效率。较高的资源配置效率意味着稀缺的资源能够迅速配置到效率较高的企业中去。在物质资本、人力资本和知识水平等资源总量确定时，资源的配置效率在很大程度上决定了总产出水平和生产效率。目前，中国存在较严重的资源错配及效率损失问题（Hsieh and Klenow，2009；罗德明等，2012）。较高的资源配置效率是供应链协调能力较强的一个重要表现。供应链协调促进了信息共享，降低了信息不对称以及缓解相应的"逆向选择"问题，资源更倾向于向优质企业聚集，从而提高了资源配置效率。资源配置效率的改善是降低企业融资成本的重要因素（盛丹和王永进，2013）。例如，当上下游企业之间的信息不对称程度较低时，可以通过集体担保的方式增加银行对企业的信任，从而降低外部融资约束与企业的融资成本。因此，供应链协调可以减少资源误配，降低高效率企业的资源获取成本，提高企业的盈利能力。此外，"营改增"涉及的服务业企业大部分是民营企业（本章占比为52%）。民营企业的竞争更加激烈，其生产经营效率相对较高；但它们往往较难获取低成本的资本、劳动等重要资源，这抑制了民营企业的发展。假如资源能够更有效地向民营企业配置，则将提高中国经济的整体效率（Brandt et al.，2012）。"营改增"促进了专业化分工，对资源配置效率提出了更高的要求；如果分工合作的企业不能及时、充分地获取技术、资本与劳动等各项资源，就会阻碍供应链整体利益以及我国增值税改革目标的实现。因此，供应链协调下较高的资源配置效率能够促使"营改增"企业以较低成本获取资源，从而提高盈利能力。据此提出研究假设 H3：

H3：资源配置效率越高，供应链协调越能够提升"营改增"企业的盈利能力。

9.2.3　供应链协调动机的强化效应

"营改增"后企业适用的增值税税率往往高于改革前适用的营业税税率，

而且，有些企业难以取得进项税额发票，因此，企业的名义流转税税负有可能会增加（田志伟和胡怡建，2013；曹越和李晶，2016）。但增值税属于流转税，这些名义税负仅为企业代缴，最终应由消费者来承担。企业最终需要承担的流转税税负及其相应的资金成本取决于税负转嫁的情况（童锦治等，2015）。假如企业能够顺利实现销售并收回现金货款，则名义上缴纳的增值税税款将会转嫁给下游客户或由最终消费者来承担；相反，假如企业未能实现销售，则进项税额无法抵扣。假如企业确认了销售却未能收回现金货款，则仍需按照规定向税务部门缴纳增值税，无法将税负转嫁出去，所缴纳的税费只能由企业自行承担。供应链协调时合作关系紧密（殷俊明和王跃堂，2010）、资源配置效率较高（Williamson，1979；Jason，2012；Luo and Shang，2014），应该有助于促进销售的实现并加快税负转嫁速度，从而降低企业资金被占用的机会成本，提高盈利能力。综上所述，当"营改增"后企业的名义流转税税负较高时，对税负转嫁的需求较大，改革企业促进供应链协调以便实现税负转嫁的动机就更强烈；相反，对于"营改增"后名义税负较低的企业而言，促进供应链协调以便进行税负转嫁的动机就相对较小。据此提出研究假设 H4：

H4：当名义税负较高时，供应链协调对"营改增"企业盈利能力的提升作用更显著。

9.3　实证设计

9.3.1　样本选择

本章将 2012～2016 年的"营改增"上市公司作为研究对象，按照证监会行业分类标准，选择代码为 G53～G60、I63～I65、M73～M75 等 30 个"营改增"行业（不包含金融服务业）的上市公司，① 考察供应链协调对

---

① 2012 年营改增行业为交通运输业 G54～G57（不含铁路运输），现代服务业 G58、G59、I64、I65、L71、L72、M73～M75、R87；2013 年营改增新增行业为广播影视服务 R86；2014 年营改增新增行业为铁路运输 G53、邮政 G60、电信 I63；2016 年营改增新增行业为建筑业 E47～E50、房地产 K，以及生活服务业 H61、H62、O79～O81、P、R88、R89。

"营改增"前后企业盈利能力变化所产生的影响。为了避免其他政策的干扰，主要对比改革实施后一年与前一年的情况，因此，本章涉及的年度实际包含 2011～2017 年。连续变量在上下 1% 水平上进行缩尾处理。样本选取过程见表 9-1 的 Panel_A。Panel_B、Panel_C、Panel_D 分别按年度、行业、地区对样本数量进行了统计。

表 9-1　　　　　　　　　样本选取与分布表

Panel_A. 样本选取过程	
初始样本：CSMAR 数据库中 2012～2016 年我国"营改增"上市公司（除金融业以外）在改革前后一年的数据	1 108
剔除：变量指标存在缺失的样本	418
剔除：亏损企业的样本	53
剔除：改革前后股票代码不一致的样本	133
最终样本：	504

Panel_B. 样本分布：按年度					
年度	2012	2013	2014	2016	合计
企业数（个）	78	29	12	133	252
样本量（个）	156	58	24	266	504

Panel_C. 样本分布：按行业											
行业	交通运输	物流辅助	邮政	信息技术	有形动产租赁	商业服务	研发与技术	广播与影视	生活服务	建筑	房地产	合计
样本量（个）	44	8	8	114	2	20	14	10	8	102	174	504

Panel_D. 样本分布：按地区																						
地区	山东	江苏	上海	浙江	安徽	福建	广东	广西	海南	湖南	湖北	北京	天津	河北	陕西	新疆	四川	云南	重庆	西藏	辽宁	吉林	黑龙江	合计
样本量（个）	10	32	72	64	10	22	94	2	6	6	12	88	14	6	4	2	14	6	8	4	14	8	6	504

9.3.2　变量定义

（1）企业盈利能力。企业盈利能力为本章基本模型中的因变量，分别采用如下三个指标来度量：（a）ROE，用净利润乘以100再除以净资产的均值来求得；（b）ROA，用净利润乘以100再除以总资产来求得；（c）EPS，用净收益除以普通股股数来求得。

（2）"营改增"改革。"营改增"改革为本章基本模型中的自变量。由于"营改增"改革目前已经全面实施，因此，本章意图考察2012~2016年所有改革企业发生的变化。2012年的改革行业仅在上海、北京、江苏、安徽等9地试点，2013年、2014年及2016年新增的改革行业均在全国范围内施行。由于2013年与2014年度的样本量较少（见表9-1的Panel_B），难以进行分年度的DID检验，因此，本章的基本模型采用OLS方法，针对2012~2016年的所有样本进行基本关系检验。具体借鉴杨默如和叶慕青（2016）的方法设置虚拟变量Policy，若样本为改革后一年则Policy=1，若为改革前一年则Policy=0。但在稳健性测试中，本章采用两种DID方法进行了补充检验。

（3）供应链协调程度。供应链的优化和管理是企业营运资金管理的重心，营运资金周转率则是评价营运资金管理成效的最佳且唯一指标（王竹泉等，2007）。因此，本章采用营运资金周转率（WCT）来衡量供应链综合协调程度，较高的WCT反映供应链协调程度较高。具体采用营业收入除以营运资金的100倍来求得。在本章的拓展性研究中，还对营运资金周转率进行细分，设置了变量现金周转率（CTR）、存货周转率（ITR）、应付账款周转率（APT）、应收账款周转率（ART）以及现金营运指数（OCR）。其中，CTR用营业收入除以现金及现金等价物求得；ITR、APT与ART分别用营业成本或营业收入除以存货、应付账款或应收账款的100倍求得；OCR用经营所得现金与应收账款、存货等经营性营运资产净增加的差额再除以经营所得现金的100倍求得。此外，由于供应链集成是供应链管理的最终发展阶段，是供应链管理的灵魂与核心，因此，借鉴陈正林和王彧（2014）的方法，在稳健性测试中，采用供应链集成（SCI）来衡量供应链协调程度，具体采用三年期间前5供销比例的均值除以方差来计算。

（4）合作关系紧密度。以往研究主要从客户集中度视角探讨供应链合作关系，认为较高的客户集中度代表了供应链紧密的合作关系（陈峻等，2015）。因此，本章首先设置变量客户集中度（CI）来衡量合作关系，CI=∑前5客户营业收入占比；其次，考虑到紧密的供应链关系应该能够降低经营风险，带来稳定的主营业务收入（殷俊明和王跃堂，2010），因此设置变量主营业务收入波动性（STDSale）来衡量合作关系，STDSale 即为改革当年及之后两年的主营业务收入对数的方差，STDSale 越小代表供应链合作关系越紧密；最后，考虑到当供应链协调时，上下游之间的依赖性强、信任度高、利益趋同，企业会为了满足对方的需求而增加专属性投资或研发投入，这将进一步增强供应链关系的紧密度（李任斯和刘红霞，2016）。因此，本章设置变量研发投入（LnRD）来衡量合作关系紧密度，LnRD = Ln（研发开支 +1），LnRD 越大代表合作关系越紧密。另外，考虑到本章的研究对象为服务业，其中，有些具体行业对研发的依赖程度较高，有些则正好相反，因此，本章区别行业类型进行检验，预期对研发依赖程度较高的行业 LnRD 对研究结果的影响更显著。

（5）资源配置效率。借鉴以往研究（Hsieh and Klenow，2009；蒋为，2016）的做法，用生产率离散程度（Dispersion）来衡量资源配置效率，Dispersion 越小代表配置效率越高。具体而言，先采用索洛残差法计算企业的全要素生产率（TFP），并据此测算行业 TFP；再采用行业 TFP 的 75 百分位与 25 百分位的差值求得 Dispersion。

（6）企业名义税负。借鉴杨默如和叶慕青（2016）的方法，设置变量企业税负（VATR），VATR =（支付的税费 - 税金及附加 - 所得税费用 + 应交税费 - 本期应交增值税)/营业收入；VATR 越大意味着需要企业缴纳的名义增值税税负越重，此时企业进行税负转嫁的需求越大。

（7）控制变量。本章的控制变量包括负债率（LEV）、主营业务收入（LnSale）、每股净资产（NAPS）、毛利率（GPM）、现金营运指数（OCR）、净利润增长率（Growth）、TobinQ、总资产周转率（TOT）、流动比率（CR）、产权性质（State）、行业与年度固定效应。

9.3.3 实证模型

为了验证 H1，借鉴杨默如和叶慕青（2016）等的方法，构建如下模型（9 - 1），并通过观测模型中 Policy 的系数 β_1 与 Policy × WCT 的系数 β_2 来判断供应链协调对"营改增"企业盈利能力提升所产生的作用。

$$ROE(\text{或 ROA 或 EPS}) = \beta_0 + \beta_1 Policy + \beta_2 Policy \times WCT + \beta_3 WCT$$
$$+ \gamma Control + \sum Industry + \sum Year + \varepsilon$$

$$(9-1)$$

根据以往研究结论可知,"营改增"后企业的盈利能力应该有所提升（刘柏和王馨竹,2017；李启平,2019）,由此可以预期模型（9-1）中 Policy 的系数 β_1 应该显著为正；根据本章提出的研究假设 H1,预期模型（9-1）中 Policy $\times$ WCT 的系数 β_2 也应该显著为正。

为了检验 H2、H3 与 H4,本章首先分别按照 CI、STDSale、LnRD、Dispersion、VATR 的中位数区分子样本,然后再重新回归模型（9-1）。根据 H2 可以预期当 CI > 中位数、STDSale < 中位数或 LnRD > 0（0 即中位数）时,模型（9-1）中 Policy $\times$ WCT 的系数 β_2 更加显著为正；根据 H3 可以预期当 Dispersion < 中位数时,模型（9-1）中 Policy $\times$ WCT 的系数 β_2 更加显著为正；根据 H4 可以预期当 VATR > 中位数时,模型（9-1）中 Policy $\times$ WCT 的系数 β_2 更加显著为正。

9.4　实证结果分析

9.4.1　单变量检验

表 9-2 对相关变量的基本数据特征进行了描述。从中可见,（1）ROE、ROA 和 EPS 的均值分别为 8.32%、3.89% 和 0.43,中位数分别为 8.48%、3.30% 和 0.34,标准差分别为 11.10%、4.90% 和 0.48；这三项指标的标准差均较大,意味着样本企业的盈利能力存在较大差异；（2）WCT、CTR、ITR、ART、OCR 和 APT 的均值分别为 0.04、4.53、0.69、1.12、0.004 和 0.07,中位数分别为 0.01、2.44、0.02、0.08、0.01 和 0.03,根据中位数计算的营运资金周转天数约 365 天、现金周转天数约 150 天、存货周转天数约 203 天、平均收账期约 47 天、应收账款约有 81% 能收回现金、应付账款周转天数约 122 天；（3）CI、STDSale、LnRD、Dispersion 和 VATR 的均值分别为 0.24、0.09、8.71、0.04 和 0.04,中位数分别为 0.20、0.02、0、0.01

和 0.03；（4）LnSale 与 GPM 的均值分别为 21.82 与 0.29，中位数分别为 21.66 与 0.26，各变量的值与以往文献基本一致。

表 9 - 2   描述性统计

变量	均值	中位数	标准差	25% 分位数	75% 分位数
ROE	8.323	8.479	11.100	4.499	12.370
ROA	3.890	3.301	4.902	1.627	5.925
EPS	0.429	0.342	0.480	0.141	0.595
Policy	0.500	0.500	0.500	0	1
WCT	0.043	0.012	0.113	0.006	0.033
SCI	4.768	0.736	17.700	0.245	1.900
CI	0.240	0.201	0.209	0.043	0.369
STDSale	0.090	0.023	0.229	0.006	0.064
LnRD	8.712	0	9.009	0	17.720
Dispersion	0.038	0.007	0.127	0.001	0.028
VATR	0.035	0.025	0.048	0.009	0.048
LnSale	21.820	21.660	1.576	20.680	22.730
GPM	0.294	0.257	0.176	0.162	0.377
CTR	4.525	2.436	7.011	1.402	4.644
ITR	0.693	0.018	4.083	0.003	0.062
ART	1.117	0.078	4.986	0.034	0.290
OCR	0.004	0.008	0.081	-0.007	0.017
APT	0.065	0.031	0.142	0.019	0.061
TOT	0.475	0.365	0.367	0.214	0.638
CR	2.405	1.771	2.031	1.355	2.478
LEV	0.523	0.533	0.232	0.354	0.729
NAPS	4.729	4.039	2.754	2.810	5.783
TobinQ	1.599	1.173	1.747	0.530	2.045
State	0.480	0	0.500	0	1
Growth	0.230	0.118	3.721	-0.160	0.429

为了初步验证本章的观点，对比分析改革前后一年的相关变量。从表 9 - 3 可见，改革后，企业绩效（ROE、ROA、EPS）、供应链协调程度（WCT、SCI）、现金周转率（CTR）、存货周转率（ITR）、应付账款周转

率（APT）、现金营运指数（OCR）、客户集中度（CI）、主营业务收入稳
定性（STDSale）、研发投入（LnRD）、资源配置效率（－Dispersion）、名
义流转税（VATR）均增加，而应收账款周转率（ART）则降低。上述结
果与本章逻辑一致。

表 9 - 3　　　　　　　　　　改革前后的单变量对比

变量	指标	Policy = 0 （1）	Policy = 1 （2）	Diff =（2）-（1） （3）
ROE	均值	8.038	8.689	0.651
	中位数	8.355	8.815	0.460
ROA	均值	3.918	3.957	0.039
	中位数	3.152	3.428	0.276
EPS	均值	0.391	0.462	0.071
	中位数	0.329	0.360	0.031
WCT	均值	0.300	1.500	1.200
	中位数	0.800	0.900	0.100
SCI	均值	2.998	4.690	1.692
	中位数	0.648	0.734	0.086
CI	均值	0.239	0.241	0.003
	中位数	0.200	0.201	0.001
STDSale	均值	0.064	0.053	－0.011
	中位数	0.037	0.025	－0.012
LnRD	均值	7.235	9.713	2.478
	中位数	0	15.765	15.765
Dispersion	均值	0.040	0.030	－0.010
	中位数	0.012	0.005	－0.007
VATR	均值	0.030	0.040	0.010
	中位数	0.017	0.030	0.013
LnSale	均值	21.672	21.961	0.289
	中位数	21.545	21.853	0.308
GPM	均值	0.289	0.299	0.010
	中位数	0.251	0.264	0.013

续表

变量	指标	Policy = 0 (1)	Policy = 1 (2)	Diff = (2) - (1) (3)
CTR	均值	3.960	4.450	0.490
	中位数	2.390	2.550	0.160
ITR	均值	0.276	0.278	0.002
	中位数	0.018	0.019	0.001
OCR	均值	−0.300	0.500	0.800
	中位数	0.700	0.900	0.200
ART	均值	0.992	0.932	−0.060
	中位数	0.077	0.072	−0.005
APT	均值	0.063	0.073	0.010
	中位数	0.032	0.034	0.002

9.4.2 多元回归结果

首先，在表9-4的第（1）、第（3）、第（5）列报告了"营改增"对企业业绩（ROE、ROA、EPS）的影响。从中可见，Policy的系数均显著为正，意味着改革后与改革前相比，企业的盈利能力显著提升。

其次，在第（2）、第（4）、第（6）列报告了供应链协调对"营改增"盈利效应的影响，即模型（9-1）的检验结果，Policy的系数显著为正，而且，Policy×WCT的系数也分别在5%与1%的水平上显著为正，意味着供应链协调程度越高，改革后企业的盈利能力越会显著增强。上述结果支持了研究假设H1。

表9-4　　　　供应链协调与"营改增"企业盈利能力的提升

变量	ROE		ROA		EPS	
	(1)	(2)	(3)	(4)	(5)	(6)
Policy	2.974 *** (<0.001)	2.677 *** (<0.001)	2.012 *** (<0.001)	1.877 *** (<0.001)	0.067 ** (0.026)	0.053 ** (0.014)
Policy × WCT		6.478 ** (0.018)		3.261 *** (<0.001)		0.282 *** (<0.001)

续表

变量	ROE		ROA		EPS	
	(1)	(2)	(3)	(4)	(5)	(6)
WCT		− 7. 015 ***		− 3. 600 ***		− 0. 304 ***
		(0. 009)		(<0. 001)		(<0. 001)
OCR	− 0. 068	− 0. 043	0. 013	0. 026	− 0. 016	− 0. 015
	(0. 701)	(0. 811)	(0. 898)	(0. 787)	(0. 319)	(0. 307)
LnSale	1. 571 ***	1. 512 ***	0. 595 ***	0. 565 ***	0. 079 ***	0. 076 ***
	(<0. 001)	(<0. 001)	(<0. 001)	(<0. 001)	(0. 001)	(<0. 001)
GPM	19. 269 ***	19. 777 ***	10. 587 ***	10. 859 ***	0. 701 ***	0. 723 ***
	(<0. 001)	(<0. 001)	(<0. 001)	(<0. 001)	(0. 009)	(<0. 001)
Growth	0. 023 ***	0. 023 ***	0. 008 ***	0. 008 ***	0. 001 ***	0. 001 ***
	(<0. 001)	(<0. 001)	(<0. 001)	(<0. 001)	(<0. 001)	(<0. 001)
TOT	2. 278	3. 448	1. 346	1. 950 **	0. 072	0. 123 *
	(0. 315)	(0. 124)	(0. 150)	(0. 021)	(0. 335)	(0. 073)
CR	− 0. 190 **	− 0. 193 **	− 0. 166 ***	− 0. 168 ***	− 0. 005	− 0. 005 *
	(0. 034)	(0. 017)	(<0. 001)	(<0. 001)	(0. 119)	(0. 083)
LEV	5. 993 ***	6. 439 ***	− 5. 759 ***	− 5. 517 ***	0. 107 **	0. 126 *
	(0. 001)	(<0. 001)	(<0. 001)	(<0. 001)	(0. 042)	(0. 072)
NAPS	− 0. 074	− 0. 061	− 0. 013	− 0. 007	0. 078 ***	0. 078 ***
	(0. 479)	(0. 542)	(0. 839)	(0. 918)	(<0. 001)	(<0. 001)
TobinQ	0. 540 ***	0. 524 ***	0. 220 **	0. 212 **	0. 014 **	0. 013 *
	(0. 003)	(0. 004)	(0. 018)	(0. 023)	(0. 044)	(0. 062)
State	− 0. 662	− 0. 645	− 0. 222	− 0. 212	− 0. 031	− 0. 031
	(0. 422)	(0. 430)	(0. 505)	(0. 526)	(0. 277)	(0. 293)
Industry fixed effect	控制	控制	控制	控制	控制	控制
Annual fixed effect	控制	控制	控制	控制	控制	控制
Intercept	− 41. 261 ***	− 40. 654 ***	− 13. 840 ***	− 13. 549 ***	− 2. 236 ***	− 2. 210 ***
	(<0. 001)	(<0. 001)	(<0. 001)	(<0. 001)	(<0. 001)	(<0. 001)
N	504	504	504	504	504	504
adj. R^2	0. 362	0. 368	0. 523	0. 529	0. 561	0. 564

注：括号中为双尾检验的 P 值， * 、 ** 、 *** 意味着 10% 、5% 和 1% 的显著程度。

9.4.3 稳健性检验

9.4.3.1 改变供应链协调的衡量方法

模型（9-1）中借鉴了王竹泉等（2007）的思路，采用营运资金周转率来衡量供应链协调程度，为了避免衡量方法不同对本章研究结论的影响，在此借鉴陈正林和王彧（2014）的方法，采用企业与上、下游的业务集成度（SCI）来衡量供应链协调程度，具体采用连续三年前5位供、销比例的均值除以相应方差来计算。

表9-5的第（1）、第（3）、第（5）列报告了"营改增"对企业业绩（ROE、ROA、EPS）的影响，Policy的系数均显著为正，意味着改革后与改革前相比，企业的盈利能力得到了显著提升；第（2）、第（4）、第（6）列报告了SCI对"营改增"盈利效应的影响，即模型（9-1）的检验结果，Policy的系数仍然显著为正，而且，Policy×SCI的系数也分别在10%与1%的水平上显著为正，意味着供应链协调程度越高，改革后企业的盈利能力越会显著增强。上述结果支持了研究假设H1。

表9-5　　　　　　　　改变供应链协调程度的衡量方法

变量	ROE		ROA		EPS	
	（1）	（2）	（3）	（4）	（5）	（6）
Policy	3.576 ** (0.047)	2.187 *** (<0.001)	1.071 * (0.081)	0.842 * (0.074)	0.132 ** (0.032)	0.129 *** (0.007)
Policy × SCI		0.109 * (0.054)		0.060 *** (0.003)		0.001 * (0.091)
SCI		-0.167 (0.513)		0.019 (0.875)		0.001 (0.902)
OCR	4.875 (0.595)	1.257 (0.733)	0.447 (0.182)	0.496 * (0.066)	0.062 * (0.075)	0.063 * (0.084)
LnSale	1.961 *** (0.003)	2.792 *** (0.001)	11.003 *** (0.005)	10.095 *** (0.003)	1.023 *** (0.003)	1.020 *** (0.002)
GPM	36.506 *** (0.000)	40.384 *** (0.000)	0.095 *** (0.001)	0.112 *** (0.001)	0.005 ** (0.039)	0.005 ** (0.029)

续表

变量	ROE		ROA		EPS	
	（1）	（2）	（3）	（4）	（5）	（6）
Growth	1.715 ***	1.168 ***	−1.320	−1.022	−0.024	−0.027
	（0.005）	（0.003）	（0.360）	（0.557）	（0.929）	（0.921）
TOT	9.780 ***	9.340 ***	4.777 **	4.409 ***	0.496 ***	0.496 ***
	（<0.001）	（0.009）	（0.012）	（0.000）	（0.002）	（0.002）
CR	0.061	0.046	0.045	0.076	0.012	0.013
	（0.844）	（0.888）	（0.710）	（0.627）	（0.180）	（0.175）
LEV	4.580	4.465	0.310	0.437	0.472 **	0.472 **
	（0.481）	（0.411）	（0.726）	（0.736）	（0.022）	（0.031）
NAPS	0.286 **	−0.072	−0.014	−0.047	0.054 ***	0.054 ***
	（0.034）	（0.409）	（0.824）	（0.393）	（0.002）	（0.002）
TobinQ	−0.178	−0.028	0.430 **	0.423 **	0.035 *	0.036 *
	（0.647）	（0.963）	（0.029）	（0.020）	（0.078）	（0.078）
State	−0.786	0.984 ***	−0.229	−0.242	−0.027	−0.026
	（0.172）	（0.009）	（0.610）	（0.347）	（0.488）	（0.481）
Industry fixed effect	控制	控制	控制	控制	控制	控制
Annual fixed effect	控制	控制	控制	控制	控制	控制
Intercept	−43.515 ***	−68.501 ***	−7.852	−11.435 **	−1.796 ***	−1.821 **
	（<0.001）	（<0.001）	（0.116）	（0.017）	（0.006）	（0.010）
N	140	140	140	140	140	140
adj. R^2	0.551	0.582	0.591	0.547	0.549	0.541

注：括号中为双尾检验的 P 值，＊、＊＊、＊＊＊ 意味着10%、5%和1%的显著程度。

9.4.3.2　考虑企业固定效应

考虑到遗漏变量问题有可能影响实证检验的结果，在此进一步采用企业固定效应模型重新估计。由表9-6的检验结果可见，第（1）、第（3）、第（5）列 Policy 的系数均显著为正，第（2）、第（4）、第（6）列 Policy 与

Policy×WCT 的系数均为正且分别在 10%、5% 或 1% 的水平上显著，表明在控制了企业固定效应之后，研究假设 H1 仍然成立。

表 9-6　　　　　　　　　　　考虑企业固定效应

变量	ROE		ROA		EPS	
	(1)	(2)	(3)	(4)	(5)	(6)
Policy	0.831 ** (0.040)	0.751 * (0.095)	0.188 *** (0.005)	0.147 ** (0.048)	0.012 * (0.072)	0.018 * (0.081)
Policy × WCT		2.900 * (0.063)		1.763 ** (0.040)		0.056 ** (0.015)
WCT		−7.136 (0.181)		5.109 ** (0.017)		0.236 * (0.056)
OCR	−2.892 (0.525)	−2.204 (0.630)	−2.184 (0.235)	−1.685 (0.359)	−0.126 (0.475)	−0.092 (0.382)
LnSale	1.816 *** (<0.001)	1.902 *** (<0.001)	0.841 *** (<0.001)	0.904 *** (<0.001)	0.078 *** (<0.001)	0.053 *** (<0.001)
GPM	25.838 *** (<0.001)	25.866 *** (<0.001)	12.952 *** (<0.001)	12.979 *** (<0.001)	0.810 *** (<0.001)	0.565 *** (<0.001)
Growth	1.297 *** (<0.001)	1.292 *** (<0.001)	0.423 *** (<0.001)	0.419 *** (<0.001)	0.021 *** (<0.001)	0.009 *** (<0.001)
TOT	6.574 *** (<0.001)	7.001 *** (<0.001)	2.315 *** (<0.001)	2.639 *** (<0.001)	0.182 *** (0.001)	0.170 *** (<0.001)
CR	−0.119 (0.615)	−0.151 (0.525)	−0.120 (0.210)	−0.143 (0.135)	−0.001 (0.951)	−0.001 (0.809)
LEV	−0.607 (0.828)	−0.609 (0.828)	−7.128 *** (<0.001)	−7.119 *** (<0.001)	0.169 (0.118)	0.171 *** (0.009)
NAPS	0.244 (0.130)	0.219 (0.176)	0.079 (0.223)	0.061 (0.346)	0.096 *** (<0.001)	0.060 *** (<0.001)
TobinQ	−0.244 (0.365)	−0.252 (0.351)	0.155 (0.154)	0.150 (0.168)	0.028 *** (0.008)	0.023 *** (0.000)
State	−1.602 ** (0.033)	−1.459 * (0.054)	−0.305 (0.316)	−0.200 (0.511)	−0.064 ** (0.028)	−0.002 (0.899)

续表

变量	ROE		ROA		EPS	
	(1)	(2)	(3)	(4)	(5)	(6)
Firm fixed effect	控制	控制	控制	控制	控制	控制
Annual fixed effect	控制	控制	控制	控制	控制	控制
Intercept	−42.114*** (<0.001)	−43.785*** (<0.001)	−16.000*** (<0.001)	−17.258*** (<0.001)	−2.160*** (<0.001)	−1.417*** (<0.001)
N	504	504	504	504	504	504
adj. R^2	0.446	0.446	0.473	0.480	0.556	0.589

注：括号中为双尾检验的 P 值，*、**、*** 意味着 10%、5% 和 1% 的显著程度。

9.4.3.3　反事实检验

前面所得研究结论也有可能是由共同趋势所致。在此借鉴童锦治等（2015）的研究方法，采用反事实法进行平行趋势检验。假设"营改增"事件均提前一年发生，运用 2010～2016 年的数据重新回归模型（9－1）。表 9－7 第（1）、第（3）、第（5）列 Policy 的系数均显著为负；第（2）、第（4）、第（6）列 Policy 的系数显著为负，而 Policy × WCT 的系数均不显著，意味着研究假设 H1 的结论并非由共同趋势所致。

表 9－7　　　　　　　　　　反事实检验

变量	ROE		ROA		EPS	
	(1)	(2)	(3)	(4)	(5)	(6)
Policy	−1.664* (0.077)	−2.126** (0.030)	−0.737* (0.062)	−0.915** (0.026)	−0.081** (0.039)	−0.065*** (0.009)
Policy × WCT		10.679 (0.175)		3.884 (0.123)		0.343 (0.324)
WCT		−9.442 (0.113)		−1.908 (0.445)		−0.364** (0.016)
OCR	3.234** (0.017)	3.220** (0.018)	1.360** (0.017)	1.384** (0.015)	0.091 (0.105)	0.100*** (0.004)

变量	ROE		ROA		EPS	
	（1）	（2）	（3）	（4）	（5）	（6）
LnSale	47.508 ***	47.410 ***	18.486 ***	18.647 ***	1.568 ***	1.148 ***
	（<0.001）	（<0.001）	（<0.001）	（<0.001）	（<0.001）	（<0.001）
GPM	0.863 ***	0.853 ***	0.373 ***	0.367 ***	0.019 ***	0.008 **
	（<0.001）	（<0.001）	（<0.001）	（<0.001）	（0.001）	（0.017）
Growth	−1.278	−1.669	0.408	0.230	0.042	−0.046
	（0.794）	（0.732）	（0.842）	（0.911）	（0.838）	（0.712）
TOT	3.856	3.773	1.496	1.261	0.257 *	0.183 **
	（0.239）	（0.260）	（0.276）	（0.370）	（0.060）	（0.031）
CR	−0.310	−0.473	0.039	0.006	−0.008	−0.010
	（0.589）	（0.414）	（0.870）	（0.981）	（0.735）	（0.488）
LEV	−6.232	−6.353	−10.375 ***	−10.609 ***	0.108	0.141
	（0.268）	（0.260）	（<0.001）	（<0.001）	（0.644）	（0.324）
NAPS	0.400	0.330	0.206	0.188	0.104 ***	0.066 ***
	（0.259）	（0.352）	（0.167）	（0.209）	（<0.001）	（<0.001）
TobinQ	0.553	0.540	0.385 **	0.382 **	0.048 ***	0.041 ***
	（0.178）	（0.187）	（0.026）	（0.027）	（0.005）	（<0.001）
State	−1.302 **	−0.459 *	−0.305	−0.400	−0.124 **	−0.109
	（0.023）	（0.064）	（0.776）	（0.811）	（0.018）	（0.849）
Firm fixed effect	控制	控制	控制	控制	控制	控制
Annual fixed effect	控制	控制	控制	控制	控制	控制
Intercept	−75.651 ***	−74.030 ***	−27.724 **	−27.772 **	−2.718 **	−2.607 ***
	（0.007）	（0.008）	（0.018）	（0.018）	（0.019）	（<0.001）
N	438	438	438	438	438	438
adj. R^2	−0.010	−0.001	0.002	0.004	−0.133	0.024

注：括号中为双尾检验的 P 值，*、**、*** 意味着10%、5%和1%的显著程度。

9.4.3.4 内生性检验

前面主要采用 OLS 方法对 2012～2016 年"营改增"样本进行实证检验，这种方法有可能存在一定的内生性问题。为了缓解这一问题，分别采用如下两种 DID 方法重新估计。

第一，针对 2012 年试点企业的 DID 检验。由于 2013 年与 2014 年的样本量较少（见表 9-1），难以进行分年度的独立 DID 检验；而且，采用 DID 模型时，选用同一行业的试点企业与非试点企业进行对比具有较好的可比性，但 2016 年的改革政策在全国普遍应用，较难实行 DID 检验；仅 2012 年的改革在试点地区的试点行业施行，较为适合进行 DID 检验。因此，仅针对 2012 年的试点企业进行 DID 检验。具体以 2012 年试点地区的改革企业为实验组、非试点地区的同行业企业为控制组，设定虚拟变量 Treat（实验组与控制组的值分别为 1 与 0）以及 Time（改革后与改革前的值分别为 1 与 0）；并构建如下双重差分（DID）模型（9-2）与模型（9-3）。

$$\text{ROE} = \beta_0 + \beta_1 \text{Treat} + \beta_2 \text{Time} + \beta_3 \text{Treat} \times \text{Time} + \gamma \text{Control}$$
$$+ \sum \text{Industry} + \sum \text{Year} + \varepsilon \qquad (9-2)$$

$$\text{ROE} = \beta_0 + \beta_1 \text{Treat} + \beta_2 \text{Time} + \beta_3 \text{Treat} \times \text{Time} + \beta_4 \text{Treat} \times \text{Time} \times \text{WCT}$$
$$+ \beta_5 \text{Treat} \times \text{WCT} + \beta_6 \text{Time} \times \text{WCT} + \beta_7 \text{WCT} + \gamma \text{Control}$$
$$+ \sum \text{Industry} + \sum \text{Year} + \varepsilon \qquad (9-3)$$

由表 9-8 的 DID 检验结果可见，第（1）、第（3）、第（5）列 Treat × Time 的系数均显著为正，意味着改革后企业盈利能力有所提升；第（2）、第（4）、第（6）列 Treat × Time 及 Treat × Time × WCT 的系数为正且显著，由此可知，考虑内生性问题之后，研究假设 H1 的结论不变。

表 9-8　　　　　　　　　针对 2012 年试点企业的 DID 检验

变量	ROE		ROA		EPS	
	（1）	（2）	（3）	（4）	（5）	（6）
Treat	2.526 **	2.421 **	1.188 *	1.245 *	0.057	0.055
	(0.027)	(0.034)	(0.098)	(0.088)	(0.146)	(0.167)
Time	-2.155 ***	-1.838 **	-1.410 ***	-1.419 **	-0.073 **	-0.053
	(0.005)	(0.039)	(0.008)	(0.019)	(0.031)	(0.174)
Treat × Time	1.331 **	1.274 *	0.998 *	0.991 **	0.059 **	0.048 **
	(0.022)	(0.077)	(0.095)	(0.022)	(0.024)	(0.049)
Treat × Time × WCT		0.450 *		0.234 **		0.103 **
		(0.079)		(0.041)		(0.038)

续表

变量	ROE		ROA		EPS	
	(1)	(2)	(3)	(4)	(5)	(6)
Treat × WCT		−3.269		−0.776		−0.102
		(0.444)		(0.790)		(0.587)
Time × WCT		−7.729		−0.168		−0.348
		(0.271)		(0.973)		(0.263)
WCT		2.747		0.334		0.106
		(0.418)		(0.886)		(0.481)
OCR	1.594	1.222	−0.048	0.085	0.165	0.124
	(0.694)	(0.640)	(0.986)	(0.979)	(0.364)	(0.282)
LnSale	3.738***	3.945***	2.636***	2.635***	0.115*	0.117*
	(0.005)	(0.007)	(0.005)	(0.007)	(0.052)	(0.069)
GPM	−10.430	−3.343	−2.453	−2.430	−0.217	0.045
	(0.205)	(0.689)	(0.667)	(0.679)	(0.554)	(0.904)
Growth	0.317***	0.053	0.169**	0.169**	0.006	−0.000
	(0.001)	(0.151)	(0.012)	(0.018)	(0.144)	(0.796)
TOT	−1.423	2.023	−1.823	−1.775	−0.055	0.071
	(0.683)	(0.632)	(0.453)	(0.497)	(0.725)	(0.704)
CR	−0.002	−0.057	−0.083	−0.084	−0.003	−0.005
	(0.991)	(0.770)	(0.515)	(0.522)	(0.714)	(0.561)
LEV	6.469	5.716	−0.528	−0.481	0.299	0.249
	(0.301)	(0.388)	(0.903)	(0.914)	(0.285)	(0.395)
NAPS	−0.609*	−0.502	−0.309	−0.311	0.074***	0.075***
	(0.079)	(0.163)	(0.197)	(0.209)	(<0.001)	(<0.001)
TobinQ	2.349***	2.164***	1.669***	1.658***	0.074**	0.074**
	(<0.001)	(0.002)	(0.000)	(0.001)	(0.011)	(0.015)
State	0.045	0.092	−0.232	−0.242	0.034	0.037
	(0.963)	(0.924)	(0.700)	(0.691)	(0.282)	(0.252)
Firm fixed effect	控制	控制	控制	控制	控制	控制
Annual fixed effect	控制	控制	控制	控制	控制	控制
Intercept	−67.383**	−75.816***	−47.748***	−47.739**	−2.426**	−2.620**
	(0.010)	(0.008)	(0.009)	(0.013)	(0.038)	(0.037)
N	208	208	208	208	208	208
adj. R^2	0.436	0.407	0.387	0.388	0.397	0.388

注：括号中为双尾检验的 P 值，*、**、*** 意味着10%、5%和1%的显著程度。

第二，多时点 DID。为了进一步排除可能存在的内生性问题，借鉴张璇等（2019）的方法，采用多时点 DID 方法进行测试，即以全部 A 股上市企业为初始研究对象，在"企业经营范围"中搜索"营改增"行业的关键词，并根据时间、行业及地区进行辨识；如果企业被纳入改革试点则令 Policy = 1，否则 Policy = 0，注意此处的 Policy 相当于 Treat × Time。通过识别，2012 年被纳入"营改增"试点的企业有 1 730 家；2013 年下半年与 2014 年新增改革企业 290 家；2016 年新增改革企业 149 家。剔除缺漏值、经营亏损以及 ROE 异常样本后，最终得到 13 106 条数据。表 9 - 9 列示了实验组与对照组的单变量对比检验结果，所得结论与表 9 - 4 一致。

表 9 - 9　　　　　　　　　多时点 DID 的单变量检验

变量	对照组			实验组			实验组均值 - 对照组均值
	均值	中位数	标准差	均值	中位数	标准差	
ROE	7.306	6.601	10.640	8.005	7.913	10.880	0.699
ROA	4.363	3.449	5.556	4.769	4.188	5.323	0.406
EPS	0.378	0.241	0.517	0.417	0.310	0.470	0.039
WCT	0.058	0.024	0.094	0.066	0.023	0.160	0.008
SCI	3.102	1.006	7.023	3.230	0.943	8.111	0.128
Dispersion	0.252	0.018	0.888	0.094	0.008	0.429	-0.158
LnRD	12.67	16.850	7.842	13.340	17.280	7.747	0.670
STDSale	0.154	0.030	0.349	0.113	0.020	0.279	-0.041
VATR	0.030	0.018	0.045	0.029	0.018	0.046	-0.002
LnSale	21.22	21.100	1.452	21.450	21.350	1.375	0.230
GPM	0.280	0.237	0.173	0.295	0.236	0.161	0.015
CTR	6.724	3.953	9.418	6.765	4.038	9.013	0.041
IRT	0.070	0.031	0.212	0.104	0.034	0.359	0.034
OCR	0.005	0.007	0.041	0.005	0.007	0.040	0.0002
ART	1.126	0.072	4.111	0.595	0.060	2.737	-0.531
APT	0.091	0.052	0.143	0.093	0.049	0.157	0.002

表 9 - 10 列示了多时点 DID 检验结果。第（1）、第（3）、第（5）列 Policy 的系数均显著为正，意味着改革后企业盈利能力有所提升；第（2）、第（4）、第（6）列 Policy 与 Policy × WCT 的系数均为正且分别在 5% 与 1%

的水平上显著，表明在考虑了内生性问题，采用多时点 DID 方法并控制了企业固定效应之后，研究假设 H1 仍然成立。

表 9 - 10 多时点 DID 多元回归检验

变量	ROE		ROA		EPS	
	(1)	(2)	(3)	(4)	(5)	(6)
Policy	0.393 *	0.265 **	0.073 *	0.027 *	0.013 **	0.011 *
	(0.069)	(0.032)	(0.059)	(0.062)	(0.025)	(0.099)
Policy × WCT		3.457 **		2.707 ***		0.027 ***
		(0.024)		(0.006)		(0.004)
WCT		−11.679 ***		−7.067 ***		−0.059 ***
		(0.001)		(<0.001)		(<0.001)
OCR	−0.217	−0.127	0.100	0.351	−0.253 **	0.046
	(0.879)	(0.929)	(0.802)	(0.377)	(0.022)	(0.144)
LnSale	3.688 ***	3.685 ***	1.354 ***	1.150 ***	0.087 ***	0.089 ***
	(<0.001)	(<0.001)	(<0.001)	(<0.001)	(<0.001)	(<0.001)
GPM	31.442 ***	31.329 ***	10.563 ***	10.373 ***	0.690 ***	0.720 ***
	(<0.001)	(<0.001)	(<0.001)	(<0.001)	(<0.001)	(<0.001)
Growth	0.937 ***	0.938 ***	0.130 ***	0.128 ***	0.034 ***	0.007 ***
	(<0.001)	(<0.001)	(<0.001)	(<0.001)	(<0.001)	(<0.001)
TOT	5.619 ***	5.940 ***	2.031 ***	2.043 ***	0.237 ***	0.145 ***
	(<0.001)	(<0.001)	(<0.001)	(<0.001)	(<0.001)	(<0.001)
CR	0.029	0.009	0.016	0.012	0.010 ***	0.005 ***
	(0.582)	(0.872)	(0.294)	(0.426)	(<0.001)	(<0.001)
LEV	−3.228 ***	−2.509 ***	−3.664 ***	−3.109 ***	0.214 ***	0.194 ***
	(0.000)	(0.005)	(<0.001)	(<0.001)	(<0.001)	(<0.001)
NAPS	0.100 **	0.091 **	0.083 ***	0.064 ***	0.077 ***	0.055 ***
	(0.024)	(0.040)	(<0.001)	(<0.001)	(<0.001)	(<0.001)
TobinQ	0.768 ***	0.767 ***	0.326 ***	0.351 ***	0.028 ***	0.030 ***
	(<0.001)	(<0.001)	(<0.001)	(<0.001)	(<0.001)	(<0.001)
State	−0.031	−0.013	−0.514	−0.019	−0.336	−0.058
	(0.668)	(0.473)	(0.774)	(0.391)	(0.578)	(0.551)
Firm fixed effect	控制	控制	控制	控制	控制	控制

续表

变量	ROE		ROA		EPS	
	(1)	(2)	(3)	(4)	(5)	(6)
Annual fixed effect	控制	控制	控制	控制	控制	控制
Intercept	− 80. 784 *** (<0. 001)	− 80. 627 *** (<0. 001)	− 26. 889 *** (<0. 001)	− 22. 411 *** (<0. 001)	− 2. 284 *** (<0. 001)	− 2. 160 *** (<0. 001)
N	13 106	13 106	13 106	13 106	13 106	13 106
adj. R^2	0. 274	0. 274	0. 262	0. 267	0. 404	0. 336

注：括号中为双尾检验的 P 值，＊、＊＊、＊＊＊意味着 10%、5% 和 1% 的显著程度。

为了规避共同趋势造成的影响，对多时点 DID 检验结果同样进行平行趋势检验。假设"营改增"事件均提前一年发生，即将 Policy 改变为 Before 再重新回归。表 9 - 11 中 Before 与 Before × WCT 的系数均不显著，意味着研究假设 H1 的结论并非由共同趋势所致。

表 9 - 11　　　　　　　　多时点 DID 的平行趋势检验

变量	ROE	ROA	EPS
	(1)	(2)	(3)
Before	0. 378 (0. 660)	0. 090 (0. 817)	0. 043 (0. 235)
Before × WCT	0. 140 (0. 954)	0. 516 (0. 640)	0. 040 (0. 691)
WCT	− 3. 503 (0. 101)	− 1. 933 ** (0. 046)	− 0. 209 ** (0. 020)
OCR	0. 882 (0. 730)	1. 669 (0. 150)	0. 113 (0. 293)
Lnsale	2. 387 *** (<0. 001)	1. 134 *** (<0. 001)	0. 094 *** (<0. 001)
GPM	18. 804 *** (<0. 001)	9. 943 *** (<0. 001)	0. 654 *** (<0. 001)
Growth	1. 201 *** (<0. 001)	0. 508 *** (<0. 001)	0. 030 *** (<0. 001)

变量	ROE	ROA	EPS
	(1)	(2)	(3)
TOT	4.053 *** (<0.001)	2.205 *** (<0.001)	0.175 *** (<0.001)
CR	0.145 * (0.086)	0.060 (0.114)	0.001 (0.767)
LEV	4.477 *** (<0.001)	−5.199 *** (<0.001)	0.302 *** (<0.001)
NAPS	0.224 *** (<0.001)	0.119 *** (<0.001)	0.097 *** (<0.001)
TobinQ	0.474 *** (<0.001)	0.444 *** (<0.001)	0.045 *** (<0.001)
State	−1.226 *** (<0.001)	−0.369 *** (0.007)	−0.042 *** (0.001)
Firm fixed effect	控制	控制	控制
Annual fixed effect	控制	控制	控制
Intercept	−54.572 *** (<0.001)	−23.235 *** (<0.001)	−2.567 *** (<0.001)
N	13 106	13 106	13 106
adj. R^2	0.396	0.458	0.531

注：括号中为双尾检验的 P 值，* 、** 、*** 意味着 10%、5% 和 1% 的显著程度。

9.4.4 供应链协调能力的强化效应

以下检验研究假设 H2 与 H3。随着供应链协调能力的增强，具体而言，随着上下游合作关系的密切程度提高或者资源配置效率提高，供应链协调对"营改增"盈利效应的促进作用是否会变得更加显著。

9.4.4.1 合作关系密切度

结合前面理论分析，在此从客户集中度、主营业务收入稳定性以及研发投入三个维度来考察供应链合作关系。

第一，客户集中度。在表9-12第（1）、第（3）、第（5）列客户集中度较高（即 CI > 中位数）的子样本中，Policy 与 Policy × WCT 的系数均为正且在至少5%的水平上显著；但在（2）、第（4）、第（6）列客户集中度较低（即 CI < 中位数）的子样本中，Policy × WCT 的系数均不显著。这意味着当客户集中度较高，合作关系较紧密时，供应链协调提升"营改增"企业盈利能力的作用更显著。上述结果支持了研究假设 H2。

表9-12　　　　　　　　　合作关系紧密度1：客户集中度

变量	ROE		ROA		EPS	
	CI > 中位数	CI < 中位数	CI > 中位数	CI < 中位数	CI > 中位数	CI < 中位数
	（1）	（2）	（3）	（4）	（5）	（6）
Policy	0.057 **	0.931 **	1.337 ***	1.825 *	0.218 **	0.302 *
	(0.020)	(0.038)	(0.005)	(0.062)	(0.010)	(0.065)
Policy × WCT	1.662 **	0.414	0.150 **	−0.331	0.004 **	−0.023
	(0.013)	(0.631)	(0.043)	(0.183)	(0.026)	(0.562)
WCT	−113.861 *	−44.258	−13.751	43.571	−3.001 *	3.248
	(0.079)	(0.637)	(0.604)	(0.128)	(0.065)	(0.477)
OCR	−2.115	2.975	1.994 **	0.808	0.011	0.159
	(0.557)	(0.155)	(0.039)	(0.598)	(0.903)	(0.535)
LnSale	14.304	57.130 ***	11.237 ***	26.936 ***	0.433	1.574 *
	(0.645)	(0.000)	(0.002)	(0.000)	(0.574)	(0.087)
GPM	4.474 ***	1.388 ***	0.755 **	1.117 ***	0.043 ***	0.053 *
	(0.000)	(0.000)	(0.038)	(0.000)	(0.001)	(0.053)
Growth	−9.768	2.945	5.863	−3.136	−0.057	−0.131
	(0.814)	(0.800)	(0.142)	(0.272)	(0.956)	(0.777)
TOT	18.644 *	19.394 *	0.701	2.007	0.337	0.466
	(0.086)	(0.095)	(0.813)	(0.680)	(0.195)	(0.568)
CR	1.013	0.886	−0.278	1.505 *	−0.027	0.119
	(0.683)	(0.472)	(0.722)	(0.055)	(0.663)	(0.329)
LEV	9.537	16.826	−6.391 *	−4.185	0.224	1.541
	(0.545)	(0.241)	(0.083)	(0.496)	(0.565)	(0.148)
NAPS	−1.952 *	−0.070	−0.385	−0.198	−0.012	0.001
	(0.059)	(0.908)	(0.105)	(0.634)	(0.609)	(0.994)
TobinQ	−2.381 *	−0.779	0.055	1.137 *	0.018	0.114
	(0.080)	(0.691)	(0.771)	(0.070)	(0.573)	(0.255)

续表

变量	ROE		ROA		EPS	
	CI > 中位数	CI < 中位数	CI > 中位数	CI < 中位数	CI > 中位数	CI < 中位数
	(1)	(2)	(3)	(4)	(5)	(6)
State	-1.125 (0.298)	1.029 (0.775)	2.234*** (0.006)	-0.506 (0.214)	-0.049 (0.291)	-0.120* (0.050)
Industry fixed effect	控制	控制	控制	控制	控制	控制
Annual fixed effect	控制	控制	控制	控制	控制	控制
Intercept	50.602 (0.547)	-18.356** (0.038)	-38.023* (0.069)	-27.415 (0.376)	-0.036 (0.986)	-5.262 (0.311)
N	70	70	70	70	70	70
adj. R^2	0.872	0.731	0.490	0.783	0.312	0.143

注：括号中为双尾检验的 P 值，*、**、*** 意味着 10%、5% 和 1% 的显著程度。

第二，主营业务收入稳定性。在表 9-13 第（1）、第（3）、第（5）列主营业务收入稳定性强（即 STDSale < 中位数）的子样本中，Policy 与 Policy × WCT 的系数均为正且在至少 10% 的水平上显著；但在第（2）、第（4）、第（6）列主营业务收入稳定性差（即 STDSale > 中位数）的子样本中，Policy 与 Policy × WCT 的系数均不显著。这意味着当主营业务收入稳定性较强，合作关系较紧密时，供应链协调提升"营改增"企业盈利能力的作用更显著。上述结果进一步支持了研究假设 H2。

表 9-13　　　　　合作关系紧密度 2：主营业务收入稳定性

变量	ROE		ROA		EPS	
	STDSale < 中位数	STDSale > 中位数	STDSale < 中位数	STDSale > 中位数	STDSale < 中位数	STDSale > 中位数
	(1)	(2)	(3)	(4)	(5)	(6)
Policy	2.707** (0.047)	1.475 (0.506)	1.427*** (0.009)	0.382 (0.757)	0.028** (0.020)	0.130 (0.216)
Policy × WCT	0.768** (0.030)	-8.225 (0.342)	0.562* (0.084)	-1.194 (0.386)	0.012* (0.078)	-0.699 (0.105)

续表

变量	ROE		ROA		EPS	
	STDSale <中位数	STDSale >中位数	STDSale <中位数	STDSale >中位数	STDSale <中位数	STDSale >中位数
	(1)	(2)	(3)	(4)	(5)	(6)
WCT	−7.389 **	6.124	−4.878 ***	−1.015	−0.235 **	0.461
	(0.024)	(0.588)	(0.004)	(0.742)	(0.030)	(0.421)
OCR	−0.375	−3.202	−0.404	−2.096	−0.223	−0.174
	(0.903)	(0.527)	(0.823)	(0.357)	(0.241)	(0.333)
LnSale	0.700 **	3.261 ***	0.277 ***	1.613 **	0.022 **	0.101 ***
	(0.047)	(0.003)	(0.007)	(0.017)	(0.028)	(0.004)
GPM	19.363 ***	33.873 ***	10.247 ***	17.021 ***	0.651 ***	1.006 **
	(0.002)	(0.003)	(0.001)	(0.001)	(0.002)	(0.033)
Growth	1.038	1.360 **	0.403	0.390 **	0.007 *	0.021 ***
	(0.168)	(0.014)	(0.211)	(0.015)	(0.062)	(0.005)
TOT	5.105 **	8.355 **	2.450 ***	2.940	0.211 **	0.266 **
	(0.024)	(0.026)	(0.008)	(0.111)	(0.010)	(0.041)
CR	−0.141	−0.132	−0.141	−0.152	0.002	−0.006
	(0.570)	(0.414)	(0.316)	(0.403)	(0.717)	(0.654)
LEV	8.309 **	−8.526 *	−5.007 ***	−9.702 ***	0.342 **	0.044
	(0.020)	(0.083)	(0.001)	(0.001)	(0.012)	(0.579)
NAPS	0.421 *	0.124	0.161 *	0.013	0.065 ***	0.092 ***
	(0.088)	(0.705)	(0.077)	(0.868)	(<0.001)	(0.001)
TobinQ	0.171	−0.567	0.074	0.194	0.016 *	0.037 ***
	(0.344)	(0.530)	(0.707)	(0.512)	(0.063)	(0.002)
State	−0.199	−1.005	−0.017	0.303	0.022	−0.077 **
	(0.768)	(0.425)	(0.964)	(0.487)	(0.649)	(0.043)
Industry fixed effect	控制	控制	控制	控制	控制	控制
Annual fixed effect	控制	控制	控制	控制	控制	控制
Intercept	−16.977 *	−68.595 ***	−1.578	−30.058 **	−0.926 ***	−2.519 ***
	(0.068)	(0.004)	(0.456)	(0.042)	(0.003)	(<0.001)
N	252	252	252	252	252	252
adj. R^2	0.396	0.516	0.485	0.627	0.632	0.549

注：括号中为双尾检验的 P 值，＊、＊＊、＊＊＊ 意味着 10%、5% 和 1% 的显著程度。

第三，研发投入。表9-14的第（1）、第（2）列列示了全样本检验结果。在第（1）列 LnRD > 0（即中位数）的子样本中，Policy 与 Policy × WCT 的系数均为正且至少在10%的水平上显著，但在第（2）列 LnRD = 0 的子样本中，Policy 与 Policy × WCT 的系数均不显著。考虑到服务业中的一些具体行业对研发存在较大依赖性（如信息技术、研发与技术业），而其他具体行业对研发的依赖性却较小，可以预期，研发投入的检验结果可能存在一定行业差异，因此将本章样本区分为研发密集型与非密集型两类重新进行检验。第（3）、第（4）列列示了研发密集型行业的检验结果，在第（3）列 LnRD > 中位数的子样本中，Policy 与 Policy × WCT 的系数均为正且至少在10%的水平上显著，但在第（4）列 LnRD < 中位数的子样本中，Policy × WCT 的系数不显著，意味着对于研发密集型行业而言，研发投入的影响显著。第（5）、第（6）列列示了非研发密集型行业的检验结果，无论在第（5）列 LnRD > 0（即中位数）的子样本中，还是在第（6）列 LnRD = 0 的子样本中，Policy 与 Policy × WCT 的系数均为正且至少在10%的水平上显著，意味着对于非研发密集型行业而言，研发投入并无显著影响。上述结果进一步支持了研究假设 H2。

表 9 – 14　　　　　　　　　合作关系紧密度3：研发投入

变量	ROE					
	全样本		研发密集型行业		其他行业	
	LnRD > 0	LnRD = 0	LnRD > 中位数	LnRD < 中位数	LnRD > 0	LnRD = 0
	（1）	（2）	（3）	（4）	（5）	（6）
Policy	0.984 *	1.553	1.398 **	1.082 *	0.257 **	1.562 *
	(0.070)	(0.484)	(0.019)	(0.066)	(0.045)	(0.061)
Policy × WCT	7.795 **	−3.791	51.607 *	−120.678	11.396 *	5.325 **
	(0.049)	(0.407)	(0.064)	(0.362)	(0.096)	(0.049)
WCT	−14.583	0.532	34.937	184.344	−4.813	−3.124
	(0.128)	(0.918)	(0.639)	(0.190)	(0.734)	(0.636)
OCR	0.516	−0.504	9.727 ***	7.949	0.663	6.335 ***
	(0.889)	(0.938)	(0.004)	(0.105)	(0.840)	(0.009)
LnSale	1.029 **	1.666 *	17.458	45.747 ***	47.652 ***	50.200 ***
	(0.014)	(0.069)	(0.149)	(0.003)	(0.003)	(0.000)

续表

变量	ROE					
	全样本		研发密集型行业		其他行业	
	LnRD > 0	LnRD = 0	LnRD > 中位数	LnRD < 中位数	LnRD > 0	LnRD = 0
	(1)	(2)	(3)	(4)	(5)	(6)
GPM	31.699*** (0.005)	18.567*** (0.009)	2.019** (0.033)	0.417 (0.118)	1.796*** (0.000)	0.449*** (0.000)
Growth	1.745*** (0.007)	0.831** (0.037)	−2.262 (0.807)	−14.262 (0.289)	6.341 (0.456)	−3.486 (0.730)
TOT	10.396** (0.011)	4.111 (0.105)	−3.925 (0.467)	3.950 (0.814)	21.147 (0.148)	−0.197 (0.964)
CR	−0.277 (0.459)	−0.057 (0.824)	0.556 (0.376)	2.207*** (0.005)	−0.164 (0.864)	−0.454 (0.591)
LEV	−5.044 (0.106)	4.097 (0.429)	11.266 (0.398)	24.300 (0.222)	−23.533 (0.111)	3.673 (0.678)
NAPS	0.484 (0.354)	0.175 (0.163)	−0.777 (0.200)	0.726 (0.565)	0.816 (0.342)	−0.056 (0.881)
TobinQ	−1.462* (0.070)	0.719 (0.158)	0.908 (0.288)	−0.113 (0.845)	−1.135 (0.493)	−0.039 (0.943)
State	−3.029 (0.126)	−1.125 (0.298)	−3.029 (0.126)	−1.125 (0.298)	−3.059 (0.126)	−2.125 (0.298)
Industry fixed effect	控制	控制	控制	控制	控制	控制
Annual fixed effect	控制	控制	控制	控制	控制	控制
Intercept	−18.356** (0.038)	−37.168* (0.057)	−201.107*** (0.003)	−190.936** (0.031)	−16.080 (0.814)	−144.972*** (0.006)
N	220	284	64	64	210	166
adj. R²	0.557	0.382	0.272	0.403	0.539	0.458

注：括号中为双尾检验的P值，＊、＊＊、＊＊＊意味着10%、5%和1%的显著程度。

9.4.4.2 资源配置效率

为了验证 H3，首先借鉴以往研究（Hsieh and Klenow，2009；蒋为，2016）的做法，用生产率离散程度（Dispersion）衡量配置效率，Dispersion 越大代表配置效率越低；然后按照 Dispersion 的大小分样本回归模型（9 - 1）。在表9 - 15第（1）、第（3）、第（5）列资源配置效率较高（即 Dispersion < 中位数）的子样本中，Policy 与 Policy × WCT 的系数均为正且在至少 10% 的水平上显著，但在第（2）、第（4）、第（6）列资源配置效率较低（即 Dispersion > 中位数）的子样本中，Policy 与 Policy × WCT 的系数均不显著，意味着当配置效率较高时，供应链协调更能增强"营改增"的盈利效应。上述结果支持了研究假设 H3。

表 9 - 15　　　　　　　　　　资源配置效率的影响

变量	ROE		ROA		EPS	
	Dispersion < 中位数	Dispersion > 中位数	Dispersion < 中位数	Dispersion > 中位数	Dispersion < 中位数	Dispersion > 中位数
	（1）	（2）	（3）	（4）	（5）	（6）
Policy	0.466 * (0.047)	1.138 (0.359)	0.263 ** (0.013)	0.856 (0.497)	0.037 ** (0.023)	0.049 (0.848)
Policy × WCT	16.076 ** (0.028)	− 0.049 (0.993)	1.571 * (0.091)	1.269 (0.524)	0.105 * (0.083)	− 0.206 (0.526)
WCT	− 19.567 (0.114)	− 7.650 (0.189)	− 3.163 (0.385)	− 5.960 *** (0.009)	− 0.405 (0.568)	− 0.262 (0.251)
OCR	6.056 (0.316)	− 2.005 (0.617)	4.711 * (0.091)	− 2.111 (0.222)	− 0.034 (0.953)	− 0.067 (0.573)
LnSale	1.253 ** (0.042)	2.066 *** (0.003)	0.307 *** (0.004)	0.969 ** (0.013)	0.063 (0.169)	0.079 *** (0.001)
GPM	50.193 * (0.054)	23.049 *** (<0.001)	20.954 ** (0.022)	12.647 *** (<0.001)	2.194 *** (<0.001)	0.691 *** (0.003)
Growth	0.678 * (0.062)	1.792 ** (0.015)	0.240 (0.175)	0.548 ** (0.014)	0.014 * (0.051)	0.029 *** (0.006)
TOT	9.957 (0.112)	6.102 ** (0.015)	2.007 (0.267)	3.020 ** (0.011)	0.473 *** (0.008)	0.230 ** (0.022)

续表

变量	ROE		ROA		EPS	
	Dispersion <中位数	Dispersion >中位数	Dispersion <中位数	Dispersion >中位数	Dispersion <中位数	Dispersion >中位数
	(1)	(2)	(3)	(4)	(5)	(6)
CR	0.376 (0.177)	−0.136 (0.402)	0.254* (0.076)	−0.149 (0.172)	0.010 (0.686)	−0.003 (0.603)
LEV	6.492 (0.529)	−1.455 (0.691)	−1.788 (0.632)	−7.742*** (0.001)	0.256 (0.476)	0.148** (0.037)
NAPS	0.359*** (0.006)	0.159 (0.559)	0.125** (0.042)	0.041 (0.537)	0.087*** (<0.001)	0.102*** (<0.001)
TobinQ	0.374 (0.136)	−0.288 (0.636)	0.252* (0.051)	0.141 (0.622)	0.023 (0.262)	0.033** (0.012)
State	−2.646* (0.071)	−0.805 (0.478)	−0.461 (0.162)	−0.000 (0.999)	−0.076 (0.432)	−0.074 (0.185)
Industry fixed effect	控制	控制	控制	控制	控制	控制
Annual fixed effect	控制	控制	控制	控制	控制	控制
Intercept	−44.408*** (<0.001)	−42.991*** (0.002)	−10.624* (0.068)	−16.035** (0.049)	−2.370*** (0.002)	−1.994*** (0.001)
N	114	390	114	390	114	390
adj. R^2	0.377	0.528	0.469	0.607	0.455	0.618

注：括号中为双尾检验的 P 值，*、**、*** 意味着 10%、5%和 1%的显著程度。

9.4.5　供应链协调动机的强化效应

为了验证 H4，首先借鉴杨默如和叶慕青（2016）等的做法，设置变量企业税负（VATR），VATR 越大意味着企业需要缴纳的增值税税负越重；然后按照 VATR 的中位数区分子样本重新回归模型（9－1）。在表 9－16 第（1）、第（3）、第（5）列 VATR>中位数的子样本中，Policy 与 Policy × WCT 的系数均为正且在至少 10%的水平上显著，但在第（2）、第（4）、第（6）列 VATR≤中位数的子样本中，Policy 与 Policy × WCT 的系数均不显著，意味着当名义税负较高时，"营改增"企业更有动机通过供应链协调加快税负转嫁、降低税负成本，从而促进企业盈利能力提升。上述结果支持了研究假设 H4。

表 9 - 16　　　　　　　　　　　名义税负的影响

变量	ROE		ROA		EPS	
	VATR >中位数	VATR ≤中位数	VATR >中位数	VATR ≤中位数	VATR >中位数	VATR ≤中位数
	(1)	(2)	(3)	(4)	(5)	(6)
Policy	0.714* (0.070)	0.056 (0.189)	0.859* (0.096)	-0.445 (0.836)	0.004** (0.045)	0.013 (0.103)
Policy × WCT	5.691** (0.036)	6.869 (0.594)	3.495*** (0.005)	5.711 (0.564)	0.238* (0.077)	0.501 (0.364)
WCT	-3.087 (0.662)	-9.290 (0.471)	-2.585 (0.233)	-8.571 (0.375)	-0.145 (0.536)	-0.826 (0.133)
OCR	3.679 (0.765)	-0.731 (0.795)	0.170 (0.964)	-1.607* (0.063)	0.705* (0.086)	-0.217 (0.106)
LnSale	1.457 (0.485)	2.755*** (0.006)	2.637*** (<0.001)	1.090** (0.021)	0.101 (0.145)	0.090*** (<0.001)
GPM	54.972*** (<0.001)	27.776*** (0.005)	20.196*** (<0.001)	14.600*** (0.001)	1.560*** (<0.001)	0.823** (0.044)
Growth	1.435*** (<0.001)	1.135* (0.070)	0.385*** (<0.001)	0.373* (0.076)	0.034*** (<0.001)	0.014** (0.043)
TOT	3.992 (0.461)	9.360** (0.028)	-1.190 (0.473)	4.606** (0.020)	0.058 (0.746)	0.417** (0.013)
CR	-0.232 (0.646)	0.041 (0.909)	-0.011 (0.946)	0.078 (0.549)	0.001 (0.960)	0.013 (0.159)
LEV	1.380 (0.905)	-5.712 (0.105)	-3.492 (0.324)	-7.241*** (<0.001)	0.518 (0.177)	0.221 (0.142)
NAPS	0.072 (0.890)	0.370 (0.389)	-0.021 (0.894)	0.139 (0.363)	0.094*** (<0.001)	0.105*** (<0.001)
TobinQ	0.048 (0.933)	-0.194 (0.866)	0.117 (0.498)	0.361 (0.327)	0.014 (0.451)	0.040*** (0.010)
State	-0.179 (0.468)	-0.373 (0.799)	0.463 (0.787)	0.108 (0.827)	0.412 (0.749)	-0.080* (0.091)

续表

变量	ROE		ROA		EPS	
	VATR > 中位数	VATR ≤ 中位数	VATR > 中位数	VATR ≤ 中位数	VATR > 中位数	VATR ≤ 中位数
	(1)	(2)	(3)	(4)	(5)	(6)
Industry fixed effect	控制	控制	控制	控制	控制	控制
Annual fixed effect	控制	控制	控制	控制	控制	控制
Intercept	−40.227 (0.361)	−59.118*** (0.006)	−56.167*** (<0.001)	−19.895** (0.041)	−2.946** (0.045)	−2.267*** (<0.001)
N	246	258	246	258	246	258
adj. R^2	0.493	0.451	0.529	0.607	0.525	0.571

注：括号中为双尾检验的 P 值，*、**、*** 意味着10%、5%和1%的显著程度。

9.5　拓展性研究

9.5.1　供应链协调在营运资金细分项目上的表现

营运资金管理主要是对流动资产与流动负债项目的管理，尽管营运资金周转率反映的是供应链协调的综合效果，但由于各项具体指标之间存在内在联系，因此可能出现此消彼长的冲突和矛盾。例如，企业为了提高现金周转率而不愿意为客户提供信用支持甚至过紧地催收货款，或者过度压榨供应商、拖延付款期，有可能导致客户与供应商远离，这既会提高自身交易成本，也不利于供应链整体利益最大化的实现（王竹泉等，2007）。

由分行业样本量统计可知，本章主要的研究对象涉及房地产（174个）、信息技术（114个）、建筑（102个）以及交通运输（44个）这四个行业。其中，存货、货币资金、应收账款、应付账款占总资产的比重的均值分别为 29.5%、20.3%、10.8%、10.9%；结合行业经营特点可知，存货、现金、应收账款、应付账款管理对本章所涉及的主要行业起到重要作用。因此，下面分别讨论供应链协调在存货周转率、货币资金周转率、应收账款周转率、应付账款周转率四个方面的具体表现及其对"营改增"
盈利效应的影响。

9.5.1.1 现金周转率与存货周转率

现金与存货周转速度是"营改增"涉及的服务业企业资产管理的重点。
例如，房地产业通常会有大量货币资金与存货，提高现金周转率与存货周转
率是其核心竞争力；信息技术行业是典型的轻资产行业，人力资本是其核心
资产，这类行业重视研发创新，现金储备量高，通常会锁定供应商与客户并
聚焦供应链管理；在融资上，由于较难获得高质量的金融服务，因而主要以
内源融资为主并较多依靠上下游资金；在运营上，主要采用快速存货周转和
现金周转模式（戴天婧等，2012）。"营改增"促进了供应链协调，"供应
商、企业、客户"的无伤痕链接有助于提升现金及存货周转速度，从而提高
改革企业的盈利能力。

为了对此进行验证，设置变量现金周转率（CRT）与存货周转率
（ITR），然后分别考察 Policy×CRT（或 ITR）对"营改增"后企业业绩的影
响。表9-17第（1）~（3）列呈现了现金周转率对改革后企业绩效的影响，
Policy 与 Policy×CRT 的系数均为正；第（4）~（6）列呈现了存货周转率对
改革后企业绩效的影响，Policy 与 Policy× IRT 的系数均为正且在5%或1%
的水平上显著。上述结果表明，现金及存货周转率越高，"营改增"后企业
的盈利能力越会显著提高。

表9-17 现金周转率与存货周转率

变量	ROE	ROA	EPS	ROE	ROA	EPS
	（1）	（2）	（3）	（4）	（5）	（6）
Policy	1.862 * (0.096)	1.984 ** (0.044)	0.052 *** (0.001)	1.866 *** (0.006)	1.914 *** (0.002)	0.056 *** (0.003)
Policy × CRT	0.081 ** (0.050)	0.029 (0.357)	0.009 ** (0.012)			
CRT	-0.069 ** (0.036)	-0.026 (0.204)	-0.003 (0.133)			
Policy × IRT				0.162 ** (0.034)	0.092 *** (0.009)	0.005 ** (0.042)

续表

变量	ROE	ROA	EPS	ROE	ROA	EPS
	（1）	（2）	（3）	（4）	（5）	（6）
IRT				−0.050 （0.562）	0.011 （0.808）	0.001 （0.890）
OCR	−1.288 （0.524）	−1.168 （0.305）	−0.037 （0.694）	−1.421 （0.576）	−0.884 （0.443）	−0.062 （0.510）
LnSale	1.349 *** （0.003）	0.600 ** （0.011）	0.078 *** （0.004）	1.921 *** （<0.001）	0.729 *** （<0.001）	0.073 *** （0.004）
GPM	17.628 *** （<0.001）	8.896 *** （<0.001）	0.813 *** （0.001）	26.496 *** （<0.001）	15.096 *** （<0.001）	0.821 *** （0.001）
Growth	0.255 ** （0.017）	0.946 *** （0.002）	0.022 ** （0.010）	1.199 *** （<0.001）	0.373 *** （0.006）	0.022 *** （0.007）
TOT	4.011 *** （0.004）	3.285 *** （0.001）	0.164 *** （0.002）	4.804 ** （0.020）	2.353 *** （0.003）	0.171 *** （0.008）
CR	−0.095 （0.436）	−0.067 （0.376）	−0.003 （0.614）	−0.097 （0.396）	−0.037 （0.593）	−0.001 （0.884）
LEV	5.436 ** （0.015）	−3.831 *** （0.003）	0.135 （0.117）	−1.839 （0.655）	−5.084 *** （0.001）	0.200 * （0.053）
NAPS	0.133 （0.134）	0.064 （0.267）	0.097 *** （<0.001）	0.266 （0.346）	0.088 （0.389）	0.096 *** （<0.001）
TobinQ	0.646 ** （0.038）	0.227 * （0.094）	0.045 *** （<0.001）	0.043 （0.949）	0.269 （0.402）	0.048 *** （0.001）
State	−0.479 （0.390）	0.038 （0.889）	−0.051 （0.321）	−1.152 （0.299）	−0.064 （0.873）	−0.049 （0.313）
Industry fixed effect	控制	控制	控制	控制	控制	控制
Annual fixed effect	控制	控制	控制	控制	控制	控制
Intercept	−37.089 *** （0.002）	−14.764 *** （0.007）	−2.582 *** （<0.001）	−46.611 *** （<0.001）	−20.976 *** （<0.001）	−2.581 *** （<0.001）
N	504	504	504	504	504	504
adj. R^2	0.478	0.603	0.574	0.452	0.553	0.560

注：括号中为双尾检验的 P 值，*、**、*** 意味着10%、5%和1%的显著程度。

9.5.1.2 应收账款周转率

以往文献表明，商业信用激励能够促进供应链协调（Luo and Shang，2014）。改革后企业为其下游客户提供商业信用，有助于协调与平衡其与下游客户之间的利益，增加订货量，促进利益最大化。借助三阶段模型进行分析：第一阶段，改革后企业独立按照自身利益最大化目标进行决策，但其下游客户可能由于受到资金约束而无法实现最优订货量，因此成为改革企业利益最大化的绊脚石；第二阶段，假设改革后企业要求其下游客户按照最优标准增加订货量，但其下游客户由于库存成本与资金成本会大幅度增加，因此缺乏合作的积极性；第三阶段，假设改革后企业允许其下游客户延期付款，即通过商业信用契约对利润进行合理分配，就能降低下游客户的成本，促使改革企业与其下游客户同时实现利益最大化目标。因此，基于利益最大化视角考虑，企业应该有动机为其下游客户提供信用激励。而且，"营改增"后，企业应该兼具为其下游客户提供信用激励的动机与能力。从动机来看，企业进行信用激励的意愿与市场预期有关。在经济低迷、市场预期悲观的情况下，企业往往采用收缩型的信贷政策，削减商业信用供给（王贞洁和王竹泉，2013），但"营改增"转变了社会预期，提振了市场信心（孙正和陈旭东，2018），刺激了投资与生产（刘柏和王馨竹，2017），因此，改革后，企业更有动机为其下游客户提供信用支持。从能力来看，企业对其下游客户实施信用激励的可能性与其承受的资金压力有关。实施信用激励首先需要授信者拥有充足的资金。"营改增"传递出的积极信号有助于外部投资者形成乐观预期，缓解企业面临的融资约束（罗宏和陈丽霖，2012；乔睿蕾和陈良华，2017；岳树民和肖春明，2017）。因此，"营改增"后，企业更有能力为其下游客户提供信用支持。研究表明，为了维护与客户的关系，企业会允许客户占用应收账款，较慢的应收账款周转速度体现了企业与其客户的密切关系（李欢等，2018）。因此，供应链协调有可能表现为应收账款周转率降低。

此外，供应链协调需要企业相互配合，当改革后企业对下游客户实施信用激励时，下游客户也会及时偿还货款，较少故意拖欠，因而改革后企业应该能够及时收回现金货款。现金营运指数可用于衡量现金回收质量，该指标体现了本期货款能够及时收回现金的比例，其理想值为1。因此，供应链协调还可能表现为现金营运指数提高。

　　为了对此进行验证，首先设置变量应收账款周转率（ART）与现金营运指数（OCR），然后分别考察 Policy×ART（或 OCR）对"营改增"后企业业绩的影响。表 9-18 第（1）~（3）列呈现了应收账款周转率（ART）对改革后企业绩效的影响；由 Policy×ART 的系数显著为负可知，应收账款周转率（ART）降低提升了"营改增"后企业的获利能力。第（4）~（6）列呈现了现金营运指数（OCR）对改革后企业绩效的影响；由 Policy 与 Policy×IRT 的系数均为正且在 5% 或 1% 的水平上显著可知，现金营运指数（OCR）越大，"营改增"后企业的获利能力越强。

表 9-18　　　　　　　　　应收账款周转率及现金营运指数

变量	ROE	ROA	EPS	ROE	ROA	EPS
	(1)	(2)	(3)	(4)	(5)	(6)
Policy	2.999 *** (<0.001)	1.914 *** (<0.001)	0.053 *** (0.004)	2.977 *** (<0.001)	1.772 *** (<0.001)	0.067 *** (<0.001)
Policy × ART	-0.013 ** (0.013)	-0.006 *** (0.005)	-0.001 *** (<0.001)			
ART	-0.000 (0.235)	-0.000 (0.657)	-0.000 (0.212)			
Policy × OCR				0.546 ** (0.024)	0.244 ** (0.030)	0.036 *** (<0.001)
OCR	-0.033 (0.881)	0.034 (0.765)	-0.014 (0.360)	-0.304 (0.168)	-0.045 (0.669)	-0.032 *** (0.000)
LnSale	1.539 *** (<0.001)	0.543 *** (<0.001)	0.079 *** (<0.001)	1.566 *** (<0.001)	0.394 *** (0.001)	0.079 *** (<0.001)
GPM	19.346 *** (<0.001)	9.958 *** (<0.001)	0.722 *** (<0.001)	19.238 *** (<0.001)	10.926 *** (<0.001)	0.699 *** (<0.001)
Growth	0.023 *** (<0.001)	0.007 *** (<0.001)	0.001 *** (<0.001)	0.023 *** (<0.001)	0.008 *** (<0.001)	0.001 *** (<0.001)
TOT	2.322 (0.315)	1.296 (0.169)	0.079 (0.347)	2.298 (0.312)	3.301 *** (<0.001)	0.073 (0.337)
CR	-0.191 ** (0.036)	-0.164 *** (<0.001)	-0.005 (0.135)	-0.188 ** (0.034)	-0.138 *** (<0.001)	-0.004 (0.105)

变量	ROE	ROA	EPS	ROE	ROA	EPS
	(1)	(2)	(3)	(4)	(5)	(6)
LEV	6.038 ***	− 5.480 ***	0.132 *	5.972 ***	− 5.010 ***	0.105
	(0.001)	(<0.001)	(0.095)	(0.001)	(<0.001)	(0.106)
NAPS	− 0.068	− 0.003	0.084 ***	− 0.075	0.023	0.077 ***
	(0.495)	(0.964)	(<0.001)	(0.471)	(0.724)	(<0.001)
TobinQ	0.537 ***	0.210 **	0.016 *	0.539 ***	0.178 **	0.014 *
	(0.004)	(0.014)	(0.058)	(0.003)	(0.021)	(0.051)
State	− 0.631	− 0.150	− 0.045	− 0.661	− 0.062	− 0.031
	(0.423)	(0.621)	(0.244)	(0.422)	(0.829)	(0.293)
Industry fixed effect	控制	控制	控制	控制	控制	控制
Annual fixed effect	控制	控制	控制	控制	控制	控制
Intercept	− 40.736 ***	− 12.465 ***	− 2.286 ***	− 41.119 ***	− 10.963 ***	− 2.227 ***
	(<0.001)	(<0.001)	(<0.001)	(<0.001)	(<0.001)	(<0.001)
N	504	504	504	504	504	504
adj. R^2	0.361	0.521	0.549	0.361	0.542	0.561

注：括号中为双尾检验的 P 值，＊、＊＊、＊＊＊ 意味着10%、5% 和 1% 的显著程度。

9.5.1.3 应付账款周转率

"营改增"企业有可能压榨供应商的利润空间（童锦治等，2015；李启平，2019），但单方面侵占上游供应商的利益，不断增加对上游企业资金的占用，就会加大上游供应商的成本与风险，扰乱其生产计划，抑制上游供应商按最优订货量生产的积极性，最终损害改革后企业自身的利益（陈志明等，2018）。因此，基于供应链管理视角，改革后企业有动机"体恤"上游供应商的困难，主动减少对上游供应商利益的不合理侵占（王雄元等，2015），增强上游供应商的生产意愿（李超和骆建文，2016）。而且，"营改增"有助于缓解企业面临的外部融资约束（罗宏和陈丽霖，2012；岳树民和肖春明，2017），充裕的资金使得改革后企业更有能力

"体恤"上游供应商的困难。因此，改革后企业应该有动机与能力主动提高应付账款周转率，这有助于促使上游供货商及时足额地向改革后企业提供高质量的原材料，为改革后企业生产或提供高质量的产品或服务建立保障；也为改革后企业实现销售增长、提高存货与资金的周转效率打下基础；同时还有助于改革后企业建立良好信誉并由此获得其他隐性利益，从而可以提升改革后企业的盈利能力。

为了对此进行验证，首先设置变量应付账款周转率（APT），然后考察Policy × APT 对"营改增"后企业业绩的影响。表 9 – 19 中 Policy × APT 的系数均显著为正，表明应付账款周转率（APT）越高时，"营改增"后企业的盈利能力越会显著提高。

表 9 – 19   应付账款周转率

变量	ROE	ROA	EPS
	（1）	（2）	（3）
Policy	2.767 *** （<0.001）	1.737 *** （<0.001）	0.068 *** （<0.001）
Policy × APT	0.065 ** （0.046）	0.028 * （0.083）	0.002 * （0.073）
APT	0.107 ** （0.014）	0.076 *** （0.001）	0.004 ** （0.013）
OCR	− 0.039 （0.806）	0.028 （0.751）	− 0.017 * （0.094）
LnSale	1.442 *** （<0.001）	0.524 *** （<0.001）	0.073 *** （<0.001）
GPM	18.386 *** （<0.001）	9.499 *** （<0.001）	0.683 *** （<0.001）
Growth	0.281 *** （<0.001）	0.235 *** （0.001）	0.011 *** （<0.001）
TOT	1.801 （0.367）	0.903 （0.305）	0.044 （0.512）

续表

变量	ROE	ROA	EPS
	(1)	(2)	(3)
CR	−0.182** (0.046)	−0.153*** (0.001)	−0.004* (0.099)
LEV	8.690*** (<0.001)	−4.008*** (<0.001)	0.232*** (0.002)
NAPS	0.080 (0.534)	0.080 (0.358)	0.092*** (<0.001)
TobinQ	1.435*** (<0.001)	0.695*** (<0.001)	0.033*** (<0.001)
State	−0.415 (0.600)	−0.033 (0.903)	−0.029 (0.410)
Industry fixed effect	控制	控制	控制
Annual fixed effect	控制	控制	控制
Intercept	−27.379*** (<0.001)	−15.934*** (<0.001)	−2.323*** (<0.001)
N	504	504	504
adj. R^2	0.411	0.566	0.592

注：括号中为双尾检验的 P 值，＊、＊＊、＊＊＊意味着10%、5%和1%的显著程度。

9.5.2 供应链协调对主营业务收入与毛利率的提升作用

"营改增"后供应链更加协调，通过前面所述的路径，应该能够促进主营业务收入增长，降低营业成本，提高毛利率，改革后企业的盈利能力因此得到增强。为了对此进行验证，首先将因变量改为主营业务收入（LnSale）与毛利率（GPM），然后观测其对 ROE 的中介效应。由表9−20第（1）、第（2）列 Policy×WCT 的系数显著为正可知，供应链协调提高了主营业务收入与毛利率；由第（3）列 Policy×WCT、LnSale 与 GPM 的系数均显著为正可知，主营业务收入（LnSale）与毛利率（GPM）的增长在供应链协调促进改革后企业盈利能力增长的过程中发挥了部分中介效应。

表 9 - 20　　　　　　　　供应链协调对主营业务收入与毛利率的提升

变量	LnSale	GPM	ROE
	(1)	(2)	(3)
Policy	0. 348 ***	0. 029 *	2. 677 ***
	(<0.001)	(0. 067)	(<0.001)
Policy × WCT	0. 685 **	0. 138 *	6. 478 **
	(0. 015)	(0. 075)	(0. 018)
WCT	0. 287	- 0. 033	- 7. 015 ***
	(0. 317)	(0. 666)	(0. 009)
OCR	0. 098	0. 034	- 0. 043
	(0. 648)	(0. 345)	(0. 811)
LnSale		- 0. 001	1. 512 ***
		(0. 963)	(<0.001)
GPM	- 0. 591 *		19. 777 ***
	(0. 066)		(<0.001)
Growth	0. 008	0. 006 *	0. 023 ***
	(0. 125)	(0. 085)	(<0.001)
TOT	1. 660 ***	- 0. 224 ***	3. 448
	(<0.001)	(<0.001)	(0. 124)
CR	0. 019	0. 002	- 0. 193 **
	(0. 276)	(0. 783)	(0. 017)
LEV	0. 650 **	- 0. 113 *	6. 439 ***
	(0. 033)	(0. 092)	(<0.001)
NAPS	0. 045 ***	0. 005 *	- 0. 061
	(0. 004)	(0. 080)	(0. 542)
TobinQ	- 0. 073 ***	0. 021	0. 524 ***
	(<0.001)	(0. 203)	(0. 004)
State	- 0. 315	- 0. 015	- 0. 645
	(0. 731)	(0. 232)	(0. 430)
Industry fixed effect	控制	控制	控制
Annual fixed effect	控制	控制	控制
Intercept	20. 516 ***	0. 459 **	- 40. 654 ***
	(<0.001)	(0. 031)	(<0.001)
N	504	504	504
adj. R^2	0. 174	0. 419	0. 368

注：括号中为双尾检验的 P 值，＊、＊＊、＊＊＊意味着10%、5%和1%的显著程度。

9.6　本章小结

服务业对我国经济增长的引领作用不断增强，但重复征税等问题对其发展产生了严重阻碍。为了降低企业税负，推进服务业发展，促进产业结构调整，2012~2016年我国逐步推行了"营改增"改革，改革最终覆盖了全国的所有服务业行业。"营改增"对于促进产业发展、优化经济结构具有重要价值。促进"营改增"后企业盈利能力的提升则是实现宏观政策目标的重要微观载体。本章探讨了供应链协调是否以及如何提升改革后企业的盈利能力。研究结果表明：首先，供应链协调促进了改革后企业盈利能力的提升。其次，当合作密切、资源配置效率较高时，供应链协调更有能力发挥促进作用；当企业名义流转税税负较高时，税负转嫁的需求较强，供应链协调的动机会更大。再其次，供应链协调在营运资金管理的具体内容上主要表现为加快了改革后企业的现金与存货周转速度，但改革后企业为了促进供应链协调，需要付出应收账款周转率降低与应付账款周转率提高的代价。最后，供应链协调刺激了改革后企业的销售增长并提高了销售毛利率，从而增强了"营改增"企业的盈利效应。本章的研究不仅丰富了增值税改革微观政策效应以及供应链协调经济后果的文献，而且能够为相关政府机构或行业组织采取有力措施促进供应链协调以便促使增值税改革发挥出最佳微观政策效应，企业部门积极主动地协调上下游关系以便充分利用增值税改革契机提升自身盈利能力提供理论依据与实证证据。

| 第 10 章 |

研究结论与政策启示

10.1　研究结论

经过前面第 4 章至第 9 章的详细论证，本书得到如下六个方面的研究结论。

10.1.1　当前形势下增值税改革对于企业全要素生产率的提升具有重要意义

当前，受到严峻的国际经济形势以及新冠肺炎疫情的叠加影响，我国供应链体系的运行效率被严重削弱，自主研发能力不足导致上游核心技术缺乏，进一步加剧了供应链的低效率，曾经出现了供应链条断裂现象，危及我国经济高质量发展乃至国家安全。本书第 4 章从构建供应链体系这一时代背景出发，探讨了增值税税率改革对企业全要素生产率的影响及其中介路径。研究结果表明：第一，增值税税率改革有助于促进企业全要素生产率提升。第二，基于供应链视角来看，增值税税率改革可以通过提高供应链效率以及增强企业自主研发能力这两条中介路径从而促进企业全要素生产率提升。具体而言，供应链效率提升既表现在企业的营运资金周转率提升这一综合性指标上，又具体表现在存货周转率、应收账款周转率与应付账款周转率提升这三个单项指标上；而企业的自主研发能力增强主要体现在研发人员增加、研发资金投入增加、发明专利授权数增加，以及发明专利获取效率提高这四个方面。第三，当供应商与客户的集中度较高时，增值税税率改革更有条件发挥出生产率提升效应；而当企业的内部积累能力较弱，或者面临较严重的外部融资约束时，企业更有意愿运用税率改革的政策红利提升全要素生产率。这一部分的研究结论不仅丰富了增值税改革微观政策效应以及企业全要素生产率影响因素的文献，而且有助于相关方面充分认识到，在当前严峻的国际国内经济形势下，我国实施的增值税税率改革对于企业全要素生产率的提升以及经济高质量增长具有重要作用，因此，有必要继续将增值税税制改革深入下去。

10.1.2 增值税税率改革有助于促进"降杠杆"与"稳增长"的平衡

自 2008 年全球金融危机以来，我国企业的杠杆率急剧攀升，杠杆率过高可能会带来系统性金融风险，有效降低实体企业杠杆率是降低我国总杠杆率、防范化解重大风险的关键环节。但一味追求降低企业杠杆率又有可能招致经济衰退，因此，必须保持"防风险"与"稳增长"的平衡。本书第 5 章以增值税简并税率政策的实施为视角，研究财税政策在促进"防风险"与"稳增长"的平衡中发挥的积极作用。研究结果表明：第一，简并税率政策的实施显著促进了企业"降杠杆"，尤其是"增权式"降杠杆而非"减债式"降杠杆。第二，缩小企业实际税率差异、提高市场化的资源配置效率是简并税率政策促进企业"增权式"降杠杆的作用机制。第三，简并税率政策促进企业"增权式"降杠杆具有重要的经济后果，它既有助于缓解由银行信贷歧视造成的资源分配不公，又有助于缓解实体企业投资不足问题。第四，进一步细分降杠杆的具体途径，简并税率"增权式"降杠杆可以通过增发新股或增强企业内部盈余的路径来实现；简并税率不会"减债式"降杠杆，包括既不会引起企业总负债规模的变化也不会引起企业债务期限结构的变化两个层面。这一部分的研究结论在理论上将企业"降杠杆"程度与方式的影响因素的文献扩展至简并税率这一重要视角，为税率差异经济后果的研究提供了直接的实证证据，同时还丰富了增值税税率改革政策微观效应的文献；在实践上则有助于我国从优化增值税税率结构的视角，进一步探寻促进企业积极有效降杠杆、控制金融系统性风险、稳定宏观经济增长的现实路径。

10.1.3　增值税税率改革有助于促进实体企业"脱虚向实"

近年来，我国实体企业金融化现象严重，这会削减实体企业研发创新的意愿与能力，加大实体企业转型升级的难度，对我国经济高质量发展形成阻碍。增值税是我国第一大税种，近年来，我国努力通过增值税改革为实体企业减负，增强实体企业的生产经营活力。其中，2017 年实施的增值税税率改革同时具有"税率减档"与"税率下调"两方面作用，那么，该政策的实施是否促进了企业"脱虚向实"呢？本书第 6 章研究结果表明：第一，增值税税率改革的确能够促进实体企业"脱虚向实"，尤其是能够缓解实体企业在投机套利动机下出现的"脱实向虚"问题；第二，提高资源配置效率与增强企业业绩是增值税税率改革促进实体企业"脱虚向实"的两条中介机制；第三，在较好的市场化环境下，增值税税率改革促进企业"脱虚向实"的作用能够得到更有效的发挥，意味着市场化进程与增值税税率改革在促进企业"脱虚向实"方面具有一定的协同效应。这一部分的研究结论既能够丰富实体企业金融化的影响因素以及增值税改革微观政策效应的文献，又能够为我国下一步增值税改革政策制定提供理论依据。

10.1.4　增值税税率改革有助于促进企业创新

核心技术受制于人是我国经济发展中遇到的重大障碍，如何增强企业创新能力，财税政策激励应该是促进企业创新的重要举措。自 1994 年开征增值税以来，增值税一直是我国的第一大税种。近年来，为了减轻企业税负，增强企业活力，我国实施了一系列增值税改革政策。但以往研究主要考察了企业所得税优惠政策对创新的促进作用，针对增值税政策微观效应的研究相对较少，尤其是针对近几年有关增值税税率改革政策微观效应的研究不足。本书第 7 章以 2017 年 7 月 1 日实施的增值税税率下调政策为自然实验，构建双重差分的识别策略，考察增值税税率改革政策对企业创新的影响，并得到如下三方面研究结论：首先，基本检验结果表明，增值税税率下调能够促进企业创新；其次，作用机制检验结果表明，"价格效应"与"税负效应"是增值税税率改革促进企业创新的两条作用机制；最后，拓展性研究表明，增值税税率下调对企业创新的促进作用在非国有企业中更加显著，相反，对国企创新的影响并不显著。这一部分的研究结论不仅丰富了"增值税税收优惠与企业创新"的相关文献，而且具有重要的政策含义。2021 年是"十四五"的开局之年，为了全面建成社会主义现代化强国，我国必须努力创新，突破核心技术，把创新作为现代化建设的核心，这也是促进我国经济高质量发展的必要条件。政府应该继续完善我国的增值税税收制度：加强监管与执法力度，采取有效的协同措施，努力增强减税降费政策在促进企业创新方面的效果。企业应该抓住增值税税率下调契机，盘活经营现金流，提高企业研发创新的实力。

10.1.5　增值税税率改革有助于提高企业现金股利支付能力

为了构建国内外双循环的新发展格局，在金融领域需要深化结构性改革，提高企业直接融资比重，而企业现金分红状况事关投资者对企业前景的判断，将会影响企业直接融资的规模与成本。因此，企业有意愿与能力支付现金股利是促进我国资本市场健康发展的前提。2020 年新《证券法》对企业现金分红进行了强制性规定。那么，近年来我国实施的一系列增值税改革政策是否有助于增强企业现金分红能力呢？本书第 8 章具体考察了 2017 年实施的增值税税率下调政策对企业现金股利分配的影响，并形成如下研究结论：第一，增值税税率下调能够显著促进企业现金股利支付；第二，增值税税率下调促进企业现金分红的中介路径主要在于既能够改善企业的内部业绩，又能够缓解企业面临的外部融资约束；第三，随着企业自由现金流的增加，增值税税率改革促进企业现金分红的作用更加显著；第四，增值税税率下调对于非国有企业现金分红的促进作用更显著，对国有企业则无显著影响。这一部分的研究结论不仅丰富了企业现金股利支付影响因素以及增值税税率改革经济后果的文献，而且有助于建立财税政策与资本市场建设之间的联系，促使税务部门与证券监管机构协同努力，通过督促企业提高现金股利支付水平，提高直接融资比例。

10.1.6　供应链协调有助于增强"营改增"的盈利效应

服务业对我国经济增长的引领作用不断增强，但重复征税等问题对其发展产生了严重阻碍。为了降低企业税负，推进服务业发展，促进产业结构调整，2012～2016 年我国逐步实施了"营改增"政策，改革最终覆盖了全国的所有服务业行业。促进"营改增"后企业盈利能力的提升是实现宏观政策目标的重要微观载体。本书第 9 章探讨了供应链协调是否以及如何提升"营改增"企业的盈利能力。研究结果表明：第一，供应链协调增强了"营改增"企业的盈利能力。第二，当上下游合作密切、资源配置效率较高时，供应链协调更有能力发挥促进作用；当企业名义流转税税负较高时，税负转嫁的需求较强，供应链协调的动机会更大。第三，供应链协调在营运资金管理的具体内容上主要表现为加快了"营改增"企业的现金与存货周转速度；但"营改增"企业为了促进供应链协调，需要付出应收账款周转率降低与应付账款周转率提高的代价。第四，供应链协调刺激了"营改增"企业的销售增长并提高了销售毛利率，从而增强了"营改增"企业的盈利效应。这一部分的研究结论不仅丰富了供应链协调的经济后果以及增值税改革微观政策效应的文献，而且有助于为相关方面努力构建供应链体系，以便尽可能增强增值税改革的盈利效应提供理论依据与实证证据。

10.2　政策启示

根据上述六个方面的研究结论，提出如下政策启示。

10.2.1　优化税制结构，增强增值税改革的全要素生产率效应

首先，第 4 章的研究结论表明我国当前实施的增值税税率改革已经在促进企业全要素生产率提升或者促进我国经济高质量发展过程中起到了积极作用，这将为下一步增值税税率改革的方向提供理论依据与实证证据；因此，未来需要坚定增值税改革的信心，进一步加快增值税税率改革的步伐，优化

税制结构。其次，第4章研究结论还表明增值税税率改革有助于促进我国供应链体系的构建，具体体现在能够提高供应链效率与增强企业自主研发能力这两个重要环节上，这将有助于缓解当前我国在严峻的逆全球化国际形势下所面临的棘手问题，因此，未来可以进一步制定增值税税率简并或下调政策，强化增值税税率改革的成效，促使财税政策在构建我国高质量、高效率的内循环供应链体系方面发挥更大作用。最后，第4章研究结论还表明，增值税税率改革对企业全要素生产率提升发挥促进作用需要具备一定的前提条件；因此，未来应该进一步完善相关配套政策，通过数字化促进供应链信息共享与合作，增强企业自身实力，加强资本市场建设，各方协同促使增值税税率改革政策发挥最理想的效果。

10.2.2　提高资源配置效率，增强增值税改革的"防风险"与"稳增长"平衡效应

首先，第5章的研究结论表明我国简并增值税税率政策的实施显著促进了企业"增权式"降杠杆，"增权式"降杠杆有助于促进"防风险"与"稳增长"的有效平衡；但目前我国增值税税率结构仍然较为复杂，四档税率并存；因此，建议未来进一步促进简并增值税税率，优化税率结构，以便在积极有效降杠杆过程中发挥更大作用。其次，第5章的研究结论还表明简并税率政策能够通过缩小企业实际税率差异、提高市场化的资源配置效率的中介机制来促进企业"增权式"降杠杆，而积极有效降杠杆的关键正在于提高市场化的资源配置效率，因此，建议未来进一步完善各项配套政策措施，减少制度性干扰因素，既要加强多层次资本市场建设，提高资本市场的资源配置效率，又要降低产品市场垄断，促进产品市场竞争，以便提高市场化的资源配置效率，增强财税改革政策积极有效降杠杆的作用。最后，第5章的研究结论还表明简并税率政策促进"增权式"降杠杆既可以缓解由银行信贷歧视造成的融资约束，又可以缓解实体企业投资不足问题；而从微观企业层面来看，平衡"防风险"与"稳增长"的关系离不开高效率的投融资活动，因此，建议未来进一步采取措施，努力提高企业投融资效率，以便协同促进简并税率政策有效降杠杆作用的发挥。

10.2.3　提高企业绩效、加快市场化进程，增强增值税改革的"脱虚向实"效应

首先，第 6 章的研究结论表明增值税税率改革能够促进企业"脱虚向实"，尤其是能够缓解实体企业在投机套利动机下出现的"脱实向虚"问题。当前实体经济存在较为严重的"脱实向虚"问题，这有可能导致实体经济"空心化"，放大经济泡沫，而且仅靠企业自身力量难以扭转这种局面；施行增值税税率改革政策有助于降低企业税负，增强企业活力，通过提高企业投资实业的回报率来缩小实业投资与金融资产投资回报率上的差距，从而诱导实体企业调整资金投向，缓解实业项目投资不足问题，因此，建议未来进一步采取措施，优化税制结构，努力促进实体经济增长。其次，第 6 章的研究结论还表明提高资源配置效率与增强企业业绩是增值税税率改革促进企业"脱虚向实"的两条中介机制，因此，建议未来进一步采取措施，优化企业资源配置、改善公司治理，努力提高企业自身业绩，以便从企业内部实力出发促进"脱虚向实"。最后，第 6 章的研究结论还表明在较好的市场化环境下，增值税税率改革促进企业"脱虚向实"的作用能够得到更有效的发挥，因此，建议未来多措并举，加快外部市场化进程，以便通过内外部协同促进企业"脱虚向实"。

10.2.4　扩大细分市场产品需求，增强增值税改革的创新效应

首先，第 7 章的研究结论表明增值税税率下调政策显著增加了企业创新，因此，建议未来进一步优化税制结构，增强企业自主创新能力，努力缓解我国面临的"卡脖子"技术难题。其次，第 7 章的研究结论还表明增值税税率下调影响企业创新的两条路径是价格效应与税负效应。具体而言，在需求价格弹性较高的企业，增值税税率下调对企业创新的影响更加显著；在承担较重增值税税负的企业，增值税税率下调对企业创新的影响更加显著。因此，建议未来进一步细分产品的需求价格弹性，细化增值税税率结构优化方案，从扩大产品市场需求出发，探寻增强增值税改革创新效应的具体路径。最后，第 7 章的研究结论还表明增值税税率下调主要能够促进非国有企业的

创新，相反，对国有企业创新的影响并不显著。因此，建议未来进一步区分企业的产权属性，细化增值税改革政策。

10.2.5　与新《证券法》相配合，增强增值税改革的现金分红效应

首先，第 8 章的研究结论表明增值税税率下调显著促进了企业现金股利支付，意味着增值税改革能够与新《证券法》相互配合，提高企业现金分红的意愿与能力，因此，建议未来更加注重将增值税改革的具体政策与资本市场出台的监管制度相配合，协同促进企业提高现金股利分配比例，从而提高企业直接融资比重，促进资本市场健康发展。其次，第 8 章的研究结论还表明增值税税率改革主要通过提升企业内部绩效以及缓解企业外部融资约束这两条路径来促进企业现金分红，因此，建议未来采取有效措施提高企业内部绩效、缓解企业外部融资约束，这将有助于增值税改革现金股利效应的发挥。最后，第 8 章的研究结论还表明增值税税率改革促进现金分红的作用在非国有企业更加显著，而在国有企业并不显著，这是由于国有企业的现金分红动机往往更加复杂，有可能涉及大股东掏空问题。而非国有企业的现金分红则相对更符合市场化规则，更多基于改善公司治理、向市场传递积极信号等动机，因此，建议未来继续深化增值税税率改革，努力促进非国有经济的可持续发展。

10.2.6　促进供应链协调，增强增值税改革的盈利效应

首先，第 9 章的研究结论表明供应链协调对于服务业充分利用增值税改革契机提升企业盈利能力具有重要价值，供应链协调也有助于实现增值税改革的宏观政策目标。因此，建议未来从宏观层面综合考虑、多措并举，就有可能全方位促进供应链协调发展。具体而言：（1）在完善供应链宏观管理体制与机制方面，建议在国家或地方层面成立各级供应链战略领导小组、管理协会、专家委员会以及研究中心。（2）在提升供应链宏观管理水平方面，一是要构建多层次的现代供应链人才体系；二是要攻克关键技术难题，提升供应链整体服务水平；三是要在数据信息及管理流程等领

域建设供应链宏观标准化体系；四是要构建风险预警系统，加强对供应链风险的宏观监控。其次，第 9 章的研究结论还表明"营改增"后，企业主动协调上下游关系的行为对于提升自身盈利能力具有重要价值，因此，提出如下建议：（1）积极培育服务业企业的现代供应链理念，倡导供应链协同合作精神以及贸易信用文化；（2）促进供应链管理深度应用，鼓励服务业企业以供应链体系"联合作战"的方式参与全球经济竞争，以供应链思维应对重大国际贸易冲突；（3）加强对服务业企业的培训，增强服务业企业防范供应链风险的意识，提高其应对供应链风险的能力。最后，第 9 章的研究结论还表明供应链协调的能力表现在合作关系密切以及较高的资源配置效率，供应链协调的动机表现在"营改增"后名义税负较高，因此，提出如下建议：（1）鼓励服务业企业构建上下游伙伴关系，鼓励其基于外部合作形成与众不同的核心竞争优势并创造出关系型租金；（2）继续加大对企业研发投入的政策激励，促进供应链长期合作；（3）采取切实有效的措施，提高资源配置效率，这对于增强增值税改革的微观效应意义非凡；（4）鼓励服务业企业通过各种途径实现税负转嫁，降低资金成本，促进增值税改革微观效应的提升。

参 考 文 献

[1] 安同良，施浩，Ludovico Alcorta. 中国制造业企业 R&D 行为模式的观测与实证——基于江苏省制造业企业问卷调查的实证分析 [J]. 经济研究，2006（2）：21 - 30 + 56.

[2] 白俊红，江可申，李婧. 中国地区研发创新的技术效率与技术进步 [J]. 科研管理，2010（6）：7 - 18.

[3] 曹越，李晶. 营改增是否降低了流转税税负——来自中国上市公司的证据 [J]. 财贸经济，2016（11）：62 - 76.

[4] 陈达飞，邵宇，杨小海. 再平衡：去杠杆与稳增长——基于存量 - 流量一致模型的分析 [J]. 财经研究，2018，44（10）：4 - 23.

[5] 陈红，纳超洪，雨田木子，韩翔飞. 内部控制与研发补贴绩效研究 [J]. 管理世界，2018（12）：149 - 164.

[6] 陈峻，王雄元，彭旋. 环境不确定性、客户集中度与权益资本成本 [J]. 会计研究，2015（11）：76 - 82.

[7] 陈名芹，刘星，辛清泉. 上市公司现金股利不平稳影响投资者行为偏好吗？[J]. 经济研究，2017，52（6）：90 - 104.

[8] 陈思，何文龙，张然. 风险投资与企业创新：影响和潜在机制 [J]. 管理世界，2017（1）：158 - 169.

[9] 陈小勇. 产业集群的虚拟转型 [J]. 中国工业经济，2017（12）：78 - 94.

[10] 陈晓光. 增值税有效税率差异与效率损失——兼议对“营改增”的启示 [J]. 中国社会科学，2013（8）：67 - 84 + 205 - 206.

[11] 陈艳，李鑫，李孟顺. 现金股利迎合、再融资需求与企业投资——投资效率视角下的半强制分红政策有效性研究 [J]. 会计研究，2015（11）：69 - 75 + 97.

[12] 陈运森，黄健峤，韩慧云. 股票市场开放提高现金股利水平了吗？——基于

"沪港通"的准自然实验[J]. 会计研究，2019 (3)：55-62.

[13] 陈钊，王旸. "营改增"是否促进了分工：来自中国上市公司的证据[J]. 管理世界，2016 (3)：36-45.

[14] 陈正林，王彧. 供应链集成影响上市公司财务绩效的实证研究[J]. 会计研究，2014 (2)：49-56.

[15] 陈志明，周少锐，周建红. 两级商业信用下考虑违约风险的供应链协调[J]. 管理学报，2018 (12)：1883-1891.

[16] 程惠芳，陈超. 开放经济下知识资本与全要素生产率——国际经验与中国启示[J]. 经济研究，2017 (10)：21-36.

[17] 程曦，蔡秀云. 税收政策对企业创新的激励效应——基于异质性企业的实证分析[J]. 中南财经政法大学学报，2017 (6)：95-103+160-161.

[18] 戴晨，刘怡. 税收优惠与财政补贴对企业 R&D 影响的比较分析[J]. 经济科学，2015，30 (3)：58-71.

[19] 戴静，刘贯春，许传华，张建华. 金融部门人力资本配置与实体企业金融资产投资[J]. 财贸经济，2020，41 (4)：35-49.

[20] 戴天婧，张茹，汤谷良. 财务战略驱动企业盈利模式——美国苹果公司轻资产模式案例研究[J]. 会计研究，2012 (11)：23-32.

[21] 党建兵，卢斌，曹启龙. 不同负债水平公司的资本结构调整速度相同吗？——基于中国上市公司的经验证据[J]. 产业经济研究，2013 (3)：64-73.

[22] 董晓庆，赵坚，袁朋伟. 国有企业创新效率损失研究[J]. 中国工业经济，2014 (2)：97-108.

[23] 杜勇，谢瑾，陈建英. CEO 金融背景与实体企业金融化[J]. 中国工业经济，2019 (5)：136-154.

[24] 杜勇，周丽. 高管学术背景与企业金融化[J]. 西南大学学报（社会科学版），2019，45 (6)：63-74.

[25] 樊勇，李昊楠. 对我国增值税改革减税效果的基本认识——兼议衡量增值税税负变动的口径[J]. 税务研究，2019 (7)：12-18.

[26] 范子英，彭飞. 营改增的减税效应和分工效应：基于产业互联的视角[J]. 经济研究，2017 (2)：82-95.

[27] 盖庆恩，朱喜，程名望，史清华. 要素市场扭曲、垄断势力与全要素生产率[J]. 经济研究，2015 (5)：61-75.

[28] 高凌云，王永中. R&D 溢出渠道、异质性反应与生产率：基于 178 个国家面板数据的经验研究[J]. 世界经济，2008 (2)：65-73.

[29] 葛琛，葛顺奇，陈江滢. 疫情事件：从跨国公司全球价值链效率转向国家供应

链安全 [J]. 国际经济评论，2020 (4)：67-83+6.

[30] 葛鹏，干春晖，李思龙. 融资约束与产出效率损失——基于中国工业企业的数据分析 [J]. 产业经济研究，2017 (1)：37-48.

[31] 龚关，胡关亮. 中国制造业资源配置效率与全要素生产率 [J]. 管理世界，2013 (4)：4-15+29.

[32] 顾雷雷，郭建鸾，王鸿宇. 企业社会责任、融资约束与企业金融化 [J]. 金融研究，2020 (2)：109-127.

[33] 顾学明，林梦. 全方位构建后疫情时期我国供应链安全保障体系 [J]. 国际经济合作，2020 (3)：4-15.

[34] 顾研，周强龙. 政策不确定性、财务柔性价值与资本结构动态调整 [J]. 世界经济，2018，41 (6)：102-126.

[35] 郭金森，周永务，钟远光，李昌文. 基于商业信用和回购契约的供应链最优策略研究 [J]. 运筹与管理，2014 (2)：99-106.

[36] 胡凯，吴清. 税收优惠、制度环境与企业研发支出 [J]. 财贸经济，2018，39 (1)：38-53.

[37] 胡奕明，王雪婷，张瑾. 金融资产配置动机："蓄水池"或"替代"？——来自中国上市公司的证据 [J]. 经济研究，2017，52 (1)：181-194.

[38] 黄贤环，王瑶，王少华. 谁更过度金融化：业绩上升企业还是业绩下滑企业？[J]. 上海财经大学学报，2019，21 (1)：80-94+138.

[39] 黄贤环，吴秋生，王瑶. 影子银行发展与企业投资行为选择：实业投资还是金融投资？[J]. 会计研究，2021，4 (1)：100-111.

[40] 黄贤环，吴秋生，王瑶. 金融资产配置与企业财务风险："未雨绸缪"还是"舍本逐末" [J]. 财经研究，2018，44 (12)：100-112+125.

[41] 黄永明，何伟. 技术创新的税收激励：理论与实践 [J]. 财政研究，2006 (10)：47-49.

[42] 姬超. 投资效率与全要素生产率的变化趋势考察——基于中国经济特区的差异比较分析 [J]. 财贸经济，2014 (3)：91-99.

[43] 纪洋，王旭，谭语嫣，黄益平. 经济政策不确定性、政府隐性担保与企业杠杆率分化 [J]. 经济学（季刊），2018，17 (2)：449-470.

[44] 纪玉俊，张鹏. FDI、地区市场化进程与制造业集聚——基于门槛回归模型的实证检验 [J]. 中南财经政法大学学报，2014 (2)：65-70.

[45] 简泽，徐扬，吕大国，等. 中国跨企业的资本配置扭曲：金融摩擦还是信贷配置的制度偏向 [J]. 中国工业经济，2018 (11)：24-41.

[46] 姜付秀，陆正飞. 多元化与资本成本的关系——来自中国股票市场的证据

[J]．会计研究，2006（6）：48 – 55 + 97．

[47] 蒋灵多，陆毅．市场竞争加剧是否助推国有企业加杠杆 [J]．中国工业经济，2018（11）：155 – 173．

[48] 蒋为．增值税扭曲、生产率分布与资源误置 [J]．世界经济，2016（5）：54 – 77．

[49] 解洪涛，张建顺，王伟域．增值税进项留抵、现金流挤占与企业融资成本上升——基于 2015 税源调查数据的实证检验 [J]．中央财经大学学报，2019（9）：3 – 12．

[50] 解维敏，唐清泉，陆姗姗．政府 R&D 资助，企业 R&D 支出与自主创新——来自中国上市公司的经验证据 [J]．金融研究，2009（6）：86 – 99．

[51] 经济蓝皮书夏季号：中国经济增长报告（2017 ~ 2018）[R]．中国社科院经济研究所与社科文献出版社，2018 年 9 月．

[52] 康茂楠，毛凯林，刘灿雷．增值税转型、成本加成率与资源配置效率 [J]．财政研究，2019（2）：4 – 16．

[53] 李超，骆建文．基于预付款的资金约束供应链收益共享协调机制 [J]．管理学报，2016（5）：763 – 771．

[54] 李成，张玉霞．中国改革改革的政策效应：基于双重差分模型的检验 [J]．财政研究，2015（2）：45 – 49．

[55] 李春涛，宋敏．中国制造业企业的创新活动：所有制和 CEO 激励的作用 [J]．经济研究，2010（5）：55 – 67．

[56] 李华民，任玎，吴非，任晓怡．供给侧改革背景下利率市场化驱动企业去杠杆研究 [J]．经济经纬，2020，37（1）：150 – 158．

[57] 李欢，郑杲娉，李丹．大客户能够提升上市公司业绩吗？——基于我国供应链客户关系的研究 [J]．会计研究，2018（4）：58 – 65．

[58] 李汇东，唐跃军，左晶晶．用自己的钱还是用别人的钱创新？——基于中国上市公司融资结构与公司创新的研究 [J]．金融研究，2013（2）：170 – 183．

[59] 李建军，张书瑶．税收负担、财政补贴与企业杠杆率 [J]．财政研究，2018（5）：86 – 98．

[60] 李娟，杨晶晶，赖明勇．金融市场化促进了企业部门结构性去杠杆吗？——来自中国制造业企业的证据 [J]．财经研究，2020，46（10）：33 – 47．

[61] 李丽青．我国现行 R&D 税收优惠政策的有效性研究 [J]．中国软科学，2007（7）：115 – 120．

[62] 李廉水，周勇．技术进步能提高能源效率吗？——基于中国工业部门的实证检验 [J]．管理世界，2006（10）：82 – 89．

[63] 李启平．营改增对高新技术公司创新行为和财务绩效的影响 [J]．中南财经财

政大学学报，2019（1）：126-134.

[64] 李任斯，刘红霞．供应链关系与商业信用融资——竞争抑或合作 [J]．当代财经，2016（4）：115-127.

[65] 李爽．要素价格扭曲、政治关联与中国工业企业的技术创新积极性 [J]．财贸研究，2018，29（7）：1-14.

[66] 李思龙，郭丽虹．市场依赖度、资本错配与全要素生产率 [J]．产业经济研究，2018（2）：103-115.

[67] 李维安，李浩波，李慧聪．创新激励还是税盾？——高新技术企业税收优惠研究 [J]．科研管理，2016，37（11）：61-70.

[68] 李文贵，余明桂．民营化企业的股权结构与企业创新 [J]．管理世界，2015（4）：112-125.

[69] 李彦龙．税收优惠政策与高技术产业创新效率 [J]．数量经济技术经济研究，2018（1）：60-76.

[70] 李颖，周洋．供应链协调与"营改增"的盈利效应 [J]．财经研究，2020（10）：93-108.

[71] 李永友，严岑．服务业"营改增"能带动制造业升级吗？ [J]．经济研究，2018，53（4）：18-31.

[72] 林智平，徐迪．税制营改增下资金约束供应链的融资均衡 [J]．管理科学学报，2018（10）：14-31.

[73] 林洲钰，林汉川，邓兴华．所得税改革与中国企业技术创新 [J]．中国工业经济，2013（3）：111-123.

[74] 刘柏，王馨竹．营改增对现代服务业公司的财务效应——基于双重差分模型的检验 [J]．会计研究，2017（10）：11-17.

[75] 刘柏惠，寇恩惠，杨龙见．增值税多档税率、资源误置与全要素生产率损失 [J]．经济研究，2019，54（5）：113-128.

[76] 刘成龙，牛晓艳．增值税税率简并的价格效应与收入分配效应 [J]．税务研究，2018（8）：36-42.

[77] 刘端，陈诗琪，陈收．制造业上市公司的股权增发、外部融资依赖对企业创新的影响 [J]．管理学报，2019（16）：1168-1178.

[78] 刘建民，唐红李，吴金光．营改增全面实施对企业盈利能力、投资与专业化分工的影响效应——基于湖南省上市公司 PSM-DID 模型的分析 [J]．财政研究，2017（12）：75-88.

[79] 刘骏，刘峰，财政集权、政府控制与企业税负——来自中国的证据 [J]．会计研究，2014（1）：21-27，94.

[80] 刘啟仁，黄建忠．企业税负如何影响资源配置效率 [J]．世界经济，2018 (1)：78 - 100.

[81] 刘溶沧．促进科技成果转化的税收政策探讨 [J]．中国工业经济，2000 (6)：11 - 14.

[82] 刘尚希，孙复兴．中国增值税征收范围的中长期选择 [J]．管理世界，1998 (2)：74 - 84.

[83] 刘伟江，吕镯．"营改增"、制造业服务化与全要素生产率提升——基于 DI 合成控制法的实证研究 [J]．南方经济，2018 (5)：1 - 21.

[84] 刘晓光，刘元春，王健．杠杆率、经济增长与衰退 [J]．中国社会科学，2018 (6)：50 - 70 + 205.

[85] 刘星，谭伟荣，李宁．半强制分红政策、公司治理与现金股利政策 [J]．南开管理评论，2016，19 (5)：104 - 114.

[86] 刘行，叶康涛．增值税税率对企业价值的影响：来自股票市场反应的证据 [J]．管理世界，2018，34 (11)：12 - 24 + 35 + 195.

[87] 刘行，赵健宇．税收激励与企业创新——基于增值税转型改革的"准自然实验" [J]．会计研究，2019 (9)：43 - 49.

[88] 鲁晓东，连玉君．中国工业企业全要素生产率估计：1999—2007 [J]．经济学 (季刊)，2012 (11)：541 - 558.

[89] 陆婷，余永定．中国企业债对 GDP 比的动态路径 [J]．世界经济，2015，38 (5)：3 - 16.

[90] 陆正飞，辛宇．上市公司资本结构主要影响因素之实证研究 [J]．会计研究，1998 (8)：36 - 39.

[91] 罗德明，李晔，史晋川．要素市场扭曲、资源错置与生产率 [J]．经济研究，2012 (3)：4 - 14.

[92] 罗付岩．成长机会、自由现金流和企业投资效率 [J]．会计之友，2013 (31)：46 - 51.

[93] 罗付岩．市场化进程、关联交易与投资效率 [J]．中南财经政法大学学报，2013 (1)：115 - 121.

[94] 罗宏，陈丽霖．增值税转型对企业融资约束的影响研究 [J]．会计研究，2012 (12)：43 - 49 + 94.

[95] 罗琦，胡亦秋．公司自由现金流与资本结构动态调整 [J]．财贸研究，2016，27 (3)：117 - 125.

[96] 罗琦，孔维煜，李辉．上市公司发放现金股利的价值效应——基于委托代理问题视角的实证研究 [J]．改革，2020 (5)：108 - 121.

[97] 骆阳，肖侠．增值税转型对江苏省沪市上市公司税负影响的实证分析 [J]．税务研究，2010（5）：79-80.

[98] 马建堂，董小君，时红秀，徐杰，马小芳．中国的杠杆率与系统性金融风险防范 [J]．财贸经济，2016，37（1）：5-21.

[99] 马思超，彭俞超．加强金融监管能否促进企业"脱虚向实"？——来自2006—2015年上市公司的证据 [J]．中央财经大学学报，2019（11）：28-39.

[100] 聂辉华，贾瑞雪．中国制造业企业生产率与资源误置 [J]．世界经济，2011（7）：27-42.

[101] 欧纯智，贾康．疫情下全球化何去何从？——基于中国供应链配置的思考 [J]．求是学刊，2020（4）：11-21+181.

[102] 潘越，戴亦一，李财喜．政治关联与财务困境公司的政府补助——来自中国ST公司的经验证据 [J]．南开管理评论，2009，12（5）：6-17.

[103] 潘越，潘健平，戴亦一．公司诉讼风险、司法地方保护主义与企业创新 [J]．经济研究，2015，50（3）：131-145.

[104] 彭俞超，韩珣，李建军．经济政策不确定性与企业金融化 [J]．中国工业经济，2018（1）：137-155.

[105] 齐绍洲，张倩，王班班．新能源企业创新的市场化激励——基于风险投资和企业专利数据的研究 [J]．中国工业经济，2017（12）：95-112.

[106] 綦好东，刘浩，朱炜．过度负债企业"去杠杆"绩效研究 [J]．会计研究，2018（12）：3-11.

[107] 钱雪松，康瑾，唐英伦，曹夏平．产业政策、资本配置效率与企业全要素生产率——基于中国2009年十大产业振兴规划自然实验的经验研究 [J]．中国工业经济，2018（8）：42-59.

[108] 乔睿蕾，陈良华．税负转嫁能力对营改增政策效应的影响——基于现金-现金流敏感性视角的检验 [J]．中国工业经济，2017（6）：117-135.

[109] 全怡，梁上坤，付宇翔．货币政策、融资约束与现金股利 [J]．金融研究，2016（11）：63-79.

[110] 饶品贵，姜国华．货币政策对银行信贷与商业信用互动关系影响研究 [J]．经济研究，2013（1）：68-82，150.

[111] 任曙明，吕镯．融资约束、政府补贴与全要素生产率——来自中国装备制造企业的实证研究 [J]．管理世界，2014，（11）：10-23，187.

[112] 申广军，陈斌开，杨岱．减税能否提振中国经济？——基于中国增值税改革的实证研究 [J]．经济研究，2016（11）：70-82.

[113] 申广军，张延，王荣．结构性减税与企业去杠杆 [J]．金融研究，2018

（12）：105 – 122.

[114] 盛丹，王永进. 产业集聚、信贷资源配置效率与企业的融资成本——来自世界银行调查数据和中国工业企业数据的证据 [J]. 管理世界，2013（6）：85 – 98.

[115] 盛洪. 市场化的条件、限度和形式 [J]. 经济研究，1992（11）：71 – 79.

[116] 盛明泉，汪顺，商玉萍. 金融资产配置与实体企业全要素生产率："产融相长"还是"脱实向虚" [J]. 财贸研究，2018，29（10）：87 – 97 + 110.

[117] 盛明泉，张春强，王烨. 高管股权激励与资本结构动态调整 [J]. 会计研究，2016（2）：44 – 50 + 95.

[118] 宋军，陆旸. 非货币金融资产和经营收益率的 U 形关系——来自我国上市非金融公司的金融化证据 [J]. 金融研究，2015（6）：111 – 127.

[119] 宋敏，周鹏，司海涛. 金融科技与企业全要素生产率——"赋能"和信贷配给的视角 [J]. 中国工业经济，2021（4）：138 – 155.

[120] 苏冬蔚，曾海舰. 宏观经济因素与公司资本结构变动 [J]. 经济研究，2009，44（12）：52 – 65.

[121] 孙吉乐. "营改增"、企业利润率与企业创新 [J]. 管理世界，2017（11）：180 – 181.

[122] 孙铮，刘凤委，李增泉. 市场化程度、政府干预与企业债务期限结构——来自我国上市公司的经验证据 [J]. 经济研究，2005（5）：52 – 63.

[123] 孙正，陈旭东，雷鸣. 增值税减税提升了中国资本回报率吗 [J]. 南开管理评论，2020，23（6）：157 – 165.

[124] 孙正，陈旭东. 营改增是否提升了服务业资本配置效率？[J]. 中国软科学，2018（11）：17 – 30.

[125] 谭燕，陈艳艳，谭劲松，张育强. 地方上市公司数量、经济影响力与过度投资 [J]. 会计研究，2011（4）：43 – 51 + 94.

[126] 汤泽涛，汤玉刚. 增值税减税、议价能力与企业价值——来自港股市场的经验证据 [J]. 财政研究，2020（4）：115 – 128.

[127] 唐绍祥. 中国民营企业技术进步的路径选择——基于民营大中型工业企业的实证分析 [J]. 中国软科学，2011（5）：100 – 105.

[128] 田利辉. 国有产权、预算软约束和中国上市公司杠杆治理 [J]. 管理世界，2005，4（7）：123 – 128 + 147.

[129] 田志伟，胡怡建. "营改增"对各行业税负影响的动态分析——基于 CGE 模型的分析 [J]. 财经论丛，2013（4）：29 – 34.

[130] 童锦治，黄克珑，朱恺容. 股利税减税、金融环境异质与企业资本结构——来自中国上市公司的经验证据 [J]. 华东经济管理，2015，29（10）：1 – 7.

[131] 童锦治，苏国灿，魏国华．"营改增"、公司议价能力与公司实际流转税负——基于中国上市公司的实证研究 [J]．财贸经济，2015 (11)：14-26.

[132] 万莹，陈恒. 2019 年我国增值税减税改革的政策效应——基于 CGE 模型的分析 [J]．当代财经，2020 (4)：27-37.

[133] 汪勇，马新彬，周俊仰．货币政策与异质性企业杠杆率——基于纵向产业结构的视角 [J]．金融研究，2018 (5)：47-64.

[134] 王保林，张铭慎．地区市场化、产学研合作与企业创新绩效 [J]．科学学研究，2015，33 (5)：748-757.

[135] 王朝才，汪超，曾令涛．财政政策、企业性质与资本结构动态调整——基于 A 股上市公司的实证研究 [J]．财政研究，2016 (9)：52-63.

[136] 王桂军，曹平．"营改增"对制造业企业自主创新的影响——兼议制造业企业的技术引进 [J]．财经研究，2018，44 (3)：4-19.

[137] 王国刚．"去杠杆"：范畴界定、操作重心和可选之策 [J]．经济学动态，2017 (7)：16-25.

[138] 王化成，李春玲，卢闯．控股股东对上市公司现金股利政策影响的实证研究 [J]．管理世界，2007 (1)：122-127+136+172.

[139] 王菁，程博，孙元欣．期望绩效反馈效果对企业研发和慈善捐赠行为的影响 [J]．管理世界，2014 (8)：115-133.

[140] 王雄元，高开娟．客户关系与企业成本粘性：敲竹杠还是合作 [J]．南开管理评论，2017 (20)：132-142.

[141] 王雄元，彭旋，王鹏．货币政策、稳定客户关系与强势买方商业信用 [J]．财务研究，2015 (6)：31-40.

[142] 王瑶，黄贤环．内部控制与实体企业金融化：治理效应抑或助推效应 [J]．财经科学，2020 (2)：26-38.

[143] 王宇伟，盛天翔，周耿．宏观政策、金融资源配置与企业部门高杠杆率 [J]．金融研究，2018 (1)：36-52.

[144] 王贞洁，王竹泉．基于供应商关系的营运资金管理——"锦上添花"抑或"雪中送炭" [J]．南开管理评论，2017 (2)：32-44.

[145] 王贞洁，王竹泉．经济危机、信用风险传染与营运资金融资结构——基于外向型电子信息产业上市公司的实证研究 [J]．中国工业经济，2013 (11)：122-134.

[146] 王竹泉，刘文静，高芳．中国上市公司营运资金管理调查：1997—2006 [J]．会计研究，2007 (12)：69-75+97.

[147] 王竹泉，逄咏梅，孙建强．国内外营运资金管理研究的回顾与展望 [J]．会计研究，2007 (2)：85-92.

[148] 王卓君，郭雪萌，李红昌. 地区市场化进程会促进地方政府选用 PPP 模式融资吗？——基于基础设施领域的实证研究 [J]. 财政研究，2017（10）：54－64＋91.

[149] 魏志华，李常青，吴育辉，黄佳佳. 半强制分红政策、再融资动机与经典股利理论——基于股利代理理论与信号理论视角的实证研究 [J]. 会计研究，2017（7）：55－61＋97.

[150] 温军，冯根福. 异质机构、企业性质与自主创新 [J]. 经济研究，2012，47（3）：53－64.

[151] 吴延兵. 国有企业双重效率损失研究 [J]. 经济研究，2012（3）：15－27.

[152] 伍中信，张娅，张雯. 信贷政策与企业资本结构——来自中国上市公司的经验证据 [J]. 会计研究，2013（3）：51－58＋96.

[153] 肖春明. 增值税税率下调对企业投资影响的实证研究——基于减税的中介效应 [J]. 税务研究，2021，4（3）：119－126.

[154] 肖文，林高榜. 海外研发资本对中国技术进步的知识溢出 [J]. 世界经济，2011（1）：37－51.

[155] 肖文，林高榜. 政府支持、研发管理与技术创新效率——基于中国工业行业的实证分析 [J]. 管理世界，2014（4）：71－80.

[156] 肖泽忠，邹宏. 中国上市公司资本结构的影响因素和股权融资偏好 [J]. 经济研究，2008（6）：119－134＋144.

[157] 谢千里，罗斯基，张轶凡. 中国工业生产率的增长与收敛 [J]. 经济学（季刊），2008（3）：809－826.

[158] 徐超，庞保庆，张充. 降低实体税负能否遏制制造业企业"脱实向虚" [J]. 统计研究，2019，36（6）：42－53.

[159] 徐朝辉，王满四，陈佳. 管理者团队特征、金融资产配置与实体企业信用风险 [J]. 证券市场导报，2020（5）：49－55＋62.

[160] 徐敏，姜勇. 中国的市场化进程推动了城镇化发展吗——来自空间杜宾模型的经验证据 [J]. 财经科学，2014（8）：109－119.

[161] 徐晔，宋晓薇. 金融资源错置会带来全要素生产率减损吗？ [J]. 产业经济研究，2016（2）：51－61.

[162] 许罡，伍文中. 经济政策不确定性会抑制实体企业金融化投资吗 [J]. 当代财经，2018（9）：114－123.

[163] 许伟，陈斌开. 税收激励和企业投资——基于2004—2009年增值税转型的自然实验 [J]. 管理世界，2016（5）：9－17.

[164] 颜鹏飞，王兵. 技术效率、技术进步与生产率增长：基于DEA的实证分析 [J]. 经济研究，2004（12）：55－65.

[165] 杨斌，朱未名，赵海英. 供应商主导型的供应链金融模式研究 [J]. 金融研究，2016（12）：175 – 190.

[166] 杨默如，叶慕青. 营改增对先行试点行业效应如何？——基于分地区分行业试点上市公司税负与绩效的影响 [J]. 武汉大学学报，2016（5）：55 – 65.

[167] 杨默如. "营改增"对先行试点行业效应如何 [J]. 财贸经济，2016，9（5）：55 – 65.

[168] 殷俊明，王跃堂. 供应链成本控制：价值引擎与方法集成 [J]. 会计研究，2010（4）：65 – 73.

[169] 于谦，蒋屏. 增值税转型对企业创新与生产效率影响的实证研究 [J]. 税务研究，2014（5）：22 – 26.

[170] 余明桂，范蕊，钟慧洁. 中国产业政策与企业技术创新 [J]. 中国工业经济，2016（12）：5 – 22.

[171] 余新创. 中国制造业企业增值税税负粘性研究——基于 A 股上市公司的实证分析 [J]. 中央财经大学学报，2020（2）：18 – 28.

[172] 余琰，李怡宗. 高息委托贷款与企业创新 [J]. 金融研究，2016（4）：99 – 114.

[173] 俞毛毛，马妍妍. 融资融券导致企业金融化行为了么？——脱实向虚视角下双重差分模型分析 [J]. 现代财经（天津财经大学学报），2020，40（3）：67 – 83.

[174] 袁从帅，刘晔，王治华，刘睿智. "营改增"对企业投资、研发及劳动雇佣的影响——基于中国上市公司双重差分模型的分析 [J]. 中国经济问题，2015（4）：3 – 13.

[175] 岳树民，肖春明. 营改增是否促进了商业信用融资——基于上市公司的证据 [J]. 税务研究，2017（7）：11 – 18.

[176] 张成思，张步昙. 中国实业投资率下降之谜：经济金融化视角 [J]. 经济研究，2016，51（12）：32 – 46.

[177] 张纯，吕伟. 信息环境、融资约束与现金股利 [J]. 金融研究，2009（7）：81 – 94.

[178] 张纯，吕伟. 信息披露、市场关注与融资约束 [J]. 会计研究，2007（11）：32 – 38 + 95.

[179] 张杰，陈志远，杨连星，新夫. 中国创新补贴政策的绩效评估：理论与证据 [J]. 经济研究，2015，50（10）：4 – 17 + 33.

[180] 张杰，周晓艳，李勇. 要素市场扭曲抑制了中国企业 R&D？ [J]. 经济研究，2011，46（8）：78 – 91.

[181] 张瑾华，何轩，李新春. 银行融资依赖与民营企业创新能力——基于中国企

业家调查系统数据的实证研究［J］. 管理评论，2016（28）：98 – 108.

［182］张劲帆，李汉涯，何晖. 企业上市与企业创新——基于中国企业专利申请的研究［J］. 金融研究，2017（5）：160 – 175.

［183］张涛，郭潇. 高管薪酬契约与融资约束研究——基于我国沪深 A 股上市公司的经验数据［J］. 经济与管理评论，2018，34（1）：96 – 107.

［184］张晓晶，常欣，刘磊. 结构性去杠杆：进程、逻辑与前景 – 中国去杠杆 2017 年度报告［J］. 经济学动态，2018（5）：16 – 29.

［185］张璇，张计宝，闫续文，李春涛. "营改增"与企业创新——基于企业税负的视角［J］. 财政研究，2019（3）：63 – 78.

［186］张璇，刘贝贝，汪婷，李春涛. 信贷寻租、融资约束与企业创新［J］. 经济研究，2017（52）：161 – 174.

［187］张一林，龚强，荣昭. 技术创新、股权融资与金融结构转型［J］. 管理世界，2016（11）：65 – 80.

［188］张一林，蒲明. 债务展期与结构性去杠杆［J］. 经济研究，2018，53（7）：32 – 46.

［189］章卫东，黄一松，李斯蕾，鄢翔. 信息不对称、研发支出与关联股东认购定向增发股份——来自中国证券市场的经验数据［J］. 会计研究，2017（1）：68 – 74 + 96.

［190］赵华，朱锐. 企业去杠杆的财务内涵：基于复杂适应系统的理论解析［J］. 会计研究，2020（10）：164 – 176.

［191］赵连伟. 营改增的企业成长效应研究［J］. 中央财经大学学报，2015（7）：20 – 27.

［192］郑曼妮，黎文靖，柳建华. 利率市场化与过度负债企业降杠杆：资本结构动态调整视角［J］. 世界经济，2018，41（8）：149 – 170.

［193］钟宁桦，刘志阔，何嘉鑫，苏楚林. 我国企业债务的结构性问题［J］. 经济研究，2016，51（7）：102 – 117.

［194］周冬华，黄佳，赵玉洁. 员工持股计划与企业创新［J］. 会计研究，2019（3）：63 – 70.

［195］周茜，许晓芳，陆正飞. 去杠杆，究竟谁更积极与稳妥？［J］. 管理世界，2020，36（8）：127 – 148.

［196］朱平芳，徐伟民. 政府的科技激励政策对大中型工业企业 R&D 投入及其专利产出的影响——上海市的实证研究［J］. 经济研究，2003（6）：45 – 53 + 94.

［197］朱太辉，魏加宁，刘南希，赵伟欣. 如何协调推进稳增长和去杠杆？——基于资金配置结构的视角［J］. 管理世界，2018，34（9）：25 – 32 + 45.

［198］朱勇，吴易风. 技术进步与经济的内生增长——新增长理论发展述评［J］.

中国社会科学, 1999 (1): 21 – 39.

[199] 祝继高, 王春飞. 金融危机对公司现金股利政策的影响研究——基于股权结构的视角 [J]. 会计研究, 2013 (2): 38 – 44 + 94.

[200] Acemoglu D, Guerrieri V. Capital Deepening and Nonbalanced Economic Growth [J]. Journal of Political Economy, 2008, 116 (3): 467 – 498.

[201] Alexander F. Wagner, Richard J. Zeckhauser, Alexandre Ziegler. Company Stock Price Reactions to the 2016 Election Shock: Trump, Taxes, and Trade [J]. Journal of Financial Economics, 2018, 130 (2): 428 – 451.

[202] Balashova S, Matyushok V. The Impact of Public R&D Expenditure on Business R&D: Russia and OECD Countries [M]. Institute of Economic Sciences, 2012 (1): 228 – 247.

[203] Bernini C, Pellegrini G. How are Growth and Productivity in Private Firms Affected by Public Subsidy? Evidence from A Regional Policy [J]. Regional Science and Urban Economics, 2011, 41 (3): 253 – 265.

[204] Brandt L, Van B J, Zhang Y. Creative Accounting or Creative Destruction? Firm-level Productivity Growth in Chinese Manufacturing [J]. Journal of Development Economics, 2012, 97 (2): 339 – 351.

[205] Brian J. Aitken, Ann E. Harrison. Do Domestic Firms Benefit from Direct Foreign Investment? Evidence from Venezuela [J]. The American Economic Review, 1999, 89 (3): 605 – 618.

[206] Brown J R, Petersen B C. Cash Holdings and R&D Smoothing [J]. Journal of Corporate Finance, 2011, 17 (3): 694 – 709.

[207] Bruner R, Spekman R. The Dark Side of Alliances: Lessons from Volvo-Renault [J]. European Management Journal, 1998, 16 (2): 136 – 150.

[208] Bye B, B Strom, and T Avitsland. Welfare Effects of VAT Reforms: A General Equilibrium Analysis [J]. International Tax and Public Finance, 2012, 19 (3): 368 – 392.

[209] DeAngelo H, Gonçalves A S and Stulz R M. Corporate Deleveraging and Financial Flexibility [J]. The Review of Financial Studies, 2018 (31): 3122 – 3174.

[210] Farrell M J. The Measurement of Productive Efficiency [J]. Journal of Royal Statistical Society, 1957, 4 (120): 253 – 281.

[211] Franklin Allen, Jun Qian, Meijun Qian. Law, Finance, and Economic Growth in China [J]. Journal of Financial Econmics, 2004, 77 (1): 57 – 116.

[212] Fukao K, Kwon H U. Why Did Japan's TFP Growth Slow Down in the Last Decade?

An Empirical Analysis Based on Firm-level Data of Manufacturing Firms [J]. Japanese Economic Review, 2006, 57 (2): 195 - 228.

[213] Gentry, William. M&R. Gllonn Hubbard. Tax Policy and Entry into Entrepreneurship [J]. World Bank, 2013, 21 - 32.

[214] Griliches Z. Market Value, R&D, and Patents [J]. Economics Letters, 1981, 7 (2): 183 - 187.

[215] Guellec D, and B V P de la Potterie. R&D and Productivity Growth: A Panel Data Analysis of 16 OECD Countries [J]. OECD Economic Studies, 2001, 33 (11): 103 - 126.

[216] Guerzoni, M, Raiteri, E, Demand-side vs. Supply-side Technology Policies: Hidden Treatment and New Empirical Evidence on the Policy Mix [J]. Research Policy, 2015, 44 (3): 726 - 747.

[217] H Zee. VAT Treatment of Financial Services: A Primer on Conceptual Issues and Country Practices [J]. Intertax, 2006, 34 (10): 458 - 474.

[218] Heider F, and A Ljungqvist. As Certain as Debt and Taxes: Estimating the Tax Sensitivity of Leverage from State Tax Changes [J]. Journal of Financial Economics, 2015, 118 (3): 684 - 712.

[219] Holmstrom, Bengt. Agency Costs and Innovation [J]. Journal of Economic Behavior and Organization, 1989, 12 (3): 305 - 327.

[220] Hsieh C T, Klenow P J. Misallocation and Manufacturing TFP in China and India [J]. Quarterly Journal of Economics, 2009, 124 (4): 1403 - 1448.

[221] James A. Brander, Tracy R. Lewis. Oligopoly and Financial Structure: The Limited Liability Effect [J]. The American Economic Association, 1986, 76 (5): 956 - 970.

[222] Jason D S. Process Integration and Information Sharing in Supply Chains [J]. The Accounting Review, 2012, 87 (3): 1005 - 1032.

[223] Johansson A C, Feng X. The state advances, the private sector retreats? Firm effects of China's great stimulus programme [J]. Cambridge Journal of Economics, 2016, 40 (6): 1635 - 1668.

[224] Josh Lerner, Julie Wulf. Innovation and Incentives: Evidence from Corporate R&D [J]. The Review of Economics and Statistics, 2007, 89 (4): 634 - 644.

[225] Kolmakov V V, A G Polyakova, and V S Shalaev. An Analysis of the Impact of Venture Capital Investment on Economic Growth and Innovation: Evidence from the USA and Russia [J]. Economic Annals, 2015 (207): 7 - 37.

[226] Madsen J B. Semi-Endogenous versus Schumpeterian Growth Models: Testing the

Knowledge Production Function Using International Data [J]. Journal of Economic Growth, 2008, 13 (1): 1-26.

[227] Maureen L Cropper, Wallace E Oates. Environmental Economics: A Survey [J]. Journal of Economic Literature, 1992, 30 (2): 675-740.

[228] Mayra R, Sandonis J. The Effectiveness of R&D Subsidies [J]. Economics of Innovation & Newtichnology, 2012, 21 (8): 815-825.

[229] Michael L Lemmon, Jaime F Zender. Debt Capacity and Tests of Capital Structure Theories [J]. Cambridge University Press, 2010, 45 (5): 1161-1187.

[230] Modigliani F, Miller M H. The Cost of Capital, Corporation Finance and the Theory of Investment [J]. The American Economic Review, 1958, 48 (3): 261-297.

[231] Mr J M. Keynes' General Theory of Employment, Interest and Money [M]. Macmillan 1936, 3 (10): 115-132.

[232] Myers Stewart C, Majluf Nicholas S. Corporate Financing and Investment Decisions When Firms Have Information That Investors Do Not Have [J]. North-Holland, 1984, 13 (2): 187-221.

[233] Nick Bloom, Rachel Griffith, John Van Reenen. Do R&D Tax Credits Work? Evidence from A Panel of Countries 1979—1997 [J]. Journal of Public Economics, 2002, 85 (1): 1-31.

[234] Omrane Guedhami, Jeffrey Pittman. The Importance of IRS Monitoring to Debt Pricing in Private Firms [J]. Journal of Financial Economics, 2008, 90 (1): 38-58.

[235] Orhangazi O. Financialisation and Capital Accumulation in the Non-financial Corporate Sector: A Theoretical and Empirical Investigation on the US Economy: 1973—2003 [J]. Cambridge Journal of Economics, 2008, 32 (6): 863-886.

[236] Pan S, Shi K, Wang L, et al.. Excess liquidity and credit misallocation: evidence from China [J]. China Economic Journal, 2017, 10 (3): 265-286.

[237] Paul M Romer. Endogenous Technological Change [J]. Journal of Political Economy, 1990, 98 (5): 71-102.

[238] Paul M Romer. Increasing Returns and Long-Run Growth [J]. Journal of Political Economy, 1986, 94 (5): 1002-1037.

[239] Philip DeCicca, Donald Kenkel, Feng Liu. Who Pays Cigarette Taxes? The Impact of Consumer Price Search [J]. The Review of Economics and Statistics, 2013, 95 (2): 516-529.

[240] Raffaello Bronzini, Paolo Piselli. The Impact of R&D Subsidies on Firm Innovation [J]. Research Policy, 2016, 45 (2): 442-457.

[241] Rajan R G, and L Zingale. What Do We Know about Capital Structure? Some Evi-

dence from International Data [J]. Journal of Finance, 1995, 50 (5) : 1421 – 1460.

[242] Robert E Hall, Dale W Jorgenson. Tax Policy and Investment Behavior [J]. The American Economic Review, 1967, 57 (3): 391 – 414.

[243] Tosi H L, Werner S, Katz J P, and L R. Gomez-Mejia. How Much Does Perform-ance Matter? A Meta-A-nalysis of CEO Pay Studies [J]. Journal of Management, 2000, 26 (2): 301 – 339.

[244] Tuomas Kosonen. More and Cheaper Haircuts after VAT Cut? On the Efficiency and Incidence of Service Sector Consumption Taxes [J]. Journal of Public Economics, 2015, 131 (11): 87 – 100.

[245] Vegh C A. and Vuletin G. How Is Tax Policy Conducted Over the Business Cycle? [J]. American Economic Journal: Economic Policy, 2015, 7 (3): 327 – 370.

[246] Williamson O E. Transaction-Cost Economics: The Governance of Contractual Rela-tions [J]. Journal of Law and Economics , 1979, 22 (2): 223 – 261.

[247] Wurgler J. Financial Markets and the Allocation of Capital [J]. Yale School of Management Working Papers, 2001, 58 (1): 187 – 214.

[248] Zhu L, and B N Jeon. International R&D Spillovers: Trade, FDI, and Information Technology as Spillover Channels [J]. Review of International Economics, 2007, 15 (5): 955 – 976.

后　记

　　2019年春节前，我带领研究生开始探索增值税改革的微观企业效应这一主题，至今正好三年时间。自2019年以来在科研方面取得的成绩包括：获批教育部人文社科规划基金项目1项，省研究生创新项目3项；发表SSCI（A1级）学术论文2篇，CSSCI（A2级）学术论文3篇，中文核心期刊论文2篇。科研探索的历程虽然辛苦，但只要能取得任何一点点进步总是感到欢欣鼓舞。

　　科研成果来之不易，离不开各方面的支持与帮助。首先，感谢教育部人文社科规划基金在著作出版方面给予的资助；感谢田祥宇校长、刘行教授为本书作序；感谢著作出版、论文发表、项目申报与研究过程中各位专家的指导。其次，感谢学校、学院以及其他相关部门的领导与同事们，感谢所有关心与帮助过我们的朋友，课题研究的顺利开展离不开他们的支持。再其次，感谢各位研究生在课题探索过程中付出的努力。这三年里，我带领他们一起学习新知识、撰写学术论文、参加学术会议，整个科研过程充实、精彩且富有挑战性。直接参与本课题研究的同学有博士生张玉凤，硕士生周洋、张莉、原娜娜及牛倩文，其余多名2017～2020级会计学及财务管理专业研究生也曾在各方面提供过帮助。最后，感谢我的家人，如果没有他们全心全意的支持，难以想象能够取得任何实质性进展与成果。

　　科研成果是时代的产物，是思考和研究当时当地社会突出矛盾和问题的结果。当今世界正经历百年未有之大变局，我国发展面临的国内外环境发生深刻复杂变化。未来我们将坚持立足于探索新时代新发展阶段的重要理论和现实问题，不断开拓进取，在自己的领域贡献一份绵薄之力。

笔者

2021年10月6日

完稿于山西财经大学新图书馆东区阅览室